以中国传统插花促进校园审美文化自觉（项目编号：SQYR22B12）
加强和改进新时代高校美育背景下的中国传统插花艺术研究与实践
（项目编号：Mnu-JY210333）

高校审美教育理论
与创新发展研究

杨子宜　彭军　谭军 / 著

吉林文史出版社

图书在版编目（CIP）数据

高校审美教育理论与创新发展研究 / 杨子宜 , 彭军 ,
谭军著 . — 长春 : 吉林文史出版社 , 2024.1

ISBN 978-7-5752-0073-8

Ⅰ . ①高… Ⅱ . ①杨… ②彭… ③谭… Ⅲ . ①审美教
育 - 教学研究 - 高等学校 Ⅳ . ① G40-014

中国国家版本馆 CIP 数据核字 (2024) 第 047744 号

高校审美教育理论与创新发展研究
GAOXIAO SHENMEI JIAOYU LILUN YU CHUANGXIN FAZHAN YANJIU

著　　者：杨子宜　彭军　谭军
责任编辑：王　新
出版发行：吉林文史出版社
电　　话：0431-81629359
地　　址：长春市福祉大路 5788 号
邮　　编：130117
网　　址：www.jlws.com.cn
印　　刷：河北万卷印刷有限公司
开　　本：710mm×1000mm　1/16
印　　张：14.5
字　　数：220 千字
版　　次：2024 年 1 月第 1 版
印　　次：2024 年 1 月第 1 次印刷
书　　号：ISBN 978-7-5752-0073-8
定　　价：88.00 元

　　审美教育旨在建设社会主义精神文明和培养学生的心灵美与行为美。它是通过现实生活中充满社会美、自然美和艺术美的美好事物和艺术形象来影响和感染被教育者。这种教育不仅深入学生的情感和思想，更触及他们的心灵深处，使他们在精神文化的丰富滋养下，潜移默化地形成正确的审美价值观和人生观。审美教育的标准受特定时代和特定阶级的审美观念所引导，它以形象作为教育手段、以情感作为教育核心，最终目标是促进人的全面发展。现如今，在追求培育全面发展人才的高等教育中，审美教育扮演着不可或缺的角色。

　　基于此，笔者撰写了《高校审美教育理论与创新发展研究》一书，其理论意义和实践价值自是不言而喻。在撰写本书过程中，笔者在内容编排上共设了七个章节，各章节内容如下：

　　第一章主要界定了审美教育的相关概念，介绍了高校审美教育的特征，梳理了高校审美教育的演进发展历程，对高校审美教育的发展趋势做出了展望，为后续的讨论和研究奠定了坚实的理论基础。

　　第二章介绍了当代高校审美教育的新形势与新任务，先介绍了当代高校审美教育本质的双重规定性，接着论述了高校大美育观与艺术教育，然后分析了高校审美教育的任务，最后辩证地阐述了当代高校审美教育与德育、智育、体育、劳育的关系，以便更好地认识当代高校审美教育的新形势与新任务。

　　第三章以课程建设为切入点，对高校审美教育进行深层次论述。首先介绍了高校审美教育课程的特性与载体，接着分析了高校审美教育课程建设的新思维与方法，然后阐述了高校审美教育课程建设的原则，最后就高校审美教育课程的创新性发展展开了思考，以促进高校审美教育课程的高质量发展。

第四章论述了如何通过高校审美教育来培育大学生审美素养，重点从对大学生审美能力、审美人格、审美心理的培养入手，为大学生审美素养的提升提供一些建议。

第五章从生态观与审美教育融合角度出发，立足两者融合的哲学之基、理论之源以及实践之维，对高校生态审美教育进行了论述，以落实生态美学观念。

第六章：文化育人的本质在于以人类文化的正向价值为导引，教化人走向道德、理性、真善美，从而实现立德树人的目标追求。文化育人于无形，立德树人于点滴。本章在高校审美教育的基础上，引入中华优秀传统文化，促进两者的融合创新发展。首先，对中华优秀传统文化进行了概述；其次，分析了两者融合的必要性；最后，提供了两者深度融合的创新路径。以中华优秀传统文化——中国传统插花艺术为例，传承与发展中国传统插花，是弘扬社会主义优秀传统文化和价值观、增强文化自信，也是丰富学科专业结构、增强应用实践、提升艺术修养、融合社会需求的一项举措。以中国传统插花促进校园审美文化自觉，是高校审美教育的重要内容。加强新时代高校美育背景下的中国传统插花艺术研究与实践，是高校审美教育研究的重要课题。

第七章从多角度出发，包括互联网时代背景、素质教育背景、核心素养视域，对高校审美教育的创新性发展进行了论述，以加快高校审美教育创新性发展的步伐。

由于笔者知识和水平有限，书中难免有错漏之处，恳请各位专家、同行及读者多提宝贵意见，以便持续改进与完善。

目 录
Contents

第一章　审美教育概述

第一节　审美教育的相关概念

一、美的内涵

对美的追求是贯穿人类历史的一个永恒主题。从客观角度来讲，美不仅被视为一种主观的情感或心灵的体验，更是对真实存在的事物本原的追求，这一思想规定着西方美学的研究对象、内容及方法论。在西方美学发展进程中，很多人物按照这个思维逻辑，立足客观存在的角度对美进行探索，将美归结为事物的自然属性或外在形式。

回溯到古希腊时期，一些哲学家把美与宇宙的自然秩序相联系，认为美的存在与宇宙的和谐和规律有关，体现了一种天然和客观的价值。如古希腊哲学家柏拉图主张美在于"理式"（或"理念"），并区分了"现象之美"和"本质之美"，"现象之美"是对"本质之美"的"分有"和"模仿"。[①] 柏拉图对美的定义有着深刻洞察，对他而言，真正的美不仅是我们在现实中所看到的，这种美只是表面的"现象之美"；真正的、本质的美——"本质之美"是那种能够赋予任何事物美的本质，使之变得美好的东西，柏拉图称之为"美本身"。在柏拉图的哲学中，这种"美本身"代表一个超越、普遍且不变的理念，它不是单一事物的属性，而是所有美的事物所共有的本质和根源。简而言之，人们在日常生活中所感受到的各种美都是因为它们在某种程度上分

---

① 柏拉图.柏拉图文艺对话集 [M].朱光潜，译.南京：译林出版社，2020：164-194.

1

享或模仿了这一永恒的"美的理念"。因此，柏拉图为人们提供了一个重要视角：美不仅是个体和具体的现象，而是有其更深、更广泛的本质存在。这种思考方式为其后的哲学家和美学家提供了一个基础，使得他们能够进一步探索美的真正意义和来源。

古希腊哲学家亚里士多德对美的理解与其老师柏拉图有所不同。虽然他部分地继承了柏拉图晚期的"形式之美"的观点，但他对美的定义更加注重其与善之间的紧密联系。对亚里士多德而言，美不仅是某种抽象的形式或理念，它具有真正的、固有的价值。美是令人感到愉悦、令人向往并值得赞美的东西。[①] 这种看法的核心在于美之所以能引起人们的愉悦和赞赏，是因为它本身就是一种善。从这个角度出发，亚里士多德实际上是在强调美与善的密切关系。这种将美与善相结合的观念在西方美学的演变过程中起到了重要作用，意味着美的评价不仅基于其外在的形式或结构，还与其固有的、道德上的价值有关。简而言之，对于亚里士多德而言，美的存在与其道德的善性质是紧密相连的，这种看法为后来的西方美学发展提供了深厚的土壤。

从道德哲学的视角看待美，其具有一种价值关系，这种价值之美在中国的传统思想中源远流长。在《论语》中，"美"和"善"几乎是同义词。子曰："君子成人之美，不成人之恶。小人反是。"[②] 子张曰："何谓五美？"子曰："君子惠而不费，劳而不怨，欲而不贪，泰而不骄，威而不猛。"[③] 这些美都是道德范畴之美，具有伦理道德之美。

中国传统的审美观念是多元且丰富的，既包含了对内在道德德行的赞赏，也涵盖了对外在事物美感的欣赏。在日常生活中，人们可以观察到对各种事物细微之美的赞赏，如"肉之美""果之美"，这些描述主要关注人们对物质世界的感性体验与享受。

在中国古典文化中，真正的美是外在事物之美与内在道德价值之美的完美结合。这种综合性的审美观源于中国深厚的"天人合一"哲学思想，这一思想强调与自然的和谐共生和人的道德修养达到一个完美的平衡。中国被誉

---

① 亚里士多德.诗学[M].北京：商务印书馆，2017：258-275.
② 孔丘.论语[M].吴兆基，注.成都：四川天地出版社，2020：153-170.
③ 孔丘.论语[M].吴兆基，注.成都：四川天地出版社，2020：286-290.

为"礼仪之邦"，这不仅体现在日常的仪式和习惯中，更重要的是这一点深入地反映在中国的治国之道上。在传统的中国文化中，"仁治"和"道德治国"占据核心地位，而法律和规章则居于辅助地位，这意味着在中国文化中，内在的道德价值与美感被赋予更高地位。但这并不代表中国文化中外在之美的价值被低估。实际上，中国文化认为外在之美和内在之美是互补的，两者的完美结合便是最理想的美态，这也是为什么在评价一个人或物时，内在的价值和外在的美感都被同样重视。而至今这种对美的理解和追求仍深植中国人的心中，为其塑造了独特的审美观念和生活方式。这种"理想状态之美"正是当今中国马克思主义美学所要探讨和追求的目标。

马克思的哲学观点在很大程度上重新定义了美的概念，将其从单纯的审美体验转化为与人的实践活动紧密相连的现实体验。马克思强调，"实践创造了美"，甚至进一步主张"劳动创造了美"。[①] 这意味着美并不是一个孤立存在的概念，而是人们在劳动实践中所创造出的与外部世界和谐相处的产物。在马克思的观点中，真正的美是人的内在价值与外部世界之间的和谐结合。这种结合体现在人与自然的关系、人与人之间的社会关系以及人与自己内心深处的真实自我之间的关系上。这种和谐关系不仅是感性与理性的结合，更是物质与精神、自由与必然、个体与集体之间的和谐统一。因此，马克思对美的定义为美学提供了一个全新的视角，突破了传统的美学观念，为我们提供了一种更为深入和全面地理解美的方式。这种理解不仅是关于审美，更是关于人与自然、人与社会以及人与自己之间和谐关系的探索。

二、审美的内涵

美的定义与审美是紧密相连的概念，二者在我国古代思想中便有所体现。例如，当提到"羊大为美"时，人们主要关注的是物体的客观属性与自然特征，而"羊人为美"则涉及人的存在，这是从主体的角度去理解与欣赏美的过程。无论从哪一个方面来看，都证实了美的存在与人是分不开的。审美是人对于外界事物的一种心理活动，更是一个涉及人类感知、感受和认知的过

---

① 卡尔·马克思.1844 年经济学哲学手稿 [M].刘丕坤，译.北京：研究出版社，2021：62-84.

程。当人们观照外界事物时，他们是基于对这些事物某种特性的认知与欣赏，进而引发各种心理上的愉悦。这种审美过程不仅是对外在形态的欣赏，更多的是关于如何理解和体验与之相关的深层次感受。因此，美与审美、客观与主观在人的存在中始终相互交织和影响着。

审美是有意识的对象性存在物——人的独有特性，有美的对象存在，就必然存在欣赏这种对象的审美意识。何为审美？通常来说，审美指的是对于美的对象的观照、考察和鉴别过程，一般包括审美知觉、审美判断、审美趣味、审美理想，还包括与审美心理因素有关的审美价值观的内容。

在中国文化的历史长河中，王国维是首位将外来审美概念引入汉语的学者。在为两本日本著作提供译文时，他首次使用了"审美"这一术语，尽管他并未详细论述其内涵。随后，诸如蔡元培、梁启超和朱光潜等学者对审美观念进行了深入的研究和探索。他们的工作主要聚焦审美的体验和趣味，展现了人们对美的感知和理解的复杂性。现代学者李泽厚进一步深化了这一领域的理论，他指出，美学在更为严格的意义上应被理解为审美学。① 这一观点不仅关注美的哲学思考，更是一个融合了审美心理学、艺术社会学等多个领域的综合学科，集中探讨人们对美的认知和感受。

从这个意义来说，作为知觉、情感和行为完美融合的统一体，审美既超越了纯粹的功利性，也融入了实用价值。在当前的"日常生活审美化"趋势下，审美与日常生活、艺术与商品之间的边界变得模糊。这种趋势导致几乎所有商品宣称具有审美价值，使得审美逐渐被功利主义的思维所束缚，其纯粹性和高尚性受到了挑战。因此，当下推进高尚的审美教育，传递更高雅的价值观显得尤为重要。

美和审美以及审美的客体和主体是相互依存和共同存在的。这种相互影响和共同构建的关系被称为审美关系。在这一关系的背景下，客观事物被赋予美的属性，而人的心理反应体现为审美。审美关系不仅是主体与客体之间的精神连接，更重要的是，它基于主体与客体之间不存在明显的利害关系，使得主体能够从与客体的交流中获得真正的精神愉悦。审美关系是双向的，既受到客观事物的自然和社会特性的影响，也与主体的审美能力和其在社会

① 李泽厚.美学四讲全彩插图珍藏版[M].武汉：长江文艺出版社，2021：3-16.

4

中的位置息息相关。更重要的是，审美价值的判断起到关键的桥梁作用，将主观与客观在审美层面上联系在一起。尽管客观事物具有其固有的特质，但什么被认为具有审美价值实际上是主体对客体进行评价的结果。这样的评价基于主体的价值观和审美观点。简而言之，审美关系的形成取决于客体的特性和主体的评价，而这种评价反映了主体的价值观和审美观。

三、审美价值观的内涵

审美价值观是人们在审美活动中对美与丑的判断和评价标准，简而言之，它是一个美学指南，帮助人们判断何为美、何为丑，这一观念并非单一的标准，而是由个体的审美需求、动机、趣味和理想等各种心理因素组合而成。与此同时，审美认识、情感和信念等也为审美价值观提供了支持和背景。一旦人们形成稳定的审美价值观，它就会潜移默化地指导和影响人们的审美行为和决策，这种指导和影响既可能是显性的，也可能是隐性的。这不仅塑造了人们对于美的认识，还决定了他们在日常生活中如何与审美对象互动。

审美价值观不仅是对于美的感知和评价，它在很大程度上反映了一个人的整体人生观，在人们的职业选择、婚恋观念、政治观点等多个方面都可以看出审美价值观的深远影响。在教育领域，审美教育和人生价值观教育也呈现出高度的一致性，具体体现在教育目标、内容和形式上。追求美好生活是人类固有的愿望，人们都希望生活中充满美好的事物，使自己的每一天都充满美感。这种对生活的审美视角实际上就是对人生中每一方面的审美化处理，这也是为什么审美价值观能够在各种价值观中展现出强大的影响力和广泛的应用性，因为它与人们的日常生活和情感体验紧密相连。

审美价值观在人的整个价值体系中占有独特地位，因为它具有深远的影响力并与人们的日常生活密切相关。通过对审美价值观的培养和教育，人们可以有效地塑造和影响个体的人生观和其他相关的价值观。审美教育不仅是传达关于美的知识，而且是关于人生价值的深入探索。它涵盖了自然之美、艺术之美、科学之美等多种美的形态，同时包含了人类经验的多种情感，如优美、伟大、悲剧和喜剧。这些不仅反映了生活的各个方面，还揭示了如何创造和欣赏和谐与美好。审美教育的核心是传递一种价值观，这种价值观影响学生对于什么是美、如何欣赏美以及如何在生活中创造美的看法，接受者会根据所接受的审美教育内容形成相应的审美价值观。因此，审美教育不仅是对美的知识教育，在更深层次上，它是对审美价值观的培养和塑造。

四、何为审美教育

在人类文化历史长河中，审美教育走过了数千年的历史过程。在春秋时期，这种教育的概念就已经在文献中得到了记录。同样，在古希腊的城邦时代，人们已经开始对审美教育进行系统的研究和探讨。但真正将审美教育这一概念推向前台的是德国著名作家和美学家席勒。1795年，席勒以书信的形式出版了《美育书简》，首次明确提出了审美教育的定义——是人们通过对美的形象的观照，培养对美的情感，纯洁人的心灵，以达到人的全面自由、和谐的发展。[①] 同时，席勒明确指出，审美教育在提升个体的道德水平上起到了核心作用，具备道德感的人必然经历过审美的熏陶。[②] 该观点既超越了简单的教育范畴，也是对于如何改进社会和人性的深入探讨，呼唤人们重新回归真正的人性。在中国，王国维是近代较早倡导审美教育的学者，他在《论教育之宗旨》中指出："美育者，一面使人之感情发达，以达完美之域；一面又为德育与智育之手段。此又教育者所不可不留意也。"[③] 这一观点凸显了审美教育在整个教育体系中不可或缺的地位。

初看起来，审美教育的内涵简单明了：审美教育，简称美育，顾名思义，指的是通过美的教育，让受教育者能够察觉、体验和创造美，进一步参与审美的过程和体验。但实际上，这个定义远非表面上那么简单。随着美育在我国教育中的不断发展，学者对于美育概念的界定有着各自的理解，他们从不同角度对美育有着不同界定。

（一）美育是美学知识的教育

部分学者认为审美教育是美学理论知识的教育。陈友松提出："美育也称

① 席勒.美育书简[M].徐恒醇，译.北京：中国文联出版公司，1984：61-65.
② 席勒.美育书简[M].徐恒醇，译.北京：中国文联出版公司，1984：116-121.
③ 王国维.王国维经典作品集[M].石家庄：花山文艺出版社，2018：19-22.

为美学教育。"① 胡经之认为："美育是把美学基本理论变为美化自身和美化外部世界的积极实践。"② 这些观点都凸显了美的核心价值，而美无处不在，无论是在大自然中，还是在社会文明中。在日常生活中，人们不断地发现、探索和研究美，对其本质和特性进行归纳，从而使美学理论日渐丰富。同时，教育者也努力将这些理论普及，使更多人了解和欣赏美的力量。尽管美学为美育提供了坚实的理论基础，但美育的内涵远不止于此。从宏观角度来看，美学为美育的发展提供了理论支撑，而美育则是美学在实际应用中的表现形式。

（二）美育是艺术教育

追溯到我国西周时期，学校教育的基本科目是"六艺"，即礼、乐、射、御、书、数，这是当时周王官学为贵族子弟制定的教学内容，旨在培养他们全面的才能和素质。而古希腊时期的教育，特别是古雅典，更偏重通过文学、艺术和哲学等手段来涵养学生的综合素质和审美能力。进入民国时期，我国的文化精英如王国维和蔡元培等人都非常重视美育在教育中的位置。王国维称美术为"上流社会之宗教"③，意味着他认为艺术和美育在社会中有着无可替代的地位。

《现代汉语词典》中对美育的解释是："美育是以培养审美的能力、审美情操和对艺术的兴趣为主要任务的教育。"④ 将美育直接定义为培养学生艺术兴趣的教育。这样的理解长时间为人们所接受，使得"美育即艺术教育"成了一个被广泛认可的观点。然而，随着社会的进步和思维方式的变革，人们开始认识到，将美育仅仅局限于艺术教育失之偏颇。尽管艺术是美育的一个重要载体，但美育的内涵远不止于此。美育不仅培养对艺术的兴趣和技能，更多的是培养学生的审美眼光和品位，让他们能在日常生活中发现美和欣赏美。因此，应该拓展对美育的认知，不仅局限于艺术的教育，而是更全面地理解

---

① 陈友松.教育学 [M].武汉：湖北人民出版社，1985：142.

② 胡经之.文艺美学 [M].北京：北京大学出版社，1989：380.

③ 王国维.人间词话 [M].安徽：安徽文艺出版社，2015：158.

④ 中国社会科学院语言研究所词典编辑室.现代汉语词典 [M].北京：商务印书馆，2003：864.

它和实践它。

（三）美育是陶冶情感的教育

蔡元培在《教育大辞书·美育》中这样定义美育："美育者，应用美学之理论于教育，以陶养感情为目的者也。"① 陶就是指陶冶人的个人情操；养就是培养人的社会责任意识。美育不仅可以陶冶情感，丰富人的精神世界，对于提升人的道德素质和情感修养也有着积极作用。当人们的情感受到外界的影响时，美育可以成为一种力量源泉，帮助人们找到内心的平静和坚韧。学者邢煦寰认为："美育其实质就是情感教育，就是一种通过一定的审美媒介（主要是艺术作品，也包括社会美、自然美、科技美等形态）引导人们进行健康的审美活动，使情感理性化和审美化，升华为一种高级情感的过程，其最终目的就是建立一种以审美为核心为指归的审美心理结构，以培养全面发展的人。"② 该观点突出了美育的情感教育功能，通过各种美的载体或形式升华个人情感，塑造健全人格。虽然陶冶情感在精神层面有了更深一层的含义，但陶冶情感只能说是美育要实现的教育目的之一，如果单一地把美育界定为情感教育还不够完善。

（四）美育是培养人审美能力的教育

美育不仅是培养人们的审美情操，还是激发人们发现生活美的教育。尽管生活中处处有美，但真正能够觉察并欣赏这些美的人并不多。仇春霖教授认为："美育是通过审美活动有意识、有目的地提高人们的审美能力和审美情趣，培养崇高的审美理想的教育。"③ 这一观点表明美育的主要目的不仅在于对人的审美能力的培养，也包括对人的审美感知力、审美理解力、审美评价力和审美创造力的培养。

蒋孔阳认为："审美教育的特点，就是要培养全面的人，就是要培养人们对于美的热爱，从而感到生活的乐趣，提高生活的情趣，培养对生活的崇高、

① 蔡元培.美育人生 [M].北京：中国画报出版社，2022：106-115.
② 邢煦寰.通俗美学 [M].北京：中国青年出版社，2000：236.
③ 仇春霖.简明美学原理 [M].北京：高等教育出版社，1987：225-232.

对生命的崇敬的目的。"① 良好的审美能力不仅局限于增强感官体验，而且能够影响人的精神意识，促使其对生活有更高的期待和评价。审美能力确实是美育的一个重要方面，但美育的真正意义在于它能对个体的人格进行塑造和完善。这种人格的塑造和完善超越了单纯的审美体验，它涉及人的道德、价值观和对世界的认知。

（五）美育是培养人全面发展的教育

蔡元培倡导的"五育并举"的理念倾向将教育视为一个涵盖各个方面的培育过程，旨在打造既具备专业知识，又拥有人文素养和道德情操的完整个体。王晓旭把审美教育的概念界定为："所谓审美教育，从根本上说，就是以审美的方式来达到人类的自我塑造、自我完善，并最终推动整个社会趋向完美、和谐发展的理想境。"② 这一观点强调美育对于个体的整体发展起着核心作用，而个体的成长也为社会的和谐发展提供了动力。仇春霖更是直接表明：美育是人类美化自身的学科，其设立的目的是促进人的全面和谐的发展。③ 这一观点突出了美育对于人类发展的整体性和系统性，是目前被广为接受的观点。然而，这种解读可能过于注重人的整体发展，而忽略了对美的直接感知和赏析，使得这种定义可能不够深入和全面。

总的来说，对于美育的定义，不同学者持不同的观点和解读。这些定义反映了各自的学术背景、研究方向和社会环境。随着社会和文化的演变，美育的含义也在不断地扩展和深化。通过不同学者对美育概念的阐述，笔者认为，审美教育指的是通过开展各种审美活动，深入探讨社会、自然和艺术等多个领域的美感，旨在教育受教育者，培养他们的审美鉴赏能力、表现力及创造性。

---

① 蒋孔阳.蒋孔阳全集 [M].合肥：安徽出版社，1997：706.
② 王晓旭.美学原理 [M].上海：上海人民出版社，2010：334.
③ 仇春霖.简明美学原理 [M].北京：高等教育出版社，1987：225-232.

第二节　高校审美教育的特征

　　根据不同场所，审美教育可以划分为家庭审美教育、学校审美教育及社会审美教育，其中，学校审美教育是审美教育开展的主要途径。学校审美教育又可以进一步细分为中小学教育的审美教育和高校审美教育，本书主要探讨的是高校审美教育。审美教育的一般特点有情感性、形象性、愉悦性、渗透性，而因其自身性质有别于中小学教育中的审美教育，因此，高校审美教育不仅具有审美教育的一般特点，还具有一些独特、鲜明的特点，如图1-1所示。

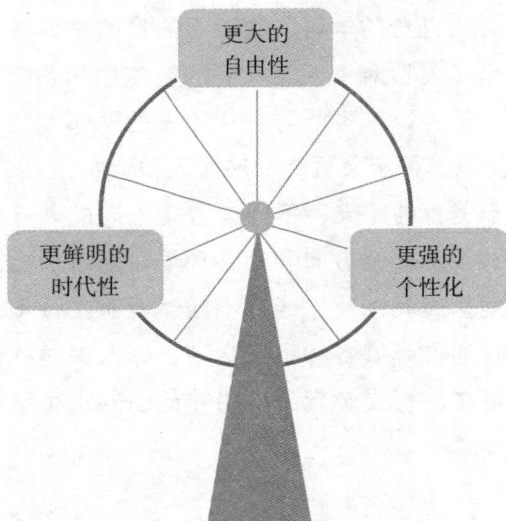

图1-1　高校审美教育的特征

一、更大的自由性

　　追求自由是人类的本能，但作为社会生物，人类的行为受到政治、经济、道德和法律等多种因素的限制。席勒作为首位深入探讨美育概念的西方美学家，在其著作《美育书简》中深入探讨了自由与审美之间的紧密联系。根据席勒在该书中阐述的观点可知，当一个人被物质需求和自然力量所左右时，他是非自由的，被称为感性的人。而真正的自由者是那些能够自主运用其意志、展现其完美人格的理性的人。那么，如何将这种受限的感性的人转化为真正的理性的人呢？答案就是审美活动，审美是连接这两种状态——受限与自由的桥梁。只有通过审美，人们才能从物质的束缚中解脱出来，真正地追求和实现自由。

审美教育，也就是美育，利用审美活动作为一种中介，引导受教育者进行"无为而为"的"自由欣赏"。这种审美过程能让人们真正体验到自由——不仅是外在的自由，更是对内在个性的解放、对人性的赞美、对心灵的净化和对人格的升华。在这种教育中，受教育者能够感受到真正的精神愉悦。从更深层次来看，美育的核心是培养自由精神，这种自由不仅是审美活动的基石，也是美育活动的核心原则。所谓"审美王国的基本法律"指的正是这种追求自由的精神。与此同时，由于高校开放和自由的学术氛围，为美育提供了更为广阔的空间，使其更为充分地体现出自身的自由性，从而更加有利于美育的实施和推广。具体表现为以下三方面：

（一）高校美育有更大的选择性

教育中的自由选择是自由教育的核心要义。在中小学阶段，由于其强制的性质，学生在课程内容和学习方式上的选择受到限制。在这样的应试教育背景下，审美教育往往被缩减为音乐和美术两门课程，并且这些课程实际上往往无法得到充分的重视和保证。与此不同的是，高校教育为学生提供了一个更为宽松、多样的学习环境。因为没有了中小学那样的升学压力，学生在高校可以根据自己的兴趣和需求进行学科选择，他们不仅可以深入专业领域学习，还有更多的机会和自由度去接触和探索广泛的审美教育内容。这样的环境更有利于培养学生的自主选择和自主学习能力，使他们真正受益于审美教育。

（二）高校美育有更充足的时间保障

时间是自由教育的必备条件。在中小学阶段，学生常常面临繁重的课程任务和压力，使得他们的时间被严格划分和安排，很少有真正属于自己的自由时间。这限制了他们自主学习和探索的机会，使得审美教育很难得到有效实施。相比之下，高校的教育模式为学生提供了更大的时间弹性。由于课程安排更加灵活，学生可以有更多自我支配的时间。这不仅意味着他们有更多机会进行深入的专业学习，还意味着他们可以在更为宽松的环境下，采取一种"非功利"的学习态度，真正享受学习的过程。在这种环境中，审美教育的真正价值得以发挥，学生可以更加自由地接触和体验美的事物，从而深化他们的审美体验和理解。

（三）高校美育有更充分的资源

真正的自由教育不仅依赖时间的自主与选择的自由，更需要一个丰富的资源环境来作为支持。在中小学教育阶段，教育内容主要围绕传递基础文化和科学知识，因此，提供的学习资源往往具有一定的局限性。相比之下，高等教育为学生提供了一个资源更为丰富和多元的学习环境。首先，大学的图书馆通常收藏着大量的专业书籍和资料，为学生提供了一个深化知识和扩大视野的平台；其次，高校与其他研究机构的合作关系为学生提供了更多学术交流和研究的机会；再次，高校中拥有一支知识深厚、经验丰富的教育团队，他们不仅可以为学生提供指导，还可以鼓励学生独立思考和探索；最后，大学的文化、体育和艺术活动以及各种学生社团都为学生提供了多种方式来实现自我教育和成长。高等教育不仅给了学生时间和选择的自由，还为他们提供了充足的学习和发展资源，确保他们能够在一个自由和丰富的环境中得到全面教育。

二、更强的个性化

在市场经济日益成熟的背景下，社会经济结构和价值观的多样性日益增强，这促使人们更加注重个性化的发展。在维护社会伦理的同时，社会对于个人独特性的尊重和保护也在加强。通过比较美育与智育、德育和体育可以发现，美育在个性化发展方面具有更明显的优势。因为智育主要涵盖那些经过历史验证并被公认为科学的知识，这些知识在学校课程中已经得到了普遍认同，因此对其存在较少的争议。同时，由于智育的知识体系相对明确，因此，学生的学习成果也容易通过测试进行量化评估。德育涉及的政治、法律和道德规范都相对明确，尽管各人在具体的道德实践中可能存在差异，但总体的底线标准是普遍适用的。体育的核心目标是确保学生的身体健康，虽然每个学生可能根据自己的兴趣和特长而选择不同的运动，但对于身体健康这一基本要求不存在多种解读，它是普遍而明确的。而美育则不同，学校可以规范一个人的行为，使其遵守法律和社会准则，但无法期望每个人对万千事物的美都持有统一看法。对于何为美、如何审视美以及如何创造美，每个人可能有独特的见解和情感体验。在美育的过程中，学生不仅是接受者，也是创造者，他们根据自己的审美观念创造美，与此同时，也影响并受到他人的影响，教育者与被教育者之间存在相互交流和尊重的互动关系。因此，在美育中，尊重每个人的个性化显得尤为重要。

学校美育注重教育对象的个性化是一个普遍规律，但对于高校而言，这种个性化表现得尤为突出。

（一）大学生的心理发展特点决定了高校美育的个性化特征

随着年龄的增长，学生在心智、社交和情感上逐渐发展，从而影响他们对自我和外部世界的看法。在这一成长过程中，他们的自我意识和个性化需求也呈现出不同特征，特别是在如何看待和理解美的角度上。

在小学的低年级阶段，学生处于自我意识的初步形成期。在这一阶段，他们的思维和行为受到成人特别是教师的强烈影响。对于他们来说，教师的话几乎是不容置疑的，他们习惯完全按照教师的要求来操作，把教师的评价作为自我价值的重要标志。在这一时期，学生对美的概念主要是通过外部引导和模仿来获得的。到了小学的高年级和初中阶段，随着青春期的来临，学生开始更加关注同龄人之间的关系。他们往往更加重视同龄人群体中的文化和价值观，在许多情况下这种"亚文化"成为他们形成审美观点的重要因素。此时，学生开始对美的认知有了更深层次的理解，不再完全受制于成人的观点。到了高中时期，学生开始积累更多的知识和经验，加上身心的快速成熟，他们对自己的认知更加深入。这时，他们更倾向从内部评价自己，而不再完全依赖外界的反馈。他们开始更加关心自己的独特性，并逐渐认识到每个人都有其独特的对美的感知和理解。大学则是一个全新的自由舞台，这一时期

13

的学生已经有了明确的人生观、价值观和对美的独特理解。大学生对个性化的需求更为明确，他们期望自己的审美观能够被尊重，并在此基础上得到进一步的拓展和提升。

（二）高校的培养和管理模式为美育追求个性化提供了可能性

在教育的旅程中，学生经历了从对个性化追求的初步意识到对其深入探索的过程。高中作为一座承前启后的桥梁，虽然培养了学生追求个性的意识，但其本身的教育环境和模式以及沉重的升学压力往往使学生的这种追求被束缚，不能自由发展。而大学使学生进入了一个全新的世界，在这里，没有升学压力，学生有更多机会选择自己感兴趣的领域，实现真正的个性化学习。大学的教育和管理模式更加注重学生的个人发展，鼓励他们按照自己的兴趣和目标去设定学习路径。正是在这样的环境中，美育得以焕发新生。学生不再被限制于固定的课程和标准，他们可以根据自己的审美观和兴趣去选择学习内容，从而更加深入地感受和理解美的价值。这不仅促进了学生的个性化发展，也为美育提供了一个广阔的、多样化的舞台，使其能够更加充分地体现出自身的独特性和价值。

（三）高校拥有丰富的追求个性的资源和空间，使美育的个性化能充分体现出来

在教育的旗帜下，高校已经成为追求个性的绿洲，尤其在美育领域，高校为学生提供了一个丰富多样的资源库。无论是资深的艺术家和学者，还是前沿的美学资讯和设施，学生都能在此找到他们追求美的灵感和工具。但仅有资源并不足以促进个性化的追求，学生能自由选择和利用这些资源是关键。与基础教育阶段相比，高校更加尊重学生的选择权，允许他们根据自己的兴趣和需求定制自己的学习路径。这不仅是在专业选择上，甚至在具体的课程、项目或实践活动中，学生都享有相对的自由。在这样的环境中，美育的个性化得以深化和扩展。学生可以根据自己的审美观点和价值观去探索和体验，从而形成与众不同的美学体验和理解。高校不仅为学生提供了美育的平台，更为他们提供了表达和实践个性的空间，使得美育在其中得以充分地个性化展现。

三、更鲜明的时代性

在这个日新月异的网络时代，美育不仅是传统的艺术教育和审美教育，它需要不断地创新和调整，以适应时代的脉搏和特征。21世纪的美育需要更加强调时代精神的体现，积极响应时代的呼声，紧跟文化发展的前沿，确保其内容和方法都能够体现出鲜明的时代性。

传统美学和审美观念如同历史的河流，深深地浸透了学生的文化和思维，为其提供了一种稳定的审美基准。而随着时代的变迁，新的审美理念和标准如春风化雨，不断地冲刷和挑战着这些传统观念。尤其在一个快速变化、充满活力的社会中，新与旧、传统与创新之间的碰撞和交融显得尤为激烈。时尚就是这种碰撞的直接产物。它既是对当前社会、文化和科技发展的响应，也是对传统审美的一种延续和颠覆。人们追求时尚不仅是为了展现自我、彰显个性，更是为了与时代接轨，寻找自己在这个世界中的定位。而在这个追求时尚的浪潮中，大学生无疑是较为活跃的一群人，他们年轻、充满活力，敢于挑战、敢于创新，对于新鲜事物充满好奇心和热情。对于大学生来说，时尚不仅是服饰、音乐或艺术，更是一种生活态度、一种精神追求。他们的这种追求在很大程度上是对传统审美观念的反叛和突破。然而，这并不意味着他们完全摒弃了传统，而是在对传统的继承与发扬中，融入了自己的理解和创新。在这种融合中，传统与现代、东与西、古与今相互碰撞、相互融合，为文化和审美带来了更为丰富和多样的可能性。

但深入分析后又不难发现，表面上传统和时尚的相互对立和否定，并未排除它们两者的互相影响乃至兼收并蓄。因此，将纯粹的传统作为衡量美育的唯一标准显然是狭隘的。在一个快速发展、充满变革的时代，单纯依赖传统作为审美的基准显然不能满足现代人的审美需求。同样，将时尚作为唯一的美育标准也是片面的，因为时尚具有瞬息万变的特性，它流行和更迭的速度是惊人的。真正的美育应当既尊重传统，又与时俱进。传统为人们提供了稳固的根基和丰富的文化底蕴，是人类的文化记忆和精神家园，而时尚则为人们带来了新鲜的元素和创新的思维，它是人类与当下世界对话的桥梁。在这个意义上，美育的时代性不仅是一种跟随时代的趋势，更是一种对传统与现代、经典与流行的深度融合。在高校环境中，这种深度融合的特点尤为明显。大学生处于人生中思想活跃、充满好奇和探索欲望的阶段，他们对传统有着尊重，但也愿意尝试和接受新鲜事物。因此，高校美育应该根据这种特质，再结合时代特征，既传承经典，又引领时尚，让学生在接受美育的过程中能够感受到文化的连续性和时代的脉搏。

第三节　高校审美教育的演进发展历程

20 世纪初，随着王国维、蔡元培等教育家的努力，美育理念开始在中国萌芽。尤其当蔡元培担任北京大学校长后，他坚定地将美育纳入学校的素质教育体系，这一创新举措深刻地影响了我国教育的走向。中国的审美教育走过了一个曲折发展的历程，虽然这条道路并非一帆风顺，但每一次探索都为后续的美育发展铺设了基石。回溯这一历程，不仅可以总结过去的宝贵经验，更可以从中汲取教训，为美育的未来发展提供有力参考。对于高等教育而言，理解并重视美育的历史脉络尤为关键。通过深入研究和回顾，可以为高校的审美教育提出更加有针对性的建议，从而在宏观层面上进一步推动我国教育事业向前迈进。只有站在历史的肩膀上，才能更好地规划未来，使美育在新的时代背景下继续繁荣发展。

一、高校审美教育的初步探索

（一）审美教育得到初步重视

自 1949 年中华人民共和国诞生之时起，国家就高度看重教育的建设与发展，其中学校审美教育也受到了前所未有的关注。为了更好地推动教育事业，教育部于 1949 年 12 月召开了新中国第一次全国教育工作会议，这次大会不仅提议学习并借鉴老解放区与苏联的宝贵教育经验，更明确指出学校应开展艺术课程。1951 年 3 月，教育部召开第一次全国中等教育会议，教育部部长马叙伦在会议致开幕辞中提出:"使受教育者在智育、德育、体育、美育等方面获得全面发展。"这一教育方针对于后续的教育实践与理念产生了深远影响,同时,为了确保审美教育的实质性进展,教育部还根据不同的学生年龄段,细化制定了一系列的管理规章与明确的美育实施要求。

1952年,中国着手发展专门的艺术院校,培养针对美育的专业艺术人才,这也使得如美术、音乐等相关艺术课程受到了前所未有的关注与推广。仅仅过去三年,1955年,为进一步加强文化教育建设,国务院召开了全国文化教育会议,国家层面再次强调了对学生德、智、体、美四育并重的全面发展原则,这无疑进一步证实了当时我国政府对于审美教育的坚定立场和高度重视。在这个背景下,毛泽东提出了"百花齐放,百家争鸣"的"双百"方针,为审美教育的多样化和创新性提供了思想上的指导。虽然这一时期我国的审美教育在政策和实践上都得到了相应推进,但在理论研究层面仍有待深化。这意味着当时的政策和实践推动确实为美育带来了发展,但如何进一步完善和创新审美教育,仍须做出探索和努力。

(二)审美教育进入停滞状态

20世纪50年代中后期到60年代,美育发展受到了大气候的限制。1957年,《人民日报》正式发表了《关于正确处理人民内部矛盾的问题》一文,指出:"我们的教育方针应该使受教育者在德育、智育、体育这几个方面得到全面的发展,成为有社会主义觉悟的有文化的劳动者。"审美教育并没有出现在当前的教育方针中,之后文件中出现的教育方针都不再包含美育,并默认将德育、智育、体育作为教育的发展方向。1958年,中共中央和国务院颁布了《关于教育工作的指示》,将德、智、体发展当作我国的教育目标,并摒弃了美育,基于此,已经编写好的教材中也将与美育相关的章节和内容进行了删除。1966年,人们可参加的审美活动越来越少,仅局限于"样板戏"和"忠字舞"。在这一时期,我国审美教育进入"停滞"阶段,审美教育出现了断层。

二、高校审美教育的重新构建

（一）审美教育的复苏

1978 年是中国历史上的一个转折点，党的十一届三中全会的召开为中国拉开了改革开放的大幕，标志着新的历史阶段的开始。在这一重大历史时刻，与此伴随的是思想的解放和实事求是的工作方针，这两者为各领域的发展提供了强大动力，其中包括教育领域。进入 20 世纪 80 年代，随着社会的变革和教育观念的更新，审美教育开始重新焕发活力并受到广大教育者和学者的关注，这一时期的审美教育不仅回归了学校教育体系，而且在教育方针中恢复了其应有的地位。

在我国第一次全国美学会议上，众多教育者与美学专家联手呼吁对审美教育给予足够的重视。为了进一步推进此事业，中华美学会成立了美学研究会，专注审美教育的教学方法和实践研究。随着"七五"计划在 1986 年的实施，审美教育与德育、智育、体育并列，明确指出各级各类学校都应全面实施这四方面的教育，展现了国家对审美教育的重视。此外，这一时期，人们对于审美教育的价值和重要性逐渐形成了共识，认为审美教育不仅能提高学生的艺术欣赏能力，更是培养学生健康人格的重要组成部分。国家政策的支持与广大人民的共识使得审美教育在我国得以稳定发展，为后来的教育改革与创新奠定了坚实基础。

（二）审美教育的回归

19 世纪 90 年代以来，随着素质教育的提出，中央和政府对学校审美教育做出新的规划。1993 年 2 月，党中央和国务院颁布了《国家教育改革和发展纲要》，明确指出："美育对于培养学生健康的审美观念和审美能力，陶冶高尚的道德情操，培养全面发展的人才，具有重要作用。要提高认识，发挥美育在教育教学中的作用，根据各级各类学校的不同情况，开展形式多样的美育活动。"由此，美育在素质教育中的地位得到提高。1994 年 6 月，江泽民在全国教育工作会议上强调："努力造就'有理想、有道德、有文化、有纪律'的德育、智育、体育、美育等全面发展的社会主义事业建设者和接班人。"1999 年 6 月，在第三次全国教育会议上，中共中央、国务院颁布了《关于深化教育改革全面推进素质教育的决定》，提出："美育不仅能陶冶情操、提高素养，而且有助于开发智力，对于促进学生全面发展具有不可替代的作用。"这是美育第一次被正式写入国家教育文件中，并明确指出了美育的作用和地位。最终，美育与德育、智育、体育一起构成素质教育，成为我国教育体系中的重要部分。

三、高校审美教育的繁荣发展

进入 21 世纪，随着社会的快速变革及素质教育的持续推进，审美教育在高校中的地位逐渐提升。为确保高校审美教育的稳健发展，国家陆续发布了一系列有关高校审美教育工作的指导性文件，这些文件不仅为审美教育的推进指明了方向，还为其实践提供了坚实的制度与政策支撑。

（一）制定审美教育相关文件，规范高校审美教育工作

近年来，国家出台了一系列与美育、艺术教育有关的文件，其中，2015 年国务院办公厅颁布的《关于全面加强和改进学校美育工作的意见》和 2019 年教育部颁布的《关于切实加强新时代高等学校美育工作的意见》这两个文件对高校美育具有针对性的指导意义。一方面，这两个文件的颁布显著提升了高校审美教育的地位。2015 年之前，由于学术界对"艺术教育"与"审美教育"的定义和边界存在较大争议，相关的政策文件中多以"艺术教育"为主要表述，将其视作审美教育的关键手段和路径。这一模糊的定义导致审美教育在高等教育领域内的作用与地位并不明确，其深远意义也未被充分理解和重视。而 2015 年国务院颁布的文件为这一争议画上了句号，首次明确提出"美育工作"，并为审美教育确立了清晰的方向与定位。文件明确指出，审美教育的核心使命是培育德智体美劳全面发展的新一代社会主义建设者。更为关键的是，审美教育应当渗透学校教育的每一个环节，成为中国特色社会主义教育体系中不可或缺的一部分。

另一方面，文件对高校审美教育在新时代的发展提出了详细的指导意见。从多角度入手，对高校审美教育的建设提出了改进措施，包括师资队伍的建设、美育教学改革以及文化传承创新和服务社会能力等方面。同时强调，高

校审美教育工作的开展需要组织保障，要进一步明确高校的主体责任，充分调动并发挥高校党委的领导核心作用，加强组织领导；协调地方统筹管理，各地区从实际情况出发制定合理的高校美育工作的总体规划和实施措施；切实保障美育经费，教育部和财政部通力合作，共同开展并落实好美育专项经费工作；建立健全评价监督体系，优化高校审美教育评价体系，探索中国特色现代高校美育评价制度。在文件保障、财政政策的支持下，高校审美教育体系逐渐趋于科学化、标准化，审美教育工作者对高校审美教育工作有了更强的执行力，高校审美教育工作也趋于系统化、规范化。

（二）教育部成立高校美育教指委，指导全国高校美育工作

为确保高校审美教育的质量与持续性发展，首届全国高校审美教育教学指导委员会（以下简称教指委）于 2020 年 8 月成立，其成员由全国各地在审美教育领域杰出的高校教授构成。该委员会的设立主要围绕几个核心任务展开工作。首先，对于高校审美教育的理论体系进行深入研究，旨在为审美教育打下坚实的理论基础；其次，侧重审美教育课程的构建，确保高校的审美教育内容既符合时代需求，又具有前瞻性与创新性；再次，针对教学方法进行创新与改革，以适应当代学生的学习习惯与认知特点，提高教学效果；最后，为了保证教育质量，该委员会还对审美教育的师资队伍进行建设与培训指导，确保教师队伍的专业性与实践经验。更为关键的是，该委员会不仅是一个指导与研究机构，还担负着向教育部提供建设性建议与意见的职责，以确保政策制定更加贴近高校的实际情况，推动我国高校审美教育事业持续健康发展。

除此之外，高校审美教育在教学规范、质量及基础设施上提出了明确的标准和蓝图。为了进一步强化教育质量，教指委通过举办学术研讨、促进经验分享、组织展示与展演活动以及进行国际交流，全方位提升了高校审美教育教师的教学技能和综合素质。除了以上的指导和培训活动，教指委也承担了对高校审美教育工作的深入调研、督导、监察与评价任务。这样的做法确保了其提出的建议和意见基于真实、客观的数据和实证研究，使得指导更具有针对性与实效性。教指委的设立不仅是一种宏观的指导，更是国家对高校审美教育重视程度的体现，从策略制定到实地实践，为高校审美教育的全面、

持续发展奠定了坚实基础。这将进一步确保我国高校审美教育走在国际前列，为我国培养出一代又一代具有审美素养的学子。

第四节　高校审美教育的发展趋势

随着高校教育改革的不断推进和审美教育的逐步规范化，高校审美教育逐渐占据了更为重要的地位。实际上，高校已经在审美教育方面做出了显著成绩，并得到了广泛认可。这些积极的变化不仅体现了我国对审美教育的重视，还彰显了我国教育改革的成果。通过总结和认识高校审美教育的这些成就，不仅可以使人们为之自豪，而且可以增强人们继续推进高校审美教育的决心和信心。

一、高校审美教育的相关著作逐渐增多

在高校审美教育领域的发展中，众多杰出的审美教育家崭露头角。他们凭借在教学实践中的深入探索和专业研究，撰写并发表了大量与高校审美教育息息相关的学术文章和专著，为该领域注入了丰富的理论活力。这些宝贵的文献资料，其内容大致可归结为以下四种类型：

第一种类型是关于美育原理的研究。该类型的著作围绕审美教育自身的特性展开全面探讨，深入分析了美育的性质、特点、对象、原则、途径和作用等方面，并提供了一些构建美育原理的建议，提出美育学的概念。关于美育原理构建方面的代表著作主要包括仇春霖主编的《美育原理》[①]、彭若芝编著的《美育简说》[②]、易健的《现代美育研究》[③] 等，都是关于美育特性研究方面具有代表性的著作；另外还有蒋冰海的《美育学导论》[④]、曾繁仁等著的《现

---

① 仇春霖．美育原理 [M]．北京：中国青年出版社，1988.
② 彭若芝．美育简说 [M]．北京：教育科学出版社，1988.
③ 易健．现代美育研究 [M]．海口：南方出版社，2000.
④ 蒋冰海．美育学导论 [M]．上海：上海人民出版社，1990.

代美育理论》^① 等。

第二种类型是关于美育教材类的书籍。随着审美教育被正式纳入国家教育体系，美育逐渐在高校各个专业中变得不可或缺，形成了系统的教材体系。针对这些专业的美育教材往往首先深入探讨美的内涵、类别以及表现形式等基础理论，为学生提供坚实的理论基石。随后，教材巧妙地将美学理论与实际专业知识相结合，阐释在各专业背景下如何理解、应用和创造美的价值和意义。这样的教材既确保了审美教育的普及性，又保障了其针对性和实用性，为培养学生的审美观念和实际操作能力提供了有力指导。

第三种类型是关于美育实践的研究。这种类型主要针对美育在学校教育中的研究，比如仇春霖教授的《大学美育》，在新时代提出要培养全面发展的一代新人的要求下，首先明确了高校学生在审美教育中所须具备的基本素养和理论知识，然后详细探讨了学生参与的审美活动与他们所受的审美教育之间的深刻联系。^② 通过将理论知识与实际的审美实践相结合，这本书不仅帮助大学生建立了正确的审美观念，还为他们的审美活动提供了宝贵的实践指导，从而确保他们在美育中获得全面成长。

第四种类型是将美育理论、艺术欣赏和艺术教育相融合的泛美育著作。在审美教育的演进中，它与艺术教育紧密结合已成为常态。艺术教育通过多样的表现手法，如音乐、美术、舞蹈和戏剧，为人们呈现了丰富多彩的艺术世界。这些著作经常将审美教育与各种艺术形式相结合，不仅通过艺术的媒介展现了美的多样性，也为审美教育注入了更丰富、更深刻的内涵。这种类型的著作有郑新兰的《天籁之声的奏鸣：音乐美》^③、王志敏和崔辰的《声音与光影的世界：影视美》^④、牛宏宝的《形与色的魔幻：绘画美》^⑤、林叶青的《粉墨话春秋：戏剧美》等^⑥，还有关于景观美、设计美、文学美、建筑美等著作。

---

① 曾繁仁.现代美育理论 [M].郑州：河南人民出版社，2006.
② 仇春霖.大学美育 [M].北京：高等教育出版社，1997.
③ 郑新兰.天籁之声的奏鸣音乐美 [M].石家庄：河北少年儿童出版社，2003.
④ 王志敏，崔辰.声音与光影的世界影视美 [M].石家庄：河北少年儿童出版社，2003.
⑤ 牛宏宝.形与色的魔幻绘画美 [M].石家庄：河北少年儿童出版社，2003.
⑥ 林叶青.粉墨话春秋戏剧美 [M].石家庄：河北少年儿童出版社，2003.

总体来说，随着审美教育的持续发展，通过对美育理论、美育实践、美育学科等方面的深入研究，促进了审美教育相关著作的快速增长，为高校审美教育注入了丰富的理论内涵和实践经验。这些著作不仅拓宽了审美教育的研究领域，更为教育者提供了深度的思考和创新的方向。经过一系列的探索与研究，高校审美教育在理论建构上已经取得了宝贵成果。这不仅为审美教育的持续推进奠定了坚实基础，也为整个教育领域带来了新的启示和思考。

二、高校审美教育的相关工作逐步落实

为了响应国家对审美教育的指导方针和政策建议，高校已经在美育课程设计、实践活动及校园环境美化等领域做出了积极的改革与优化，这些努力使得审美教育在高校得到了明显的提升和发展。

随着我国高校教育体系日益成熟和完善，美育课程也呈现出更为多样化和细化的发展趋势。过去美育课程主要与音乐、美术等传统艺术领域紧密相关，并主要在艺术类学校中开设。现今随着各高校对审美教育价值的重新认识，无论是公共基础课、选修课，还是专业必修课，都纳入了与审美教育相关的内容，确保学生在不同的层面和方向都能获得全面的审美教育体验。经过对多所国内高校美育课程设置的观察和分析，可以明显看到美育课程的内容趋于多样性和丰富性。首先，有针对性地研究美的本质和培养学生审美敏感度的基础性课程，如"美学概论"和"审美教育导论"；其次，结合艺术和体育的课程，如"民乐欣赏""影视艺术""中国美术名作评析"及"健美操"等，将美的感知与实际技艺相结合，寓教于乐；最后，"人生美学"这样的课程将美与人的内在发展和人生观相融合。这种多元化的课程设计不仅为学生提供了更为广阔的学习选择，而且更加全面地培养了他们的审美能力和品位。

为了培育全面发展的新一代人才，近年来，高校对实践活动给予了更多重视。实践活动不仅可以让学生直观地体验和感知美，也有助于培养他们的综合素质。例如，辩论赛、主题讲座、歌唱比赛、迎新与毕业晚会等，不仅锻炼了学生的口才和组织能力，还提高了他们的审美情趣。尤其与审美教育相关的活动，如美育主题讲座和影视作品的放映，为学生提供了深入了解美的机会。与此同时，组织学生观看音乐会、参观博物馆和纪念馆等可以让他们在实践中接触美、认知美和欣赏美。与传统的课堂讲授相比，这些活动更

有助于学生情感的投入和情操的培养，使他们在真实场景中体验美、理解美并对美产生深厚的感情。通过搜索中国美育网发现，全国各大高校和地区都对美育实践活动给予了极大重视，这些高校不仅在内部开展丰富的美育活动，还积极与其他学校开展美育成果的交流与展示。这种跨校的交流无疑加深了高校间的合作与分享，也推动了美育活动的广泛传播和深入发展。另外，一些高校还设立了专门的美育基地。这样的基地为学生提供了一个沉浸式的美育体验环境，进一步增强了学生的实践参与感，并且可以助力学校在美育领域塑造独特的品牌特色。尽管目前的美育实践活动已经取得了不俗的成果，但为了进一步拓展审美教育的影响，未来高校仍须探索更多元化、创新性的实践表现形式，确保审美教育始终与时俱进。

近年来，高校对校园环境的重视已经上升到了一个新的高度。不仅因为一个和谐、优美的校园环境可以为学生提供良好的学习和生活体验，更重要的是，校园的环境与设计在塑造学生审美观上具有至关重要的作用。在高校的宣传与招生活动中，校园环境建设往往被视为与专业设置和师资队伍同等重要的要素。这是因为一个充满美感的环境不仅可以吸引学生和家长，也是高校办学理念和品牌形象的直观体现。现代的高校更注重集审美与实用于一体的校园规划。许多学校都拥有独具特色的建筑群，这些建筑不仅承载着学校的历史和文化，更是现代美学与建筑艺术的结合，完全契合现代社会的审美标准。长时间生活在这样的环境中，学生的审美能力和鉴赏力也会在潜移默化中得到提升。除了标志性建筑，现如今高校环境建设越来越关注自然和生态。众多学校在其校园规划中融入湖泊、假山、树木等自然元素，有的甚至引入如天鹅、锦鲤、孔雀等动物，以增添生态的多样性和美感。这样的设计不仅提供了一个宜人的学习和生活环境，更是对学生进行了一种不同的审美教育。自然与生态的和谐相处让学生更加贴近大自然，感受其中所蕴含的自然之美。通过与这样的环境日常的互动，学生能够更加明白自然美和生态美的重要性，也能够更深入地体验和理解美的真谛。

三、高校审美教育资源逐步发掘

教育资源是支撑高校审美教育的关键物质基础，得益于国家和教育部对此的高度重视，国家和教育部门深入挖掘并充分利用这些资源，确保高校审美教育得以全面、深入地发展。通过实施一系列有针对性的计划，不仅使得各高校内部的美育资源被最大化地利用，还促进了高校与所在地区之间的美育资源共享。这种综合性的利用和整合进一步推进了高校审美教育的广泛推进与深化。

2016—2018 年，教育部与 30 个省、市、区深化合作，共同签订了一份关于学校美育改革与发展的备忘录，教育部结合各个地区的实际情况，提供了多方面的支持：支持各省市区推进审美教育综合改革实验和审美教育教学改革；支持各省市区建设全国中华优秀传统文化艺术传承学校和基地；支持各省市区全国农村学校艺术教育实验区（县）建设；支持各省市区推进美育教研科研；鼓励支持各省市区开展高校艺术人才培养模式创新改革；支持各省市区开办国际交流与合作会议，增强人文交流。在教育部的大力支持下，这30 个省市区积极策划并实施了与自身实际情况相匹配的美育发展规划与措施，巧妙地整合了城乡、线上线下、校内校外及国内外的多元资源，确保美育资源得到最大化和高效的利用。这种综合性的资源配置策略不仅为美育工作提供了坚实的物质基础，也进一步促进了各地区审美教育的全面、深入发展。

从 2005 年起，教育部积极推进"高雅艺术进校园"项目，这一创新性的举措旨在通过国家与地方的紧密合作，为高校学生带来丰富多彩的审美体验。在国家层面上，优秀的专业艺术团体被邀请至各大高校，通过现场演出和专题讲座，直接与学生互动，分享艺术的魅力。与此同时，高校鼓励学生走进如国家大剧院、美术馆、艺术馆等艺术殿堂，深入感受艺术的精粹。为了更好地响应这一国家政策，许多高校还自行举办各类艺术活动，如艺术展览、传统文化巡演和美育专题讲座，使得学生能够多方面、多角度地接触到美育，真正深入学习和体验审美教育的真谛。

近年来，教育部持续重视美育的推进与发展，频繁地在全国范围内召开美育大会。通过这些大会，不仅呈现了各地丰硕的审美教育成果，还促进了人们对美育资源的深度思考和探索。各地不同级别的美育成果报告会也应运而生，展示地区特色和进展，增进了不同地区之间的学习与交流。这样的合作与交流助力于构建一个更加开放、共享的美育资源体系。为了确保高质量的美育教学，教育部还着手美育师资的培养，为此制订了一系列指导方案，旨在保证师资队伍的专业性和先进性，从而更好地为学生服务。

自党的十八大以来，我国在美育领域的人才培养上投入了巨大精力。在这一时期，美育学科教师数量的增长速度稳步增长，为审美教育注入了强大的师资动力。教育部不仅关注教师数量的增长，还致力于提高教师的教学质量，发布了本科审美教育课程的指导方案，并定期举办专业展示评选活动，强调艺术教师的专业深度。通过组织各种科研论文报告和研讨活动，教育部全方位地推动教师在技能、教学和研究各个领域的提升。这些措施确保了高校美育教师队伍在专业素质和综合能力上的全面进步。

高校审美教育的发展之路并非一帆风顺，但其永不止步的探索与进步为人们描绘出一幅励志的画面。对这一发展历程的深入总结不仅展现了审美教育取得的辉煌成果，而且增强了人们对其未来潜力的信心。每个人都要倍加珍视当前所取得的进步，但更为关键的是，在未来的日子里，要更加务实地推动审美教育，确保国家和教育部关于审美教育改革的方针与策略得到切实执行和贯彻。

第二章　当代高校审美教育的新形势与新任务

第一节　当代高校审美教育本质的双重规定性

一、审美教育的本体存在及其特殊质的规定性

一直以来，对于审美教育的本质即美育的本体存在及其特殊质的规定性国内外有不同看法，从而导致对美育作用与地位的不同认识。20 世纪 80 年代以来，我国学术界对美育的理解逐渐泛化，对美育本质的认识开始出现多种不同的观点，其中影响比较大的主要包括"从属论""娱乐论""情感论""完人论"等，如图 2-1 所示。

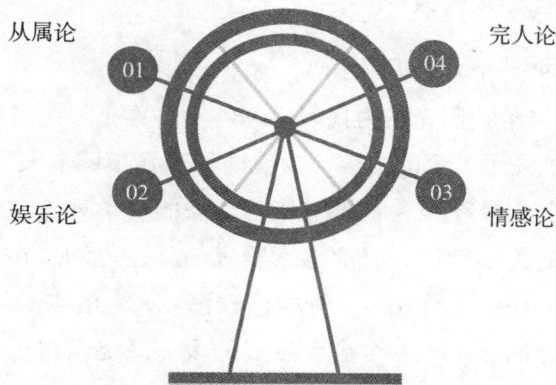

图 2-1　关于美育本质的有影响力的观点

（一）从属论

所谓"从属论"，是指美育应当从属于德育、智育和体育。这意味着德育、智育、体育中已经蕴含了美育的内容，美育不必作为一个独立范畴来特别强调。换句话说，当人们提及德育、智育和体育的时候，审美教育的内容和价值已经被隐含地包括在内。"从属论"还有另外一种解释，即美育不仅是从属的，而且它主要作为实现德育目标的手段或途径，在这一观点中，美育的主要作用是服务德育，其核心目标与德育是一致的，其理论依据主要是马克思、恩格斯的全面发展说和毛泽东同志对教育方针的论述。例如，周冠生指出："毛泽东同志在其个性全面发展的学说中不列入美育……在教育科学是一个了不起的卓见。……个性心理学把人的个性分为低层的自然素质系统、中层的认识素质系统和高层的行为（意志）素质三个层面。德育训练人的行为素质系统，智育促进人的认识能力或智能发展，体育则促进人的自然素质及其与精神（心理）系统之间的和谐而完善的发展。如果有人要在个性全面发展中硬塞进美育，岂非是画蛇添足？"[①]

显然，"从属论"的观点认为德育、智育和体育中已经隐含了美育的要素，这就在根本上质疑了美育作为一个独立领域的存在价值和其特有的功能。依循"从属论"的逻辑，可以得出一个极端的结论，即美育"取消论"。这种"取消论"曾经是一个相当有影响力的观点，很多人支持这种认知。然而，随着时间的推移，教育界对于美育的重要性和独特性的认识逐渐加深，坚持"取消论"的人数已经大为减少。

（二）娱乐论

"娱乐论"者以蒋孔阳先生为代表。1984年，蒋孔阳在其《谈谈审美教育》这一文章中发表了关于美育的内容，为我国的美育领域带来了新的思考维度。在此之前，我国美学界在很大程度上依赖苏联的美学理论。但蒋孔阳先生开始转向现代西方的美学理论，以此探索美育的真正内涵。在该文中，蒋孔阳指出："审美教育……应该首先是一种娱乐教育……生活主要包括工作与学习、休息与娱乐两个方面。……一个全面发展的人，既要懂得工作与学习，也要

---

① 周冠生.审美心理学[M].上海：上海文艺出版社，2005：244-255.

懂得休息与娱乐。"① 这一观点把美育本质的第一层规定性置于娱乐层面之上，其他规定性都是从属于此的，对于当时学术界存在的认识论倾向是一种反拨，使美育从玄奥的空洞讨论中走向现实人生。

　　蒋孔阳将美育的本质放置于娱乐层面，无疑为美育理论的探讨提供了新的视角。然而，这样的定位也确实存在一定争议。蒋孔阳的"娱乐论"似乎与传统的"教化论"美育观点有所重叠。传统的"教化论"强调通过审美活动来感染和感化人的内心，使其受到深层次的教育和启迪。如果按照这种思路，美育很容易被纳入更广泛的伦理教育体系中，失去其独特性。而且把美育的核心放在娱乐层面可能忽略其更深层次的价值。美育不仅是为了娱乐和享受，它更是一个关于人类情感、认知、创造力和自我表达的综合体验。把重点过于放在娱乐上可能忽视美育的这些其他维度。因此，虽然蒋孔阳的观点为美育的讨论注入了新的活力，但人们仍需要对美育的本质进行更深入、更全面的探讨，以确保真正理解并珍视它所具有的独特价值和意义。

（三）情感论

　　"情感论"在美育领域的讨论中有着悠久的历史。在康德的哲学体系中，人的心理被分为三部分，分别为知、情、意，美学是研究情感的科学，所以与之息息相关的美育自然也会被看成情感教育。20世纪初，当中国的美学界试图构建自己的现代美学理论时，王国维、蔡元培和朱光潜等美学大师都赋予美育这种情感教育的特性，他们的观点和研究对后来的学者产生了深远影响，使得新时期的许多学者都持有类似看法，即美育应当主要是情感教育。例如，滕守尧指出："美育，归根结底是一种情感教育，它所要得到的是一种使人格变高尚的内在情感。"②

　　有关美育是情感教育的论述，曾繁仁不仅确认了将美育看作情感教育的基本观念是值得肯定的，而且深入地阐述了这一观点的核心思想。他指出："美育就是借助美的形象的手段（包括自然美、社会美和艺术美）达到培养人

---

① 蒋孔阳.蒋孔阳全集（第三卷）[M].上海：上海人民出版社，2014：569-606.
② 滕守尧.美学（第1卷）[M].南京：南京师范大学出版社，2006：207-213.

的崇高情感的目的。"[①] 后来，曾繁仁在对美育的"情感论"进行深入探索的基础上，进一步吸纳了中国传统美学的精华，从而提出了"中和美育论"，将情感培养与中国传统的"中和"思想结合起来，使对美育本质的理解上升到了一个全新的层次。

尽管许多学者支持将美育视为情感教育的观点，但学术界仍存在一些反对或批判性的声音。如潘必新指出："对这种观点（指美育是情感教育）细加推敲，就会疑窦丛生。特别是当前心理学界至今对情感一词尚没有一个共同的、统一的认识，那么要进行所谓的情感教育，试问从何着手呢？"[②]

（四）完人论

所谓"完人论"即认为美育是培育完整人格的教育方式，强调人的全面发展。为了形成一个完整的个体，德、智、体、美这四个维度都是不可或缺的。一个人只有在德、智、体、美这四个方面都达到均衡的发展，才能被视为一个真正的"完人"。

"完人教育"与"美的教育"在意思上具有相似性。所谓"美的教育"实际上是把教育作为审美的对象，讲求"教育"之"美"，"美"就美在使人身心和谐发展。如李戎指出："美育从根本上讲，是一种对人的全面教育，是为实现崇高的理想，充分发挥人的潜能，实现人的全面发展的特殊教育方式。"[③]

很明显，"完人论"从一个更广阔的视野看待美育，它并不只是将其局限于情感教育、艺术教育、审美教育或美学教育等特定领域。从系统论的视角来看，该观点强调美育在全人教育中的角色。该观点认为，美育的核心目的是培养一个全面发展的个体。然而，这样的理解存在一定问题。首先，任何形式的教育，无论是道德、智力、体育，还是美育，都旨在培养全面发展的个体。因此，仅仅强调美育的这一目标并不能准确揭示其独特的价值和本质。其次，过度强调美育的全人育人功能可能模糊其作为一个独立和特殊领域的

---

① 曾繁仁.美育十讲 [M].济南：山东教育出版社，1985：8-27.
② 潘必新.审美学引论 [M].北京：中国社会科学出版社，2015：137-147.
③ 李戎.美学概论 [M].济南：齐鲁书社，1993：423-428.

性质。把德、智、体、美"四育"的整体目标（培养全面发展的个体）全部归因于美育，实际上可能对美育的实际操作和实施产生不利影响。

二、美育的"生命论"维度研究

近年来，受西方生命哲学、存在主义哲学的影响，我国美学研究者开始采纳"感性""生命"等范畴来探讨美育的主题。这一转变部分是因为对工业文明和工具理性的反思，尤其受到韦伯、海德格尔和马尔库塞等人批判性思考的启发。为警惕"单面人"的危险，马尔库塞倡导通过艺术和审美建立"新感性"。所谓"新感性"，就是把感性从理性的压抑中解放出来，使感性与理性达到和谐统一，从而以新的感觉方式知觉世界。而艺术和审美正是能够促进这种和谐统一，提供一种新的、富有感性的知觉方式来体验世界的途径。

在我国的学术领域，李泽厚是较早探讨新感性这一概念的学者。李泽厚在《美学四讲》中着重强调了从工具本体向情感本体的转变，认为这是建立新感性的关键。[①] 通过这一视角，李先生试图将新感性与美感的本质紧密相连。李先生的这种思考方式为美育提供了新的理论空间。他主张，新感性应从"内在自然的人化"出发，这一观点主要集中于人类心理结构的演变，特别是情感结构的进化。这种情感结构是随着人类文化的传承和积累逐渐形成和强化的。然而，尽管李先生触及了美育的核心，但他对新感性的描述还是过于狭隘。他的定义主要限于人类历代的文化和情感遗产，没有全面展开和探讨其更广泛的含义和可能性。自 20 世纪 90 年代起，许多学者开始从西方生命哲学和存在主义哲学的角度，借助感性这一概念，深入探索美育的核心。樊美筠在 1998 年发表的《美育作为感性教育初探》中，针对现代社会中工具理性的过度扩张导致人们感性能力的衰退进行了探讨，同时指出："感性即人生之所以然者，它包括人的本能、欲望和情感，是人格的一个重要方面，没有这一方面，人格就会是片面的，甚至是病态的。"[②]

在徐碧辉的文章《美育：一种生命和情感教育》中，对美育的深层含义进行了新的诠释。从她的角度来看，美育的真正价值在于培育人们的生命意

---

① 李泽厚. 美学四讲 [M]. 武汉：长江文艺出版社，2019：102-114.
② 樊美筠. 美育作为感性教育初探 [J]. 苏州大学学报，1998（03）：125-129.

识，这种生命意识让人们认识到自己作为生命体的存在，并从中体会到生命的独特性和宝贵性。她指出："美育本质上是一种生命教育和情感教育。它通过最直接最本真的生命活动——审美活动的激发、培养和引导，直达生命的本源，从根本上对生命存在加以影响和引导，使生命中那些不受理性控制的因素能够符合理性的要求，朝着健康、美好、高尚的方向驱动。……总之，美育是对人的生命本身进行塑造，使之更加完美合理的一种教育。"① 根据这一观点可知，美育的核心是培养人的生命意识，而且生命意识与感性是紧密相连的，因为生命本质上是充满情感的，是真实和直接的。因此，徐碧辉认为美育不仅是一种知识性的、技术性的教育。而且美育应当是一种深沉的、与心灵相通的教育，它着重培育人们的情感和感性，让人们能够真正体验和欣赏生命中的美好。

从上述分析可以看出，"感性论"与"生命论"在本质上是互补的，而不是相互排斥的。它们各自从不同维度描述美育，但最终都指向了一个核心理念：美育旨在培育人的深层次的感性和对生命的认知。事实上，感性（包含情感）、生命等范畴在内涵和外延上有很大的关联性。如果放弃"二元对立"的思维模式，用整体性来把握美育的本质，可以将美育视为一种感性的、情感的生命教育。

在中国的学术背景下，"感性教育论"的提出并不是偶然的。过去，主导学术讨论的认识论美学和实践论美学都强调探索美的"客观性"核心，因此，人的生命和情感经验往往被"客观性""社会性"和"必然性"这些概念掩盖或边缘化。人作为一个有情感的存在，作为一个独特的生命体，似乎在这种讨论中被轻视或忽视。部分年轻学者对这种纯粹的、形而上的美学探讨表示不满，他们批判了这种只关注理论而忽视人的实际情感和生存经验的方法，并从生命哲学和存在主义哲学的视角来探索美与人类生存之间的关系。这样的转变显示了他们对现代社会中人们所面临的实际问题和生活困境的深切关心，体现了他们对人类命运的真诚关怀。正是基于这种复杂的学术背景下，"感性论"和"生命论"关于美育的本质开始受到广泛关注。这些讨论将"感性"和"生命"这两个概念与其深厚的历史和哲学背景联系起来，使其与生

---

① 徐碧辉.美育：一种生命和情感教育 [J].哲学研究，1996（12）：58-63.

命的本质、人的生存目的以及人类的未来命运密切相关。这不仅丰富了人们对美育的理解，而且为美育赋予更深远的意义。

三、美育的"感性论"维度研究

从感性的维度研究美育的本质问题是一个比较可行的学术方向，这与席勒最初提出美育的本意不谋而合。席勒在《审美教育书简》中深入论述了人性与美之间的深刻关联，并指出："从人的天性的概念来推导美的一般概念……有了人的理想也就有了美的理想。"① 这就意味着美的理念与人的理想状态是相互映照的，即感性与理性、内容与形式、身体与心灵达到的一个和谐的统一。席勒还提出："培养个别的力，就必须牺牲这些力的完整性，这肯定是错误的……通过更高的艺术来恢复被艺术破坏了我们天性中的这种完整性，也是我们自己的事情。"② 这里，席勒所说的"更高的艺术"便是美育，它着重培养和平衡人的感性方面。从席勒的观点来看，美育不仅是一个教育理念，它更是对现代化进程中所产生的文化危机的回应，为人们提供了一种对抗现代化带来的片面性的生存理想和策略，以寻回被忽视的人性的完整性。

深入探索席勒关于美育的初衷，便能更为直观地理解美育的核心含义：美育强调感性的培养，其核心在于通过审美教育，塑造和发展人的感性品质。这是美育本质的第一层规定性。与此不同的是，德育和智育更偏重人的理性成长。从这个角度出发，美育自然与德育和智育有所区别，使其能够作为教育体系中与德育、智育和体育并列的独特领域。美育还有第二层规定性，即通过促进感性和理性之间的和谐发展来完善人性。由此看来，美育中的"发展感性"不仅是最终目标，也是达到那个目标的手段。在第一层面，强调感性的发展为了感性本身。而在第二层面，感性的培养则作为一种工具，旨在雕琢和完善人性。席勒在其第 20 封信的尾注中明确阐述了这个观点："有健康的教育，有审视力的教育，有道德的教育，也有趣味和美的教育。后一种

① 弗里德里希·席勒.审美教育书简[M].冯至，范大灿，译.上海：上海人民出版社，2022：73-79.

② 弗里德里希·席勒.审美教育书简[M].冯至，范大灿，译.上海：上海人民出版社，2022：39-47.

教育的意图是，在尽可能的和谐之中培养我们的感性力和精神力的整体。"①
这里提到的"趣味和美的教育"实际上就是指审美教育，其主要目的在于以
审美能力的培养为手段，对人的感性进行发展，但审美教育的终极目标并非
"感性的发达"，而是追求感性力和精神力之间的和谐，使两者形成一个完整
的统一体。换句话说，通过德育、智育培养的理性力量以及通过美育培养的
感性力量最终要通过美育最后起综合协调作用，以确保感性与理性之间的完
美和谐，塑造出一个完整且协调的人性。

美育的这种综合、中介作用恰恰取决于美育本质的第二层规定性。曾繁
仁先生从中国的传统美学中提取了"致中和"的思想，并据此提出了"中和
美育论"，这一观点深刻揭示了美育的中介作用。他以孔子《论语》中君子
的培养为例进行了说明。孔子说："兴于诗，立于礼，成于乐。"② 其中，"兴于
诗"是指从诗歌中获得启发，"兴于诗"强调从诗歌中获得感性的启示；"立
于礼"突出礼教为人们提供的生活和道德规范；"成于乐"则表示只有通过艺
术和美的教育，君子的培养才能得到完善。这里的"成"意味着综合、中介
和协调。德育、智育和体育都各自有其独特的价值和功能，它们在人格塑造
中各司其职。但是，要达到真正的和谐和完善，美育起到了不可或缺的作用，
因为它能够综合和协调其他各个方面的教育，从而使人的内在达到一个和谐
统一的状态。换言之，一个人即便接受再多的文化知识教育和道德规范教育，
只有经历了美育的熏陶后，这些文化知识和道德教育才能真正深入其内心并
发挥最大效用，这个人才能真正成为一个内外和谐、全方位发展的人。

关于美育本质的认识之所以会出现上述两种片面倾向，归根结底是因为
未能认清美育的双重性质，往往单一或片面地理解它。笔者认为，美育作为
一个独特的教育领域，首先要强调的是它是关于感性的教育，核心在于培养
人们的审美能力以强化他们的感性体验。但美育并不仅停留在培养感性上，
更深层的目标是通过增强感性来实现感性与理性的和谐结合，从而达到人性
的完美呈现。这便是美育作为感性教育所具有的独到之处。

---

① 弗里德里希·席勒.审美教育书简[M].冯至，范大灿，译.上海：上海人民出版社，
2022：163-169.

② 孔丘.论语[M].吴兆基，注.成都：四川天地出版社，2020：99-110.

第二节 当代高校大美育观与艺术教育

一、当代高校大美育观

纵观人类数千年文明史，美是人的永恒追求，它如一缕微光，伴随人类文明的不断积累与进步。它以永恒的姿态激发出人类无穷的想象力和创造力。对美的追求已经成为人的一种存在方式，进行关于美的教育是人类文明传承的重要方式。从古至今，中外教育家也充分认识到了美对于教育的价值：《论语·泰伯》中记载了孔子"兴于诗，立于礼，成于乐"的教育思想[①]；柏拉图在《理想国》中将培养"身心既美且善"的公民视为教育的归宿。[②]

（一）美育的本质是人性的教育

21 世纪，随着我国开启现代化新篇章，人们正在经历前所未有的经济增长、社会变革以及与国际社会日益深入的交往。这种飞速的发展带来的各种社会变革使人们不得不重新审视教育的方式与目标。当马尔库塞讨论"单向度的人"时，或当德国古典哲学警告人们注意到人的"异化"时，这些观点为当下的高校教育敲响了警钟。为了确保个体能够全面发展，仅依赖传统的智育显然是不够的。因为它可能难以适应或解决日益复杂化的思想观念和人的发展需求。而在多元化的现代社会背景下，单一的德育方法也可能受到限制。因此，美育显得尤为关键，不仅可以作为感性和理性之间的纽带，还能够促进人的深度思考和迅速适应，从而更好地拓宽人的思维维度，促进人格的全面发展，以适应这个不断变化的时代。审美教育和情感培育使得个体能够用美学的眼光看待生活和社会，通过情感的提炼来完善自身的道德和行为，利用艺术的想象力来丰富思维和创新能力。在这一背景下，美育不仅关乎艺术或审美，它更是连接了知识与情感、个体自律与对他人的责任、科学与人

---

① 孔丘.论语 [M].吴兆基，注.成都：四川天地出版社，2020：99-110.
② 柏拉图.理想国 [M].陈丽，译.南京：江苏文艺出版社，2022：212-244.

文以及学校中的德智体教育的桥梁。简而言之，美育关注的是塑造均衡发展的人格、培养全面的素质和确保情感健康的教育。

在美育的漫长历程中，诸多学者和思考者都对美育的核心和重要性进行了详尽的研究，为人们在当代对美育的理解提供了宝贵参照。蔡元培在《美育与人生》一文中深入探讨了美育的目标，认为其旨在培育人们活跃、敏感的精神，塑造高尚和纯真的人格。他还进一步强调了美育在促进人们产生"宏伟而高尚的行为"方面的作用，并引入了"美育代宗教"的观念。王国维也在《论教育之宗旨》中强烈提倡美育，坚信通过美育可以培育出"完美的个体"。这些观点都彰显了一个核心理念：对人性的培养既是美育的精髓，也是其极其宝贵的贡献。

美育作为一个与历史紧密相连的概念，其内涵随着时代变迁而持续演化，总是与时俱进，反映当代的诉求。在当今全球化的背景下，高等教育逐渐从为少数精英服务转向满足大众需求，其中，"人的自由全面发展"已经成为其核心目标。因此，在这样的时代脉络中，美育这一以人性教育为核心的学科显得尤为关键。在现代高等教育中，美育应当坚守对人性的深入探讨和教育这一核心理念。基于大学生的身心成长需求，人们需要深刻认识到现代社会可能带给年轻人的心灵异化，并借助美育的力量来解决这一问题。通过接触艺术之美、自然之美、社会与日常生活之美，人们可以为大学生提供一个更广阔的审美平台。这样的教育方式不仅能够培育学生的审美观，还可以涵养其情操，提升其人文素养，进而助力他们塑造完整的人格，促进其全方位发展。

（二）高校美育现代化建设

当前，各国高校已经开始认识到美育的重要性，并且我国教育部也多次发出指示，强调在各个教育阶段都要推进美育工作，但事实上，高等教育中的美育推进还面临诸多困境。为了突破高校美育的工作困境，必须从根本上重视高校美育"以美育人、以文化人"的育人功能。

1. 美育具有不可替代的独特育人功能

美育作为"综合中介"，与德育、智育、体育、劳育相互影响、相辅相成，但不能因此就把美育这种辅助作用看为其次要性或者附属地位。事实上，美育具有独特而不可替代的教育价值。对于美育的地位和作用，1999年颁布的《关于深化教育改革全面推进素质教育的决定》做出了明确规定："对于促进学生全面发展具有不可替代的作用。"美育并不仅补充或者附属德智体劳，而且美育在学生个性和能力的培养中扮演着独特而关键的角色。

美育与纯知识传授的工具理性或道德引导的价值理性有明显区别。它深植人文精神之中，强调对个体审美世界观的塑造、对人的情感平衡的维护以及对文化内涵的传承和培养。美育的目的不仅是提高人的审美鉴赏能力，更是对人性情、兴趣、气质和视野进行细微而持久的熏陶，它具有一种独特的感染力，能够触及人心深处，使人在体验中得到灵魂的觉醒和心灵的滋润。高校美育在教育体系中占有特殊地位。它是一条连接科学与人文、情感与理性、形象与思维、情境与情感的纽带。通过这种方式，美育为大学生提供了一种更为全面和立体的人格塑造方式，使其方法更加生动、丰富和直接。在高等教育逐渐向学科专业化发展的背景下，美育的育人功能显得尤为重要，它填补了其他教育形式所不能触及的领域。美育的缺失将直接影响学生的人格和文化构建。没有美育的熏陶，学生便可能在情感、审美和人文素养方面表现出明显的不足。这样的学生，无论他们在专业技能上有多么出色，都难以成为真正的高素质人才。

2. 美育是传承创新中华优秀传统文化的重要载体

高校作为现代社会的文化和知识中心，除了育人、科研和为社会提供服务的基本职责之外，还肩负着文化传承与创新的重要使命。在这其中高校美育起到了至关重要的作用。高校是维系文化遗产与现代文明的桥梁，不仅是为学生提供文化基因、促进文化传统不断传递的场所，更是文化繁荣与创新的沃土。在这里，古老的文化传统与现代思想交融，产生新的文化火花。美育在高校中的角色尤为突出。它是优秀传统文化传承与创新的关键工具，通过美育，学生可以深入接触和理解中华文明的深厚底蕴，感受其内涵与魅力。同时，美育还鼓励学生从传统中汲取智慧，结合现代社会的实际情况，创造出新的文化形式和艺术表达。为了使这一目标得以实现，高校应将美育定位于更高的战略层面，不仅要深化对中华优秀传统文化的研究和传播，还要不断地寻找和吸纳这些传统与现代元素结合的可能性，从中创造出新的文化符号和艺术语言。

二、高校审美教育与艺术教育的关系

在高校教育体系中，美育和艺术教育都是素质教育的重要内容，对高素质人才培养的质量起着决定性作用。目前，艺术教育课程肩负着实施美育的重要使命，旨在培育和提升大学生的审美能力和艺术素养。尽管两者有着密切联系，但它们之间仍存在明显差异，对于艺术教育来说，美育是不可替代的。通过加强对美育与艺术教育之间关系的研究，有助于更好地落实高校审美教育，更显著地提升大学生的审美能力和艺术素养。

（一）概念上的包含关系

从概念上看，美育的范围非常广泛，而在这宽泛的框架下，艺术教育成为实现美育目标的重要途径。尤其在高等教育中，艺术教育的角色非常突出。许多大学的艺术课程，如美学原理、音乐欣赏，已经成为美育的关键部分。它们不仅传授专门的技能和知识，更重要的是，通过这些课程，学生能够学会如何欣赏美、理解美和创造美，从而达到美育的目的。然而，美育的实现并不局限于专门的美育课程，它往往需要通过各种不同的课程和活动来达到。艺术因其内在的审美特质，成为美育的天然载体。艺术教育更是以提高学生的文化素质和审美能力为核心目标。因此，艺术教育不仅是技能训练，更是一种情感和审美的熏陶。与其他教育形式相比，艺术教育具有独特优势。它能够全面培养学生的身心，不仅是在智力上，更在情感上。艺术活动如绘画、音乐和戏剧，都是富有情感的表达形式。学生参与这些活动能够得到情感上的满足和释放，从而促进其身心健康。

从广义的角度来看，美育是根据美的内在规律来引导个体进行心灵建设和价值塑造。这种对美的追求和体验并不仅局限于艺术领域，也贯穿人们的日常生活和与自然界的互动中。而在艺术教育中，这种对美的塑造与培养的过程具有明确的逻辑：从对美的初步认知逐渐培养起鉴赏美的能力，直到能够自主地创造与传达艺术美的内容。这样的流程实际上是一个从接触到领悟，再到创造的完整轨迹。

在高校的艺术教育课程中，如美术鉴赏和音乐鉴赏等，教学目标指向了培养学生的审美能力和鉴赏美的技巧。尽管这些艺术课程在高等教育中占有一席之地，但不能因此而忽视美育的重要性，甚至误认为艺术教育可以完全替代美育。事实上艺术教育仅仅是美育的一个方面。美育的内容更加丰富，不仅局限于艺术领域，还涉及对社会和自然的审美体验。此外，美育还涵盖对美学知识的系统性教育，以确保学生从各个层面和角度都能体验和理解美。由此可见，虽然大学艺术教育课程在培养学生的审美能力上起到了关键作用，但为了确保学生能够得到全方位的美的体验和理解，仍需要在教育体系中强调美育的综合性和重要性。

（二）实质上的区别差异

尽管美育在概念上对艺术教育进行了涵盖，但二者在实质上仍然有一定差别，这种差别能够在教育实施方面得到较好的体现。

一是美育的实施并不仅限于教学和学习活动中，它亦可贯穿日常生活和工作中，可以将其视为一种隐性教育。而相较之下艺术教育往往更依赖教育者的主动传授和引导，即便在内容上保持一定的灵活性，其本质仍然是一种显性教育。从教育目标层面来看，虽然美育和艺术教育都追求引导学生去鉴赏美和创造美，但它们的终极目标有所区别。美育旨在塑造学生的人生价值观，让其在审美中认知世界，形成正确的人生观和价值观，而艺术教育则更注重培育学生的艺术文化素养，使其在艺术领域内具备深厚的知识和技能。

二是从教学范畴来看，美育着重培养学生的审美感受和情感体验，而艺术教育则在这一基础上涵盖了艺术知识的教授。这部分知识传授的过程主要归属于"智育"的范畴，而非纯粹的美育。因此，虽然艺术教育与美育有交集，但其教育内容和目的有明显区别。倘若大学艺术教育过于偏重知识的灌输，例如在解析艺术作品时，主要侧重作品的理性分析和主题内容讲解，忽视学生的审美体验和情感反应，就无法有效发挥艺术教育的美育实施作用。事实上艺术教育在传授艺术知识时，也应注重和美育相结合，强调审美的过程和体验。若过分倾向"智育"的传授，而忽视了艺术教育中的美育属性，那么就违背了艺术教育的核心意义，也就难以发挥其在培养学生审美意识和情感体验上的作用。

三是在艺术教育实施的过程中，除了理论知识的授予，审美实践同样占据至关重要的地位。实践经验可以让学生更深入地感受美的本质，进一步提高他们的艺术修养。但现状是大多数大学的艺术教育课程仍然偏重如《影视欣赏》和《文学欣赏》这样的理论学科，很少涉及实践技能的培训。从美育的实施角度考虑，虽然单纯的审美理论教学能够教授学生如何欣赏和评价美，但它很难为学生提供深刻的情感体验。要真正达到美育的目的，重要的是激发学生的审美实践，通过实践活动建立学生与艺术作品之间的互动联系，进而促进学生身心的成长。再从艺术教育的视角来看，实践经验不仅能够锻炼学生的技能，更有助于真正的艺术修养的培养。因此，重视审美实践教学对于提升大学艺术教育的质量和深度至关重要。

此外，正是因为美育的广泛性涉及社会美育和自然美育等领域，这些都超出了艺术教育的传统边界。为了让学生体验这些多样化的美的形式，实践活动的引入显得尤为关键。在进行艺术教育实践时，其核心目标既是为了满足美育的独特使命，也是为了培养学生的艺术修养。因此，尽管美育和艺术教育在内容上存在区别，但在实践方法上，它们应该采纳相似的策略来实现各自的教育目的。

第三节　当代高校审美教育的任务

一、首要任务：培养大学生正确的审美观

审美观是人们对美的基本认知和理解，与人们的世界观和人生观紧密相连，与真理观和伦理观并肩，共同塑造人们对世界和生活的整体认识。简而言之，审美观涉及人们如何理解美和评价美，它由审美趣味、审美准则和审美愿景等要素组成。这种观念不仅为人们在生活中如何欣赏美和创造美提供了原则和指导，而且决定人们对美的追求方向。在这一背景下，帮助大学生塑造健全的审美观变得尤为重要，这也是高校审美教育的首要任务。

　　审美观并非与生俱来，而是在不断的审美体验中逐渐塑造的。鉴于大学生通常仍在形成自己的价值观和对世界的认知，他们的审美观往往具有独特性，反映了他们不同的家庭背景、生活经验、文化修养、追求目标和个性特质。因此，不能期望所有人都持有完全一致的审美偏好，但需要明确的一点是，审美观中的审美趣味、标准和理想是存在高低对错之分的，这要求人们不应对其漠然置之，而是应积极进行正向引导。只有个体树立了正确的审美观，才能实现真正有价值的审美体验。许多青年大学生对真正的美的认识尚浅，虽然他们有追求美的欲望，但由于缺乏明确的审美标准和高尚的审美追求，这种追求往往走偏。例如，有些学生误将非主流审美当作真正的美，甚至因为对美的误解而走上错误的道路；有些学生过分崇尚外国文化，盲目模仿外国的打扮和行为方式。仅仅依靠传统的道德教育是难以纠正这些误区的。因此，高校需要加强大学生的审美教育，帮助他们建立正确的审美观念，从而让他们真正地理解美、欣赏美，并在生活中营造一个重视美并追求美的环境。

（一）要确立正确的审美态度

　　审美态度是审美个性的心理倾向，包括对事物的审美价值的认识，对事物的审美情感，对事物美的感知、欣赏、评价和创造的行为倾向。对于大学生而言，要培养正确的审美观，首先需要建立健全的审美态度。这意味着在进行审美活动时，不能仅仅从实用或经济的角度来评价审美对象，不能被个人的即时利益或物质欲望所左右；相反，真正的审美应该超越这些即时的、物质的考量，真正沉浸在艺术品或自然美景的美中，体验其中的纯粹和超然。审美态度的关键在于对美的单纯欣赏，不夹杂任何其他的目的或意图，仅仅为了欣赏而欣赏。

　　通过培育青年学生的审美人生态度，不仅可以帮助他们克服因生活和学习中的挫折而引发的消极情绪，而且可以促使他们更加明确地在社会中定位自己。这样的教育有助于他们深化对世界和人生的理解，从而树立起坚定的世界观和人生观。而且这种审美态度鼓励青年人培养出一种平和、淡定的生活哲学，即使在生活的困境中，他们也能保持冷静和毅力，不被权力和荣誉所迷惑，在自己的岗位上持续追求卓越。更重要的是，培育这种审美人生态度与培养青年学生对共产主义的远大理想是相辅相成的，两者都强调个体艰苦奋斗、无私奉献的精神，都注重正确处理个人与集体的关系，都强调根据社会的发展需要来确立正确的人生目标和价值观。

（二）要加强审美修养，在实践中塑造好自己美的形象

与动物不同，人类不仅追求物质满足，更渴望精神的丰盈。审美作为人类精神生活中的一部分，代表了人们追求美好与高尚的内在需求。它指导人们根据一定的审美标准和情趣，去构建和创造富有美感的生活，从而雕琢心灵的美好。高校作为培育全面发展人才的摇篮，有责任确保当代大学生在求学过程中强化自己的审美修养，为在社会主义建设中扮演重要角色做好准备。尽管每位学生都有独特的兴趣和特长，但他们的发展和形象必须与社会的期待和需求相一致，这样才能被视为真正的进步。

任何超越时代需求的形象，要么陷入空想难以实现，要么不符合时代潮流，造成形象与时势的反差。因此，在塑造大学生个人形象的过程中，高校应密切关注社会需求，以推动社会物质和精神文明进步为依据，确保大学生的个人发展与社会主义高等教育目标相一致。这不仅要求学生在外在形象上与时代同步，更重要的是培养学生内在的审美与品质，实现心灵美与外在形象的和谐统一。

二、基本任务：提高大学生的审美能力和审美创造能力

对大学生来说，仅仅拥有正确的审美观是不够的。没有一定的审美能力和创造美的能力，他们面对复杂的审美环境可能会手足无措，难以对美的事物做出恰当的识别和评价，更不要说按照审美原则去创造美了。确立正确的审美观的基础实际上是大学生在持续增强自己的审美和美的创造能力中形成的。因此，高校在推进美育时，不仅要注重审美观的培养，还应强化学生的审美实践和创造力训练，这也是美育的基本任务之一。

（一）帮助和引导大学生提高审美能力

审美能力指的是在审美活动中对美的发现、体验、评估和欣赏的能力，主要包括审美感受力、审美想象力、审美理解力、审美鉴别力、审美欣赏力

等。这种能力主要是在与艺术互动的过程中逐渐塑造和提升的，无论是通过创作还是欣赏。拥有这种能力，不仅能更深入地欣赏美和评价美，还可以用审美的眼光看待世界，进一步丰富人们的精神世界。这也是培养具有全方位能力的杰出人才所必需的关键素质之一。要提高大学生的审美能力，应做到以下两方面：

一方面，为了提升大学生的审美能力，需要为他们提供扎实的美学和美学知识教育。学生应深入了解美的核心概念、特点、各种表现形式以及美的存在方式。通过深入学习，他们可以确立正确的审美准则，并在理论上得到指导。这不仅能增强学生对审美的主动性和自觉性，还有助于他们在实际审美实践中更为明晰地分辨与欣赏美的存在。

另一方面，培养学生的形象思维能力。以形象思维为主要特点的美育，对于激发人们的想象力和创造力具有显著作用。正如爱因斯坦所说："想象力比知识更重要，因为知识是有限的，而想象力概括着世界上的一切，推动着进步，并且是知识进化的源泉。严格地说，想象力是科学研究中的实在的因素。"① 因此，可以借助大学生的社会实践以及现代化的教学手段，培养他们通过各种感官，特别是视觉和听觉，去体验、欣赏和鉴别自然美、社会美以及艺术美，从而增强他们的审美能力。

通过欣赏电影和自然风光，学生可以学习和欣赏重视形式的自然之美。通过研究毛泽东和其他杰出的无产阶级革命家的伟大事迹，学生得以领略和理解更多注重内容的社会之美。通过接触和体验绘画、雕塑、建筑、音乐、舞蹈和文学等多种艺术形式，学生能够深入探索和鉴赏艺术中形式与内容完美结合的美。审美教育主要是引导学生深入欣赏各种美，无论是大自然的、社会的、还是艺术的，不仅可以完善学生的知识体系，也可以提升他们的情感层面，进一步培养和强化他们的审美能力。

（二）重视和培养学生的审美创造能力

所谓审美创造能力指的是人在审美中能动创造的能力。大学生正处于心

---

① 爱因斯坦.爱因斯坦论科学与教育[M].许良英，李宝恒，赵中立，等译.北京：商务印书馆，2016：146-147.

智发展的重要时期，不仅是欣赏美的观众，更是创造美的艺术家。根据以往经验可知，大学毕业生的挑战并不完全是专业知识的不足，而是其心智技能和操作技能的短板，这导致他们需要较长时间去适应工作环境。为了满足经济建设和改革开放的需求，高等教育不应仅仅关注知识的传授，而是应该重视培养学生的综合能力，打造全面而富有创新精神的人才。而通过审美教育，不仅可以让学生感受美和欣赏美，还能培育他们创造美和表达美的能力。这样的教育将鼓励学生主动遵循审美规律，去美化他们的内心世界和外部环境，并用审美的眼光来评估和指导他们的日常生活。

另外，适当的审美教育不仅可以培养学生的创新能力，还能激发其内在的创造潜力。因此，高校应当加大对美育的投入，开展各类艺术创作活动，进而培育学生的创意思维。通过这种方式，培养一批具有创新思维的人才，助力社会主义建设和发展。

三、根本任务：塑造大学生的完美人格，实现全面、和谐的发展

完美人格是对一个人全方位、和谐发展的理念的体现，涵盖了个体的生理、心理、智力、品德和体质。塑造完美人格、推动人的全面发展是一项复杂、系统的工程，当然，德育和体育都是不可或缺的组成部分，但美育占据了独特且重要的地位。美育通过审美活动使人们深入地观察和体验人性的核心，从而在欣赏美和创造美的过程中实现心理与生理的和谐发展。因此，引导大学生走向全面和和谐的成长，塑造他们的卓越人格正是高校审美教育的根本任务。总的来说，高校审美教育的根本任务主要包括以下几点，如图 2-2 所示。

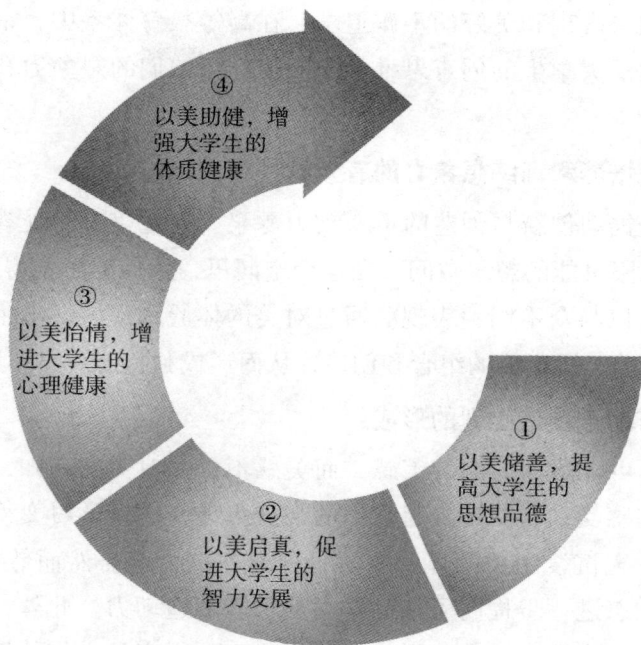

④ 以美助健，增强大学生的体质健康

③ 以美怡情，增进大学生的心理健康

① 以美储善，提高大学生的思想品德

② 以美启真，促进大学生的智力发展

图 2-2　高校审美教育的根本任务

（一）以美储善，提高大学生的思想品德

自改革开放以来，我国在经济领域取得了显著成果，人民的物质生活水平也得到了显著提高。然而，这一时期也伴随西方资产阶级思想、价值观和生活方式的渗透，对我国青年学生的思想观念和整体社会风尚产生了不小的冲击。为了应对这些挑战，加强教育特别是审美教育，显得尤为关键。审美教育不仅是为了培养青年的艺术品位，更是为了让他们在与美的接触中坚定共产主义信仰，形成正确的价值观。审美教育可以在愉快和自然的环境中进行，使得学生在不知不觉中受到正面的、美好的熏陶。美育的目的在于通过美的体验，使青年学生感受到共产主义的高尚情感和理念，从而深入地理解并接受这一信仰，为之终生努力。这种教育方式更易于让青年产生情感上的共鸣，从而更加坚定他们的信仰。

（二）以美启真，促进大学生的智力发展

作为一种特殊的情感教育方式，美育不仅触动了受教育者的情感深处，

更激发了他们对真理和美好的不懈追求。在高等教育体系中，审美教育的引入可以大大激活大学生的创意思维，进一步推动他们的想象力和创造力的萌发与成长。

1. 美育是培养和训练想象力的有效途径

想象力是推动创新与创造的重要动力源泉。通过美育，受教育者得以进入一个充满无限可能的想象空间。在这个空间里，他们的思维得以自由流动，他们的创意得以与众不同地表现。通过对美的体验和理解，学生可以调动自己的知识和经验，进行新的组合和创造，从而形成独特的观点和见解。

2. 美育有助于创造心理的形成

审美教育可以培养人们的美感。而美感不仅是对美的认知，更是一种直观的、自由的感受，它能够激起人们的强烈兴趣，使得学习变得更为生动和有趣。当一个人沉浸于美的体验中时，他的注意力会自然而然地集中起来，这种集中的状态进一步提高了他的学习热情和创造动力。此外，美的体验常常伴随着惊喜和欢愉，这种强烈的情感反应不仅丰富了人们的情感深度，也激活了人们大脑的各种功能，特别是想象力和创造力。这种活跃的思维状态无疑为我们打开了更为广阔的思维空间，为我们追求真理、进行创新提供了强大动力。

（三）以美怡情，增进大学生的心理健康

审美教育通过引导学生对美进行理解、欣赏和创造，为学生带来精神上的滋养和愉悦。这种精神的满足不仅能够令人心情愉悦，更有助于调和人的心灵，释放内心的压抑和困扰，从而达到身心健康的目的。对于处于人生关键阶段的大学生而言，他们面临学业的压力、社交的复杂性、未来职业的不确定性等多重挑战。这些挑战往往导致他们的情绪波动大、心理压力加重，甚至可能形成长期的心理困扰或障碍。在这种情境下，仅仅依赖思想政治教育或心理教育可能并不够。审美教育在这里起到了至关重要的作用，它不仅为学生提供了一个放松心灵、释放情感的空间，还通过对美的体验，帮助他们重新认识世界，看到生活中的美好和可能性。这种精神的洗礼可以说是一种情感上的疏导与净化，帮助学生从不同角度审视自己和世界，从而更健康

地成长。

需要强调的是，审美教育作为情感教育的一种，它区别于心理咨询和治疗工作。心理咨询和治疗是专业的心理学方法，它们专注解决人们在心理和情感上的困惑或问题。这些方法旨在帮助个体调整自己的心理状态，促进个人和人际关系的和谐，并维护整体的心理健康。相对而言，它们的针对性强，往往根据每个人的具体情况进行疏导。与此不同的是，审美教育是通过美的感受和体验来达到人的精神升华。它并不直接解决心理问题，而是通过培养和引导人们的审美情感，使其在欣赏美的过程中获得心灵的放松和释放。这种经验往往可以转化为一种愉悦与和谐的状态，从而帮助人们缓解日常生活中的压力和紧张。长时间保持这样的审美心态的人往往会展现出更为健康、和谐且充满愉悦的生活态度。他们不仅可以更好地调和内心的各种冲突，而且更擅长处理与他人及社会的关系，使自己逐渐走向一个更为完善的人格状态。

（四）以美助健，增强大学生的体质健康

审美心理结构与智力结构相似，都依赖生理或体质结构作为物质基石。而且审美心理结构在反馈中对体质结构的塑造与完善起到了调控作用。这种调控功能首先可以促进体质的增强，助力构建一个更为健壮的身体。考虑到美育本质上是针对美感的教育，它帮助人们进入一个审美的境界，并体验愉悦的感情。愉悦感可以让人感到放松和心情愉快，从而帮助身体的肌肉放松，心跳变得平稳，并使各个生理系统协同工作。这种状态有助于抵消对健康不利的因素，促进有益于健康的生化物质的产生，进而提升整体健康水平。更为重要的是，美育能够为身体带来充沛的活力和充实的精神状态，进一步增强身体健康。

审美心理结构对体质结构的影响机制主要体现为以情感为中心的多种心理功能的和谐运动对人体结构、身体运动形式的和谐的调控，即内部心理和谐对外部形体动作和谐的调控。在这种调控下，通过适当的运动和锻炼，推动人体结构和运动形式趋于整齐、对称均衡、比例协调、层次分明、节奏规整、多样统一的方向发展，从而使人体及其动作达到匀称和谐、强壮有力和生机勃勃，这就是所谓的健美状态。

第四节 当代高校审美教育与德育、智育、 体育、劳育的关系

当代社会，高校承载着为国家和社会培养全面发展的人才的重要使命。高校教育不仅关注学术知识的传授，还注重德、智、体、美、劳"五育并重"，以塑造学生的全面人格。其中，审美教育在当代高校中日益得到重视，这是因为它与人们的情感、价值观及创造性思维紧密相关。同时，审美教育与德育、智育、体育、劳育有着紧密的内在联系。本节将详细探讨审美教育与其他四育之间的关系，为培养当代高校学生提供参考和指导，如图 2-3 所示。

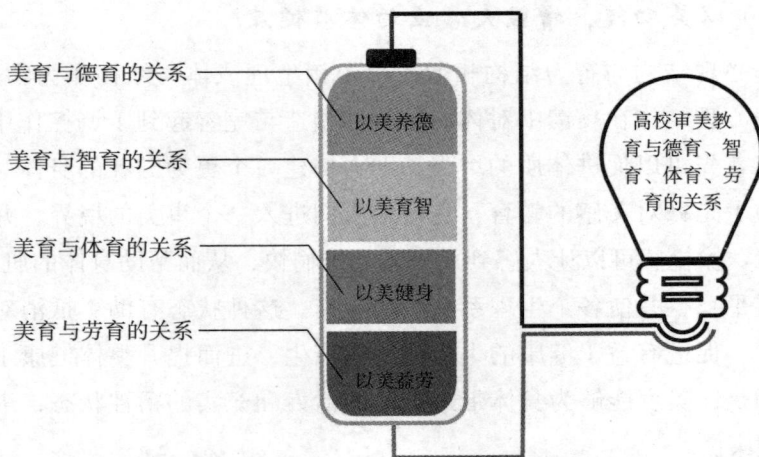

图 2-3 当代高校审美教育与德育、智育、体育、劳育的关系

一、美育与德育的关系——以美养德

美育与德育之间的关系是相辅相成的，两者缺一不可。美育是通过美的感染力引领人们进行品格修养的重要方式。它用美的形式触动人心，使德育

的理念深入人心。将德育融入美育不仅可以使人们在欣赏美的过程中接受道德教诲，也可以使德育变得更加引人入胜。另外，德育为美育提供思想的基石和丰富的内涵，指引着美育前行的方向。虽然美育中融入了诸如羞耻感、荣辱观等道德元素，但它仅是德育的一个维度。审美情感固然包含了对于道德伦理的判断，如何欣赏美德和识别美的价值，但它仍不能全面代表德育的深度和广度。德育主要是对人们进行政治思想和道德品质方面的教育，关心人们如何看待世界、如何理解人生，并着重强调善的价值观。德育的目标是教导人们识别善与恶，主张通过理论和道德准则来指导人们的行为。相比之下，美育更多地依赖美的形象和感受来影响人。它将思想和道德的指导寄托于美的体验中，以此鼓励人们走向善良。美育所推崇的不仅是外在的美，更重要的是内在的善。虽然美并不直接等同于善，但真正的美必定包含着善的元素，因为善是美的真正内核，真正的美应该反映出善的特质。

正因为美中包含善，所以，历来重视德育的人也都重视美育，强调美育的重要性，他们认为通过对美的追求，人们能够更加明确什么是善与恶，从而被激励着走向善良，接受深层的道德指导。尤其在改革开放背景下，随着经济的迅速发展，社会的道德观念似乎并没有与其同步上升，这时美育的作用显得尤为关键。因为它能以更直观、更情感化的方式帮助人们形成正确的价值观。例如，一些结合了深刻道德启示与出色艺术展现的影片——《焦裕禄》和《孔繁森》等，不仅为观众带来了艺术上的享受，更重要的是对观众进行了深层次的道德教育。这些作品对提升公民的道德觉悟以及全社会的道德标准都产生了深远的正面影响。

二、美育与智育的关系——以美育智

智育是教育的基石，主要针对知识与技能的传授，旨在培养人们探索和理解客观世界的能力，并解决实际问题。为了培养一个全方位的人才，不仅需要深厚的科学知识基础，还需要一定的实践技能。与此同时，美育在智育中扮演着至关重要的角色。美育通过自然、社会和艺术之美，为我们提供了一个不同的视角来观察和理解世界。在欣赏这些美的过程中，人们不仅可以得到心灵的愉悦，还可以加深对历史、自然和社会的理解，进而获得各种科学和社会学的知识。美育与智育的结合让学习变得更加有趣和有深度。此外，从人生的早期阶段到正式的学校教育，甚至到科学家们对真理的探索，美育都对智育产生了深远影响。通过美，人们得以以更为开放和创新的思维来探求真实和知识。

在高校教育中，坚持并落实"以美育智"的原则可以极大激发学生的学习兴趣，帮助他们更深入地理解和把握知识的本质。美的力量不仅能够打开学生的心灵之窗，让他们对学习产生浓厚的兴趣，还能引导他们探索事物背后的真理。对于科学家而言，"以美启真"的思维方式同样具有吸引力，可以鼓励他们拓宽视野，从不同的角度和方式去解读真理，进而更加积极地投身科研工作中。

三、美育与体育的关系——以美健身

美育与体育在教育领域中息息相关。体育训练旨在强化身体健康，提高人们的耐力、力量和技能，使之拥有强健的肌肉和优美的体态。而美育则注重培养人们欣赏美和评价美的能力，这种能力会使人们更加珍视并追求身体的健康和美感。真正全面成长的人不仅在体格上展现出健美，其行为和精神领域也都反映出美的追求。所以总的来看，健康和美丽是紧密结合的双方，二者构成了一个完整的整体。虽然体育和美育在某些方面有所不同，但它们经常交织在一起，为人们提供了一个完整的健康和美的体验。它们相互补充，相辅相成，彼此是不可分割的。

体育的主要目标是增强体质和促进全面健康。在现代健康观中，健康不仅是物理健康，还包括精神健康和心理健康。而美育之所以专注提高审美情操和心灵修养，正是为了达到这种精神健康和心理健康。而审美教育通过对美的欣赏和培养，可以提升个体的心理素质，陶冶其高尚的情感，使其心灵得到净化。

美育既可以提高个人的鉴赏能力和创造能力，也是促进自身形体美的重要条件。体育的核心目标是通过锻炼和训练，帮助人们掌握正确的运动技巧，使用人体的生物机械结构，并强化身体的协调性与灵活性。当我们重视体育锻炼时，那么不仅是在增强身体健康，更是在追求身体的美学展现。因此，

美育与体育都在追求人的完美状态，只是角度和路径有所不同。这两者都强调人在追求美的过程中所需要的均衡与和谐，从而共同助力于塑造一个身心俱佳、形态和谐的现代人。

体育中的美是无处不在的。例如，在花样滑冰和花样游泳这样的体育项目中，美学与运动完美地结合在一起。音乐的旋律、节奏与舞蹈的和谐动作在许多体育项目中都有所体现，这些运动不仅是对身体的锻炼，它们也是艺术和美育的体现。

由此可见，美育不仅是培养全面发展的人才必不可少的重要环节，而且与德育、智育和体育紧密相连，具有多层次的影响。通过审美教育，人们可以陶冶性情、美化心灵，并丰富自己的精神世界。此外，美育也能够启发智慧，促进身心全面健康。因此，加强美育对于培养现代人才、推动社会物质和精神文明建设具有不可估量的价值。

四、美育与劳育的关系——以美益劳

《国务院办公厅关于全面加强和改进学校美育工作的意见》指出："美育是审美教育，也是情操教育和心灵教育，不仅能提升人的审美素养，还能潜移默化地影响人的情感、趣味、气质、胸襟，激励人的精神，温润人的心灵。美育与德育、智育、体育相辅相成、相互促进。"美育在青少年成长过程中扮演着至关重要的角色，它不只可以丰富他们的精神生活，还对他们的情感智慧和人文修养起到了显著的促进作用。而这其中，对于真、善、美的追求尤为核心。但我们必须明确美育与艺术教育并不是同一概念，更不能简单地将其视为艺术专业技能的培训。美育的真正意义在于将美的价值观纳入教育的每一个环节中，帮助青少年通过实践和体验去认识美、理解美和感受美，从而培养他们对美的正确观念和对美的创造与鉴赏能力。马克思在《1844 年经济学哲学手稿》中提出："劳动创造了美。"[①] 这表明，要真正理解劳动的价值，需要深入挖掘劳动与美的深层次联系。尊重劳动、热爱劳动正是美育的核心理念之一。因此，审美教育与美育之间存在着内在的、互补的联系，两者相

---

① 马克思；中共中央马克思恩格斯列宁斯大林著作编译局 .1844 年经济学哲学手稿 [M].北京：人民出版社，2018.

辅相成，共同为青少年的全面成长提供支持。

劳动具有美学意蕴，审美教育是实施美育的有效渠道之一。通过劳动，学生能够在实践中直观地理解和体验美的本质，从而塑造他们的审美观念并增强其对美的鉴赏和创造能力。与此相辅相成的是，美育不应仅仅停留在口头教导或理论灌输的层面，而是应着重实践中的体验和表达。审美教育作为一种具体的活动形式，为学生提供了一个理想的平台，使他们能够在动手实践中深化对美的认知，并通过不同的劳动形式和工具来体验美和表达美。因此，将美育融入审美教育的设计和实践中，不仅能够提高审美教育的内在价值，也是对青少年进行全面教育的有效策略之一。

将美育融入审美教育既可以使劳动过程变得更愉悦且富有创意，还能够引导学生对劳动有更深层的认识和体验。首先，将美育理念融入审美教育有助于提升劳动的质感和形式。这意味着在劳动的环境、工具选择、过程设计等方面都充满了审美意识。例如，一个布置得温馨和谐的工作环境可以让劳动者在其中感受到美的氛围，从而在工作中更加投入和高效。同样，如果劳动工具设计得既实用，又具有艺术感，它们将成为促进劳动者创造力的媒介。其次，美的体验能够减轻劳动的心理和生理负担。当人们将劳动视为一种富有创意和审美体验的活动时，不再只是单纯为了完成任务，而是追求完成任务过程中的美好体验。这样，劳动就不再是单一的负担，而是成为一种与环境和他人和谐相处、体验生活之美的方式。最后，以美的理念重塑审美教育不仅可以激发青少年的劳动智慧和创造力，还能促进他们与劳动过程的和谐共生。这样的教育方法遵循了教育的自然规律，既培养了学生的实践能力，又提高了他们的审美水平。

第三章　高校审美教育的课程建设

第一节　高校审美教育课程的特质与载体

一、高校审美教育课程的特质

任何教育都不是单一的、平面的，而是一个全面多样、立体综合的矛盾统一体，高校审美教育课程也不例外。因此，应从以下几点来把握高校审美教育课程的特质，如图 3-1 所示。

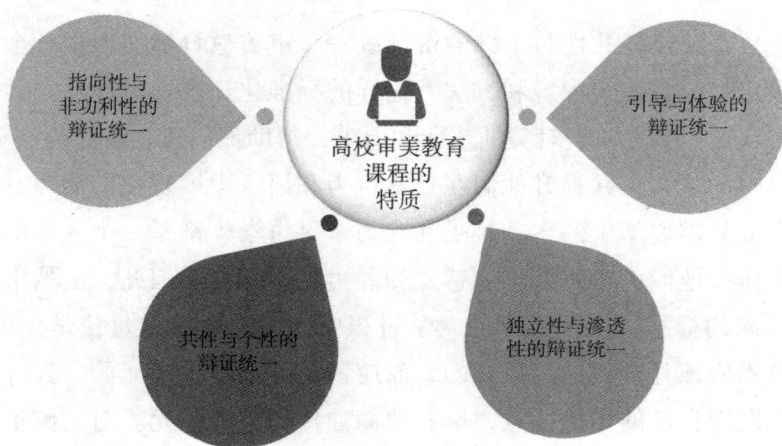

图 3-1　高校审美教育课程的特质

（一）指向性与非功利性的辩证统一

审美教育具有非常明确的指向性，就是要寓美于心灵，即美育指向健全

53

人格的培养。这是美育的本质功能、主体价值，是评价、设计、实施美育课程的起点和落脚点。但人格养成指向并不是一蹴而就的，而是一个长期、持续的过程。它不应被短视的功利主义所左右，因为美育所追求的是一种长远、深远的价值，而非短暂的利益。这就意味着美育的人格养成更偏重非功利性的追求，着眼人的内心和精神成长。

坚持美育指向性与非功利性的辩证统一要把握两个方面：一方面，美育课程的设计和实施应当始终围绕"促进学生人格养成"。人的成长不仅是知识的累积，更多的是性格、情感和精神的成熟。因此，美育不仅是对艺术的学习，更是一种对美的感知和体验，能够帮助学生在日常生活中发现美，培养其对生活的热爱和尊重。另一方面，虽然艺术欣赏和艺术技能的培训是美育的重要手段，但这并不意味着它们是美育的最终目标。真正的美育不仅是学会欣赏和制作艺术，而是使学生深刻地认识到这个世界不仅是功利的，还有超越功利的诗意和美感。生活不仅是为了实现某种目的，更是为了生活本身。人们应该学会从中发现生活的真正价值，从而实现"作为人而成为人"的境界，享受生活带来的乐趣，成为一个"诗意地生活"的人。

（二）共性与个性的辩证统一

审美教育要坚持共性与个性的辩证统一。审美教育确实根据社会的普遍标准来设定目标，确定内容和方法。这样的标准化让教育者能够向大学生普及对美的认知，激发他们对美的热情和追求，帮助他们建立高尚的审美观念，培养出对美的热衷，并提升他们在日常行为和语言中展现美的能力。真正的审美教育成果需要学生的主动接受和参与。每位学生都是一个独特的、有个性的生命体，他们的审美偏好、感受和能力各不相同。因此，虽然审美教育需要有共同的标准，但在实际的教学过程中，还需要尊重每位学生的个性。审美教育不应该是刻板的、单一的，而应该是灵活的、多元的。教育者应该鼓励学生发现自己的审美特点，培养他们独特的审美眼光。与更侧重标准和共性的智育和德育不同，审美教育更加强调对个体性的尊重。审美教育既要确保学生了解和认识共同的审美标准，又要尊重和培养他们的个性化审美。这种辩证的统一不仅可以让学生在学习中体验到快乐和自由，更有助于培养有独立审美观念的新一代。

（三）独立性与渗透性的辩证统一

审美教育作为高等教育体系的一部分，必然具有一定的独立性。不仅要具备系统、完备、成熟的理论体系，还要具有相对独立的课程体系，这样才能保证审美教育的健康可持续发展。审美教育是一种无功利的审美力的培育和启发。为了培养审美力，不仅需要依靠美育学科的理论框架和教学方法，实践是必不可少的，而且它不能仅限于传统的美的范畴。实际上，即使如数学、逻辑这些看似与美无关的学科，也蕴含着审美元素。所以，从狭义上看，审美教育课程属于一门课程；从广义上看，审美教育应该贯穿教育的全过程。

因此，一方面要坚持美育的独立性，遵循美育的规律性，重视美育的主渠道，即美育课程，确保美育的独特性和独立性得到充分体现；另一方面，要牢固树立"大美育"的观念，让美育贯穿学校教育的每个环节、每个过程，不仅是传统的课堂教学，连学校的科研、管理乃至后勤服务都应反映出美育的精神。为此，应大力推进教学改革，调整现有的学校教学规划、标准、课程结构和评估系统，合理设计教学策略，使之与素质教育的总体目标相适应，从而将美育有机地融入其中。

（四）引导与体验的辩证统一

在审美教育课程教学中，教师扮演着"导游"的重要角色，主要任务在于从感染、欣赏、探源等角度入手，积极引导学生对作品的艺术魅力进行认识，这个过程其实就是引导学生认识美。所谓认识美，指的是让学生对大自然、社会、周围世界进行认识和了解，不断认识艺术中的美。在此基础上，学生会产生对美的独特感受和感悟，进而形成美的情操和修养，并下意识地在精神生活中对美进行体现、珍惜及创造。

与此同时，无论哪一种审美教育课程教学活动，都需要引导学生直接体验和深入感受美。体验美的过程是非常个人化的，它不是通过文字描述或计算得出的。美的感受是直接通过感官和内心的感受获得的。每个人对美的感知和体验都有其独特性，因此，对美的定义永远不会完全相同，没有所谓的"标准答案"。苏霍姆林斯基在帕夫雷什中学的审美教育方法为我们提供了一个生动的例子，其提倡要想真正体验美，学生需要走出教室，直接与大自然和艺术接触。通过旅行、参观和观察自然现象，学生可以更直观地感受美的存在。这种亲身体验和观察的方法不仅加深了学生的审美体验，也使他们能够欣赏和理解美的多样性。同样，对于高等教育中的审美教育课程，强调实践体验和感性认知同样至关重要。通过这种方式，学生可以更加直观和真实地理解美和体验美，从而更好地培养其审美情趣和能力。由此可见，高校审美教育是一门引导与体验辩证统一的课程。

二、高校审美教育课程的载体

（一）基本载体：审美教育课程的课堂教学

学校的教育活动以教学活动为主，教学活动又以课堂教学为主，因此，课堂教学是学校对学生实施教育的主要形式，也是美育的基础路径和主要渠道。高校美育课程的课堂教学主要有两种形式，分别为文学课堂教学和艺术课堂教学。

文学课堂教学主要包括文学常识教育、文学作品欣赏等内容，旨在通过引导学生把握文学语言"意向"，用文学艺术中蕴含的审美意识对其进行熏陶，实现学生审美心理的建构。文学属于语言艺术，它借助文字构建形象，以此反映社会的各个面貌、展现人物性格，并深入探讨人性中丰富多彩的情感纵深。这种情感传递既直接，又细腻，将读者带入一个由文字构建的虚构世界，促使其用想象力去填补空白，以更加饱满的心态体验文学带来的情感冲击。文学课堂教学不仅传授文学常识和文学作品的欣赏技巧，更重要的是，通过对文学作品的研究和欣赏，学生能够在情感的涤荡中加深对生活的认知，培养其审美评价能力和创造力。

艺术课堂主要包括音乐艺术、美术鉴赏、戏曲电影艺术等。在高等教育中，艺术教育的核心目标在于培养学生的基本艺术审美修养，这不仅是对艺术的鉴赏，更是一种涉及情感、认知和社交等多个层面的综合体验。通常来说，艺术修养并不是一蹴而就的，而是在反复的艺术审美实践中逐步形成和完善的。这种修养不只局限于对艺术的理解和欣赏，更关乎一个人的个性发展和社会交往能力。换句话说，艺术修养不仅反映个人的审美水准，还是衡量其社交能力和人文素养的一个重要标准。

以美成人的美育应在课程设计和课堂教学上从以下三个方面进行科学、合理的设置和构建：

1. 注重教育目标的全面性和层次性

从理论上考察，美育的目标可分解为表层和深层两个层次，这两个层次相互联系、相互渗透。表层的目标集中在传授审美知识和技能，如提升审美感知、培养想象力和增强理解力，这一层次主要关注技能的培训和知识的传递；深层是对个体精神世界的熏陶、对心灵的深度塑造，乃至形成健全的个性和人格。美育目标任务的实现是一个由浅到深、由具体到整体的进程。而其最终追求的不仅是技能或知识的掌握，更是培养出一个全面发展、情感丰富、具有健全人格的人，这也正是美育课程的本质。

现代美育不只关注表面的审美知识与能力，更着重通过审美教育为学生提供一个广阔的知识背景和思维方式。这不仅包括专业的技能和方法，更包括基本的文化知识、价值观、认识论等，这有助于丰富学生的知识体系，并使其获得丰厚的文化积淀。美育注重人的全面发展，其目标不仅是提高学生的审美能力，更在于塑造学生的道德情操和心智。通过各种美感体验和审美活动，美育助力于学生的整体性发展，使他们不仅在审美上有所成长，还能在道德和情感上得到提升。因此，可以说，美育是一种追求真、善、美和谐统一的教育，它强调人的整体素质的培养，注重人的全面和个性化发展。美育不仅是一种艺术教育，更是一种关心人的全面成长和自由发展的素质教育。

在教学中，要建立由浅入深、层层深入的教学目标。从层次性上讲，不仅要有浅层目标，还要有深层目标；不仅要有一般性的目标，还要有特殊性的目标；不仅要有远期性的课程目标，还要有近期性的课程目标。从全面性上讲，不仅要包括知识性目标，还要包括行为的、情感的、认知的、结果的、体验的、表现的等目标。设定科学和合理的教学目标对于确保教育活动的有序和目标导向性至关重要。在审美教育中，教师的角色不仅是传递艺术和美学的知识，更重要的是激发学生对艺术深厚的情感。他们应该引领学生深入艺术所带来的美学体验中，感受其中的美，从而受到其积极影响和塑造。此外，强调人文教育同样重要，它能帮助学生塑造和完善自己的个性，从而达到全方位的成长和发展。

2. 注重教育内容的系统性和科学性

美不仅有相对共通的标准，也因每个人的独特性而表现出其多样性，因此，在进行美的教育时，不仅要注重普及公认的审美标准，还要深入了解每个个体的审美接受能力和独特性，在引导学生建立正确的个性发展观，并鼓励他们在尊重共性的基础上，勇于展现自己的独特性。

为了在审美教育中体现系统性和科学性的原则，需要构建一个完善的课程体系和明确的教学计划。首先，在课程内容的选择方面，不仅要侧重专业知识的传授，更重要的是培养学生的全面能力；不仅要追求学生掌握特定学科的知识，更希望他们通过学习拓宽知识视野、深化思考层次，并建立坚实的文化基础、价值取向以及独立的认知和思维方式，目的在于激发学生的审美意识，加强他们的审美能力，并为他们塑造丰富的文化内涵。其次，教学内容的选择要特别强调文学和艺术类课程。具体而言，这涵盖了文学、音乐、美术等多个学科领域。在理论部分，集中于文学与美学的基本理论、各种艺术形式的理论知识、文艺史以及与此相关的文学艺术常识。这样的布局旨在确保学生得到一种全面、系统而又科学的审美教育。

通过深入学习基础理论，学生得以深化对文学与艺术中的美学原则和审美范畴的理解，逐渐领悟美的多种表现形式以及审美活动所涉及的过程。实际上，审美活动引领学生踏入一个私人的审美领域，在其中，他们深受审美愉悦和享受的滋养。仅仅理论学习而不参与具体的审美实践是无法真正体验美的。课堂教学为学生提供了审美实践的场所。在这样的环境中，学生的思维得以充分激发，他们不再受限于知识层面上的差异导致的师生沟通困难。课堂不仅是知识的传递，更是学生情感体验、观察力、想象力、创造力和实践能力的锻炼场所，从而为审美教育提供了更为广阔的可能性。

3. 注重教育形式的互动性和多样性

枯燥、晦涩、抽象的教育形式不适用于美学课程，美育不仅依赖美学的理论框架，它还与教育学和艺术的实践与理论紧密相连。这是一门旨在将理论知识与实际应用相结合，深入人的情感深处，以直观和感性的方式教导人的课程。与单纯的艺术欣赏不同，美学课程旨在深入探索美的内在规律，提供系统而深入的理论背景。与传统的专业课程相比，美学课程更侧重利用艺术作品的内在力量来启示和感动学生，使得课堂不仅是知识的传播场所，更是灵魂的熏陶之地。

因此，在教育形式上，高校审美教育课程要充分体现互动性和多样性，以增强学生的参与度并刺激其兴趣。一方面，强调课程的互动性是至关重要的。美育的本质涉及思想和情感的交流，这需要一个平等、和谐、充满活力的教学环境，使得学生更加愿意参与。教师应努力调动学生的激情、主观能动性及创意，引导他们展开富有创意的想象，从而增强审美创造力和对学习内容的深入理解。同时，教师应帮助学生深度欣赏和分析美学对象，引导他们探索作品背后的艺术魅力。教学中，教师应采用正向激励、鼓励、理解和支持的方式，为学生创造一个轻松、积极和民主的学习氛围。另外，教育者还应注重课堂的讨论和启示，鼓励学生提问和分享，从而促进师生间的有效互动。

另一方面，在授课的手段上，教师应该充分利用现代技术手段，结合文学和艺术的教学内容，发挥多媒体和网络技术的优势，如其丰富性、灵活性和实时性，将音频、视频和图片等资源整合到课堂中，使得艺术作品以更为生动和直观的方式呈现给学生。这种多媒体的授课方式不仅增强了学生对艺术作品的视觉和听觉体验，使他们仿佛身临其境，更可以刺激他们的学习兴趣和联想力。这种感性的教学方式和审美的感性特点相结合，不仅有助于学生更好地理解和掌握审美理论，还可以深化他们的审美体验，助力他们的审美品格培养。因此，结合多媒体和现代技术手段的教学，不仅能够丰富教学内容，还有助于提高学生的审美兴趣和人格发展。

（二）特殊载体：教师的言传身教

特殊载体指的是在审美教育中对学生的人格养成、完善起到相对特殊作用的教育载体。教师的言传身教指的是人格健全的教师以其真才实学、真情实感、真知灼见等内在品质熏陶和感染学生，引发学生的认可和赞同，是一种对学生产生的具有同化和影响作用的巨大吸引力，这种由教师内在品质引发的外在影响对学生的人格塑造起到了关键作用。可以说，教师的言传身教是促进学生以美育完善自我，形成积极人格的特殊而重要的载体。

教育是人与人心灵上微妙的相互接触。处于关键成长期的青年学生正在塑造自己的世界观、人生观和价值观，同时他们的身心特质呈现出多样性和复杂性。在这一过程中，教师不仅是传授知识的人，更是学生的榜样和指路者。教师的观点、行为、生活方式以及对事物的看法都会对学生产生深远影响。教师的个性和人格如同一个潜在的教育工具，对学生的人格成长具有细微而持久的影响。作为传道、授业、解惑的使命承载者，教师不只是学生与知识之间的桥梁，更是学生生命旅程中的指南针，教师用自己的实际行动去影响和启发学生。

教师的人格魅力是一种特殊的教育力量。在引导学生形成良好的思想道德、习惯、审美观和个性品质时，教师以身作则的影响是关键的。许多历史上的伟人在取得显赫成就后，仍经常回忆起他们在学生时代的老师，尤其那些启蒙他们的人，感谢他们所给予的智慧和支持。这些杰出人物对教师那高贵的人格光环所产生的魅力怀有深厚的敬意。因此，在教育实践中必须认可教师的核心地位，并重视其人格魅力在教育中的巨大价值。

1. 良好的性格特征

性格是人格中的核心因素，是表现在人对现实态度和行为方式比较稳定的独特心理特征的总和。一般从两个主要维度来描述性格：内倾与外倾以及情绪的稳定性。例如，具有外倾特质的人通常是主动、社交和乐观的；而内倾的人则可能更倾向独处、沉思。在情绪稳定性方面，有些人表现得冷静且可靠，而有些人可能更容易情绪起伏、焦虑或激动。

总体上说，作为教师，职业特点要求其具备稳定的情绪。教师要成为一个优秀的教育者，热爱学生、勤于学习、诲人不倦、一视同仁等都是必要的品质，其行为和态度是学生模仿的榜样，他们必须在各方面展现出高尚的品质。在具体的教育实践中，教师需要具备深厚的政治觉悟，以确保自己始终保持正确的教育方向。在社会发展的重要时期，他们应为学生指明方向，并敏感地洞察社会变迁。此外，具有坚定价值观和人生观的教师能够以公正和诚实的品性吸引和感染学生，对其灌输正确的人生哲学。最终，教师的示范作用成为教育过程中最具影响力的部分，就像对待嫩芽的阳光，无法被任何其他方法替代。

2. 和谐融洽的师生关系

在教育教学中，和谐的师生关系具有不可估量的价值。这种关系不仅有助于教学的有效实施，还能深化教师与学生之间的心灵联系。师生之间的紧密联系既可以促进学生的学习动机从简单的知识需求转变为深刻的情感连接，又可以激励教师从仅满足职业需求转向承担更高的职责。为了培育这种关系，教师需要以爱为核心，增强对学生的尊重和信任。其中，爱心是建立和谐关系的基石，而尊重和信任是连接师生情感的纽带。同时，教师还应该推崇民主精神，尊重每一位学生的独特性，并时刻抱着欣赏的态度。

此外，师生关系的和谐与融洽尤为重要，这不仅要求教师具备扎实的教育技能，还要求他们具备优秀的协调和管理能力。一个与学生沟通良好、真诚友好的教师更容易获得学生的尊重和认同，从而有助于学生塑造健全的人格。真诚的沟通、情感的交流和互相鼓励是形成健康师生关系的关键。为了真正达到这一目的，教师不仅要作为学科专家，更要努力成为学生的朋友和导师，不仅在知识上，还要在人际交往、人生观念上给予学生引导和激励。另外，学校的管理层也应强化对人的教育理念，提高为师生服务的意识，尊重并支持教师和学生，积极促进他们之间的沟通。这样，学生可以在日常的人际互动中更好地体验和感知美好，进而形成一种积极向上的校园文化，为学生的全面发展提供有力的支持。

3. 良好的自我调控系统

自我调控系统是教师完美人格中必不可少的组成内容，涉及三个核心领域：自我意识、情感管理及强大的意志力。教师应具备正确认识自己和他人的能力。只有深入了解自己的长处和不足，教师才能真正地接纳自己并对待他人持开放态度，从而在面对各种情境时做出正确决策，并主导自己的命运。情感管理是教师与学生建立和维护良好关系的关键。一个充满热情、同情心和诚挚情感的教师能够更真心地关心和支持学生，同时激发他们的创造性和学习兴趣。而能够有效调节和处理自己情绪的教师不仅能保持个人心理健康，还可以为学生提供一个积极、和谐的学习环境。坚持不懈的意志力对于教师而言至关重要。在教育领域，面对日常的挑战和压力，只有拥有坚定意志的教师，才能持续投入，不放弃，并向学生展示如何面对困难与压力。

此外，良好的创新意识、实践能力以及不断学习的能力也是教师以人格魅力为基础的言传身教功能发挥的保障。在新时代的教育场景中，教师不仅是知识的传递者，更是社会主义建设者的领路人。为此，教师需要拥有强烈的创新动力，这不仅体现在传统的教学方法上，更要在理解学生需求、激发学生的创造思维，以及设计与时俱进的教学策略上持续革新。教师不应仅满足既有的知识和技能。在这个不断变化的时代，教师需要具有开放的心态，勇于吸纳新的思想和观念，甚至从学生和同行中寻找启示。通过这样的持续学习和自我完善，教师能够展现深厚的学识，进而鼓励并吸引学生参与到知识的探索中来。

通过上述分析不难看出，教师的言传身教深深地影响着学生，这既是一种难以觉察的潜移默化的力量，也是一种明显而直接的示范作用，是学生既"无形"又"有形"的榜样。因此，教师的言传身教是大学生美育与人格素质教育的特殊载体。

（三）新的载体：网络平台

自 20 世纪 60 年代起，随着互联网的普及，人类步入了一个信息化网络的时代。这种深远的技术变革不仅改变了社会的经济、文化和教育结构，更影响了人们的日常生活、工作习惯和思考方式。它不只是传递数据和信息，更重要的是它在传递思维模式、形塑人们的价值观和塑造集体精神风貌方面所发挥的作用。作为网络时代的主要参与者和受益者，大学生已经成为我国的主要网民群体。这种技术进步为教育带来了革命性的变化，尤其在教学方式和学习方式上。对于高校来说，借助网络技术为审美课程开设新的平台和方式变得至关重要。网络不仅为审美教育提供了丰富多彩的教学资源，还为教育者和学习者创造了更为开放和互动的学习环境。具体而言，网络这一新载体的运用主要体现在以下三方面：

1. 网络艺术教育课程

在数字化时代，网络课程成为一种颠覆性的教学资源，突破了时间和空间的束缚，无时无刻不为学生提供学习的机会。这种课程结构依赖明确的教学目标和策略，所有内容存储在服务器上，以网页的方式呈现出来，从而支持各种创新的学习方法，如自主学习和协作学习。特别是在网络艺术教育领域，这种在线课程方式为学生提供了一个无比便捷的平台。只需要一台电脑或一部手机，学生就可以沉浸在丰富的艺术教育体验中。更为重要的是，依托网络和现代技术，各种艺术形式，无论是古老的珍藏、流行的音乐，还是传统的戏剧，都可以通过数字化技术得到更为生动和真实的再现。这种虚拟的展示方式不仅为学生提供了更加形象和直观的学习体验，还能深化他们对艺术的认识和欣赏。因此，利用网络课程进行审美教学设计，可以更高效地推进学生的审美教育，实现教学效果的最大化。

2. 网络艺术氛围营造

网络作为一个信息超载的平台，既是一个巨大的信息共享空间，也是展示创造力和艺术美感的场所。其信息资源的开放性意味着每个人都有可能成为信息的创造者、消费者和分发者，从而实现真正的信息资源共享。

从艺术的角度来看，网络的美学可以从两个维度来探索：形式和内容。在形式层面，网站的设计和开发过程中已经融入了艺术的元素。网页的颜色搭配、结构布局和创意链接的设计都反映了设计师的审美观念、创造力和想象力。这不仅是为了吸引人们的眼球，更是为了给用户提供一种愉悦的浏览体验。在内容层面，网络上的信息经常受到美的原则的影响和指导，特别是在学校等教育环境中。校园网络上的信息往往经过精心策划和筛选，具有更强的导向性，可以更好地指导和影响学生的网络艺术教育。例如，学校可以在官方网站上专门设立教育专区，涵盖文学、艺术、哲学、全球文化经典以及基础的自然科学知识。这些内容不仅可以文字的形式呈现，还可以通过声音、图片和视频等多媒体方式展现出来，从而更加丰富和生动地传递教育信息。

3. 网络艺术互动平台

网络交流的多样性为师生间提供了前所未有的互动机会。与传统媒体相比，网络能够支持从一对一到多对多的交流方式，这为学生创造了一个更为宽广的学习和沟通空间。在这样的环境中，学生不再仅仅是被动的信息接收者，他们也有可能成为信息的创造者和发布者，这种参与感促进学生更加主动地投入学习过程。网络的交互特性重新定义了师生关系的边界。在这种互动模式中，教育者和学习者的角色是动态的，经常发生变化。这种流动性强化了师生之间的互动和理解，形成了更加和谐的人际关系。另外，教学过程也因为网络的介入而变得更为灵活。学生可以实时接收来自教师的教学信息，并迅速地向教师反馈自己的学习情况或疑问。这种快速反馈使得教师能够更精准地针对学生的需求进行指导。同时，网络教育也有助于学生通过艺术的力量去欣赏美、感受美和认识美，这不仅有助于他们调整情绪，增强自尊和自信，更有助于他们个性的成长和完善。

综上所述，网络以其独特的便捷性、资源丰富性和高度交互性成为审美教育的关键工具。它不仅为学校的审美课程建设提供了广阔的平台，还融合了课程教学、文化渗透和师生互动等多重教育元素。因此，网络已逐渐成为支撑学生美育发展的新型、关键的载体。

第二节　高校审美教育课程建设的新思维与方法

一、高校审美教育课程建设的新思维

（一）建立课程建设的动力模型思维

课程建设的成功关键在于深入了解其背后的发展动因和演变逻辑。如果仅停留在理论概念上，没有从一个全面、系统的视角深入研究课程建设的根本因素和发展路径，那么课程建设的实践就很难顺利进行。为了确保课程建设的效果，需要从系统的角度来探索和理解其形成和演化的原因。所谓系统的角度，意味着看待课程建设作为一个有机的整体过程，具有独特的内在规律，这些规律反映在其结构的复杂性、动态变化、非线性进展等方面。核心问题是课程建设的主要动力是什么、这个系统是如何被激活和驱动的，以及该系统的关键要素和它们如何相互关联。

课程建设系统的发动机源于教学的需求与供给间的张力。这种系统运作的关键组件是课程建设的信息化平台。在这一结构中，教师、学生以及各种

教育管理人员作为平台的活跃参与者，由教学系统内部的推动力和外部激励因素驱动他们的工作。随着系统的运行，这个信息化平台通过整合智能的教学管理模式，依据教育的基础理论，将需求与供给之间的矛盾细化为在课程建设中可以实施的明确任务和标准。这种转化为课程建设提供了动力，进一步促使基层的教学实践得以优化和执行。

在这一过程中，课程建设的推动力来自教学的需求和供给之间的矛盾。通过高度智能的教学平台，这种原动力被转化为全方位的课程建设策略。当这些策略基于教育原理被翻译为具体的课程任务和标准时，它们表现出整体思考、系统性分析和实际操作的特点。在内部动力和外部刺激的共同推动下，教学机构的各个执行部分形成联动，以实现需求和供给之间矛盾的和谐化解。此模型揭示了一种自下向上的课程建设推动策略，与过去主观化、自上而下的方法形成对比。课程建设不再是一个孤立的环节，而是与整个教学流程相互融合，突出其自主性和互动性，从而更加有效地服务教学目标。

（二）确立课程建设的体制化思维

体制是一个系统运行的基础架构和工作方式，它为系统的正常运作提供必要的条件和前提。在课程建设中，如果体制不完善或者没有适应当前的需求，那么课程的制定和实施都可能受到阻碍。一个高效的课程建设体制应以课程内容和目标为中心，而不是仅仅基于现有的组织结构。这意味着这个体制要灵活适应和响应教育的变革和需求，确保课程始终与教育目标和学生需求相一致。

课程建设源于学校的办学定位与院系的办学特色。实际的组织与实施则大多落在各教学单位，特别是各院系的肩上。作为专业教育和教学的基本单位，各系承担了专业课程结构的策划和执行任务。而针对具体课程的建设，课程组发挥专业优势，研究课程的理论框架，并开发相应的教学工具和资源。这样，各系和课程组共同成为课程建设的主要推动力。与此同时，学校的课程管理部门以学校的资源为基础，规划出全校的课程建设总体方案，并对其实施过程进行细致的管理与指导。确保这种课程建设模式的稳定和持续是实现课程建设长期、稳健并有效发展的关键。

（三）改革课程建设的激励化思维

面向点的激励强调的是具体的任务或项目，而面向面的激励则更强调整体的进程和持续性。从项目为导向的激励向课程建设业绩考核方式的激励转变，意味着从短期、局部的视角拓展到长期、全局的视角。这种转变不仅能够更加准确地反映课程建设的综合效果，而且能够体现课程建设的持续性和深度。

（四）创设课程建设的平台化思维

课程建设是一个长期的教学理论与教学资源积累与建设的过程。随着时间的推移，教学材料和理论文档的数量会不断增加，如果没有合适的管理和组织方式，这些宝贵的资料可能被遗失或难以查找。为此，引入一个课程建设支持平台至关重要。这样一个平台可以为教育工作者提供便利的工具，帮助他们整理、编辑、存储、查询和分享教学资源。更为重要的是，现代技术的融入可以使这个平台拥有智能化的决策支持功能。这意味着在课程建设中，教育者不仅可以更轻松地管理他们的教学资源，还可以获得基于数据分析的策略建议。此外，专门为教学资源开发而创设的平台可以进一步简化资源的创建和整合过程。特别是教学设计平台，它能确保教学理论被正确且高效地应用于实际教学中，从而确保课程的质量和效果。因此，高校应积极采纳平台化的思维模式，认识到平台的价值并将其纳入课程建设的整体框架中。这不仅可以为教育者提供一个更加友好和高效的工作环境，还能确保学生接触到更新、更优的教学内容和方法。

二、高校审美教育课程建设的方法

（一）课程建设出发点——系统化、持久化

课程建设是一项复杂的系统工程，受到众多内外部因素的制约。为确保建设效果满足预期，必须进行全面和系统的规划和考虑。不仅如此，课程建设还是一个长期的动态过程，需要在探索和理解教学规律中不断优化与完善。

为确保课程建设的系统性和有效性，首先要对其进行模型化。模型化意味着从一个宏观的视角出发，深入探寻课程建设的核心组成部分及其相互之

间的联系，这对实现课程建设的精准控制和有效推进至关重要。采用现代的教育和教学理论，辅以信息化手段，可以初步构建出模型，并确保其与实际教育环境紧密契合。然而，仅仅构建模型是不够的，为确保课程建设的持续性，必须形成一个长效的课程建设机制。这一机制应该是普遍适用的，覆盖所有学科和专业，而不局限于某一个特定课程。由此才能全面推进课程建设，确保其广泛性和持久性。此外，为使模型能够在实践中得到应用，需要将其转化为可操作的具体措施。例如，可以根据该模型设计课程建设的评估和考核机制，从而确保课程建设的各个环节都能得到有效的监控和指导。

（二）课程建设实施——理论创新与工程化并举

课程建设在模型化、机制化的基础上实施课程建设任务，这些任务涉及多方面内容，主要包括教学理论创新、教学内容更新、教学手段革新、教学人才培养、教学资源积累等。除了对教学理论的深入研究和创新，课程建设的其他方面，如内容更新、教学方法的改进等，都可以通过工程化的手段来实施。这意味着可以像处理工程项目一样，采用明确的步骤、标准和流程来确保课程建设的任务在一个可控、高效且持续的环境中得以完成。但值得注意的是，教学理论的创新与其他任务存在本质的不同。它不是简单的流程或技术更新，而是在已有的教学实践中进行的反思、批判和新思路的探索。这些新的教育观点和方法不仅更贴近当前的教育需求，还能为教育领域带来更深层次的理论洞见，丰富教学的实践和内涵。

所谓工程，是一种为满足社会需求而进行的活动，通过综合运用多学科的科学理论和技术手段来改造自然界和创造人工环境的实践过程及其成果。这种独特的活动有以下显著特征：①工程具有科学原理。工程的核心是基于确实的科学原理，无论是自然科学、社会科学，还是人文科学，都为工程提供了坚实的理论支撑。②工程具有特定目标。工程不是随意的，而是具有明确目的，它强调过程的管理和效果的最大化，确保每一步都朝着预定的目标前进。③工程具有实践性。工程的本质是通过具体的建设来实现的，包括采纳一系列详细的工序、技术手段和时间安排，确保任务的完成。④工程要与环境协调一致。一个好的工程项目既要满足当前的需求，也要考虑对环境的影响，确保与环境的和谐共生，减少潜在的副作用。课程建设大部分任务的完成显然具备上述特征，如：课程内容的更新建立在学科理论与技术的更新与进步的基础之上，并以与教育教学理论相契合的方式进行着更新；课程内容更新的终极目标是优化教学过程，满足学生的学习需求；教学内容更新有其过程并注重效率；课程内容更新也是通过建造来完成的；教学内容更新不应对培养目标造成任何负面影响。因此，部分课程建设任务工程化是完全可行的，这种方法通过提供可控的流程、标准化的步骤和预测性的效果，能够大大提升整体的课程质量。如图 3-2 所示。

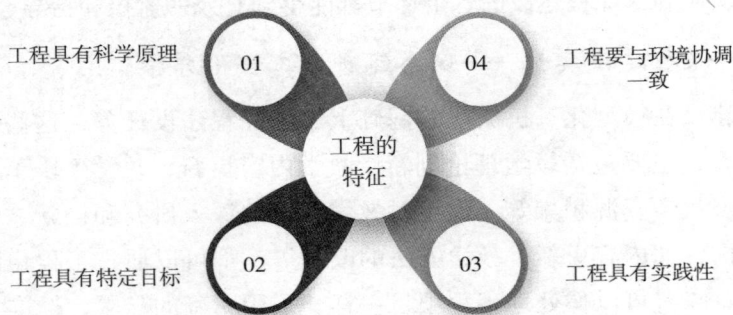

图 3-2　工程的特征

　　教育技术的快速发展为课程建设的工程化提供了新的机遇，特别是在创建精品课程方面。精品课程是在前沿的教育和教学理论的引领下，结合现代信息技术所实现的一种教学创新。这种创新不仅在技术层面，它首先要求明确课程的领导团队和负责人，确保有足够高质量的教师参与其中。对于精品课程的建设不应止步于简单地采用新技术，更重要的是融入现代的教育和教学观念，对课程内容进行深入的改革和更新。这意味着不仅要关注课程的知识内容，还要注重课程设计的过程和方法。而在实施层面，精品课程应当具有强大的网络支持，如有针对性的课程网站以及高效的在线教学和优质资源共享平台。这些平台不仅为教师和学生提供了便捷的教学工具，也有助于展示课程的特色和优势。

　　精品课工程不仅代表了课程和教学决策的数字化、网络化转型，还标志着教学管理和服务体系的全面改革。这项工程不仅是为了适应信息时代的教学新模式，更是为了推动高校实现管理体制和机制的现代化。它强调的是用工程化的方法来塑造高质量的教育内容，确保其质量能经得起严格的标准检验，并在更广泛的范围内得到推广和应用。更为重要的是，精品课工程不只是简单的数字化改造，而是在教学内容、方法、管理及公共服务体系各个层面的全面升级。这种升级不仅有助于提高教学的效果和效率，更能推动教学研究、行政管理以及公共服务体系的整体进步。因此，精品课工程不仅是一个项目或策略，更是成了高校课程建设的核心和方向，标志着我国高等教育进入了一个全新的、以质量为先的时代。

三、整体设计原则

整体设计原则可以确保审美教育课程不是孤立、零散的知识点传递，而是一个完整、系统的教学体系，确保学生在整个学习过程中获得一种连续且深入的体验。

一方面，整体设计原则强调课程的系统性与连贯性。当审美教育的每个部分都被认为是一个更大系统的一部分时，每个教学环节都会以更加丰富和多维度的方式传递审美经验。例如，当一个课程讨论古典艺术时，另一个课程可能探索如何将这些古典元素应用于现代创作中，而实践活动或工作坊则可能让学生亲自尝试这些技巧。这样，学生不仅学习了某个时期的艺术，还能够理解其在当今社会的相关性和应用。与此同时，整体设计原则还确保了课程内容在学生的整个学习生涯中是连贯的。当学生从一个学年转到另一个学年时，他们不是从零开始，而是在前一年的基础上继续发展。这种连续性使得学生可以逐步建立自己的审美理解，而不是每次都重新开始。

另一方面，整体设计原则要求审美教育课程的内容、方法和目标之间要有内在联系。考虑到艺术并非孤立存在的，每一种艺术形式都是在特定的历史、文化和社会背景下产生的。因此，当教授某种艺术形式时，考虑它的起源、它与其他艺术形式的相似性和差异性、它在特定时期所扮演的角色等都将为学生提供更加深入的认识。例如，当学生学习文艺复兴时期的绘画艺术时，了解其背后的社会变革、科学发展和哲学思想，他们将更加欣赏这些作品的深度和复杂性。此外，与其他学科的关联也为审美教育注入了新的活力。例如，将音乐与数学相结合，可以让学生探索节奏和旋律背后的数学模式；

将绘画与生物学相结合，可以让学生深入研究自然中的色彩和形态。这种跨学科的方法不仅增强了学生的学习兴趣，还培养了他们从多个角度看待问题的能力。

第三节　高校审美教育课程建设的原则

在高等教育领域，课程建设是教育品质提升的关键。特别是在审美教育领域，如何设计并执行高效、有针对性的课程决定学生是否能够真正从中获益，进而成为具有审美能力和创新精神的现代人。因此，需要对高校审美教育课程建设的原则进行深入探讨和明确。本节围绕高校审美教育课程建设的原则展开阐述。

一、以人为本原则

审美教育是一种针对学生个体的心灵培养，旨在提高其对于美的感知、鉴赏和创造能力，从而丰富和提高其人生价值和意义。在高校中，审美教育课程建设应以人为本，这一原则主要体现在以下两方面：

第一，以人为本原则强调高校的审美教育课程应该关注学生的个体特点和需求。在教学过程中，教师不仅传授技能和知识，更要关心学生如何根据自己的背景和经验去理解和体验这些知识。这需要教师具备敏感性，去观察、倾听并理解每个学生的不同。例如，对于某个文化背景下的艺术作品，一个学生可能有很深的情感共鸣，因为这一作品唤起了他与家庭或祖籍的某种联系，而另一个学生可能需要从另一个角度去探索这一作品，因为他的文化背景与之有所不同。

第二，以人为本的课程鼓励学生从自己的角度去探索美和感受美，这不仅是一个外在的、被动的过程，更是一个深入的、互动的体验。在这样的课程中，学生不再仅仅是被动的听众，更是积极的参与者。他们被鼓励去质疑、去挖掘、去感受、去表达。每一次互动都是他们个人审美旅程的一部分，使他们更加深入地体验美的真谛。例如，在讨论某个艺术品时，以人为本的课程不仅会介绍其历史背景或技术细节，还会鼓励学生分享他们看到的、感受到的东西，甚至与自己的生活经验有何关联。这样的过程不仅加深了学生对艺术品的理解，还增加了他们的情感与艺术品之间的联系。

二、目标导向原则

目标导向原则以课程的最终目标为出发点，确保教育的内容、方法和评估都服务这一目标。它要求教育者在设计和实施审美教育课程时，始终清晰地认识到这一课程旨在达到什么样的效果、培养学生什么样的能力和品质。

首先，目标导向原则要求审美教育课程的目标是明确和具体的。对于教师来说，明确的目标为其提供了一个框架，帮助他们确定重要的主题和内容，以及如何组织和传授这些内容。例如，在审美教育中，如果目标是帮助学生了解某一艺术流派的核心特点，那么教学内容、方法和评估都将围绕这一目标而展开。对于学生来说，目标导向可以增强学生的学习动机。当学生明确知道自己在学什么、为什么学，以及学习的最终目的是什么时，他们会更积极地参与学习。例如，学生知道学习某一艺术技巧可以帮助他们更好地表达自己的情感，他们可能会更加投入学习中。

其次，目标导向原则强调课程的实际效果。审美经验是非常主观且与个人生活经验紧密相连的。单纯地了解艺术的历史、流派或技巧，而不真正体验艺术的创作和欣赏过程，便很难真正培养学生的审美能力。因此，一个真正意义上的目标导向的审美教育课程不会满足仅仅让学生掌握某种艺术形式的知识，而是会鼓励学生真正地参与其中，例如通过实践性的创作活动、批判性的思考和反思以及与他人的交流和合作。对实际效果的追求意味着审美教育课程必须具有高度的实用性和针对性。这需要教育者仔细观察和分析学生的需求、兴趣和能力，确保教学活动与学生的实际生活经验相一致，从而引起学生的兴趣，激发其创造性和探索性。

三、适应性原则

在当今多元、变革和不确定的教育环境中，高校审美教育课程建设不能孤立地进行，而是应密切关注和响应社会、文化、技术和学术的发展和变化。

适应性原则正是基于这样的考虑，强调课程内容、教学方法、资源和评估策略应与时俱进，满足学生、社会和高校的实际需求和期望。

适应性原则要求课程的评估策略与学生的实际表现和成果相匹配。随着教育的发展和变革，简单的笔试和标准化测试已经不能完全满足评估的需求。尤其在审美教育中，学生的表现往往是多元且复杂的，需要更多的观察、互动和实践才能真正体现。因此，教育者需要不断更新和完善评估策略，确保它们与课程的实际内容和目标相一致。选择合适的评估策略也意味着要确保评估的真实性和有效性。真实性是指评估能够真正反映学生的学习成果，而不是仅仅测量其在一个特定环境下的表现。有效性则是指评估能够准确测量其所要测量的内容，不受其他无关因素的干扰。公正性是评估中的另一个关键概念。每一个学生都应该有公平的机会展现自己的学习成果，而不受评估工具或标准的偏见所影响。为了确保公正性，教育者应当不断检视和修正评估策略，确保它们不会对任何学生产生不公平的待遇。

四、特色发展原则

在当今的教育背景下，高校之间的竞争日益激烈，而审美教育作为提升学生综合素质的重要部分，更需要具备独特的特点和优势，从而在广大学生和社会中得到认可。特色发展原则就是强调高校在审美教育课程建设中，不仅要确保课程的质量和深度，还要确保课程有其独特的特点和风格，使之在众多高校中脱颖而出。

审美教育课程的特色首先体现在课程内容的选择和安排上。当谈到课程内容的选择和安排，其实在很大程度上涉及学校的核心价值、使命以及它在学术领域中的定位。以地理位置为例，一个坐落在历史文化名城的学校无疑有着天然的资源优势，可以为学生带来与众不同的文化和艺术体验。这种体验不仅是理论上的学习，更多的是实地考察、亲身体验和实践操作。这样的特色内容不仅能帮助学生更深入地理解和感知某种特定的艺术或文化，而且能够培养他们的研究和探索能力。学生不再是被动的接受者，而是积极的参与者，他们需要对所学内容进行批判性思考，以及深入的研究和实践。此外，特色内容还为学生提供了与其他同学交流和合作的机会，他们可以共同探讨、研究和创作，形成自己独特的审美观点和价值观。这种合作和交流不仅是知识和技能的分享，更多的是情感和经验的交流，有助于学生形成更加开放和多元的思维。

特色发展原则还强调高校应该注重培养学生的创新思维和实践能力。现代审美教育强调的是一个"做中学、学中做"的过程。艺术创作、文化调研、艺术评论等实践活动让学生有机会亲自下场，将抽象的知识和理论具体化，与真实世界产生碰撞。在这一过程中，学生不仅能够加深对知识的理解，更能够培养观察、思考、分析和解决问题的能力。举例来说，当学生参与艺术创作时，他们不仅要考虑如何表达自己的审美情感和观点，还要考虑如何使用不同的艺术技巧和材料、如何与观众沟通和互动。这需要他们综合运用所学的知识和技能进行独立思考和创新。

第四节　高校审美教育课程建设的创新性发展

一、优化美育课程教学内容

（一）深化审美教育理论研究

审美教育并非一个孤立的领域，而是与学校的整体教育过程紧密相连，并且在这个过程中不断实现其思想与实践的融合。因此，审美教育系统的有效运行离不开学校系统教育。学校教育系统是一个综合性、多元化的体系，而审美教育正是其中一个重要的组成部分。为了确保审美教育的有效实施，它必须得到学校整体教育系统的支持和认可。随着社会的发展，教育的需求和目标也在不断变化。高校在实施审美教育时，需要对照当下社会教育的进展，适时调整教学方法和策略。这意味着教育者需要不断探索如何将各种审美元素和资源融入教学中，以达到更好的教育效果。所以，深化审美教育理论的研究作为理论基础应当居于首要位置。

1. 深化审美教育理论研究，适应社会发展的需要

社会实践对审美教育的要求是审美教育一定要根据社会实践的要求进行。审美教育不仅要与时俱进，紧密跟随社会的实践步伐，更要转化为学生的主动追求。在社会主义现代化进程中，伴随着物质文明和精神文明的双重建设，审美教育被赋予新的任务：为社会培养和塑造全面发展的人才。这种全面性不仅是知识技能的全面，更包括审美情操和创造能力的培养。因此，审美教育的目标不仅要对接社会需求，更要指引和激发学生的自发性兴趣，使他们能够在各个层面上全面发展。为此，教师承担着至关重要的责任。他们不仅是知识的传授者，更是审美能力的引导者，需要确保审美教育的每一个环节都能够有效推进，促进学生的全面成长。

2. 深化审美教育理论研究，以教育整体为依托

高校审美教育是整体教育体系中不可或缺的一环，它与其他教育领域紧密结合，共同构建了一个协调、完善的教育网络。在这一大背景下，审美教育的目标应与整体教育目标有效融合，确保学生全面发展。审美教育的核心不仅是培养学生的审美鉴赏能力，更在于激发学生的审美情感和情感净化，使其在道德、智力和实践行为上得到提升。教育不应仅限于书本知识的传授，而是应该将理论与实践相结合，使学生能够在多个层面上发展。例如，通过审美教育，学生的情感培养得到加强，道德观念更加坚定，思维方式更加逻辑、明确。审美教育与劳育和体育之间的紧密联系也不容忽视。这些领域的教育活动为学生提供了一种坚韧的意志力和精神支撑，帮助他们在面对挑战时展现出更加坚韧的性格。而运动和实际操作技能的培训为学生的审美教育提供了感性的体验，从而提高了他们的审美水平。

高校审美教育的有效运行涉及多个要素，其中包括教师、学生、审美媒介和教学过程。为了满足社会的期望并获得整体教育体系的支持，审美教育必须确保内部机制的稳健和协调。学生作为教学的主体，他们的参与度、热情和自我调节至关重要。一个教育体系的成功与否在很大程度上取决于学生是否能够主动融入学习中，领会并体验审美的价值。因此，激发学生的兴趣、使他们认识到审美教育对自身全面发展的意义是确保审美教育效果的关键。

教师则扮演着桥梁的角色，他们需要有效调整学生与课堂内容之间的关系，使学生能够深入理解和体验审美的过程。教师不仅是传授知识的导师，更是激发学生审美热情、引导他们在审美探索中成长的重要伙伴。这样一来，教师必须深入了解学生的审美需求和能力，以减少因教学内容与学生需求不符而引发的冲突，选择与学生审美需求和能力相匹配的教学目标和方法，因材施教，确保学生在学习过程中真正通过各种审美媒介积累并深化自己的审美体验，从而提升审美认知。学生作为审美教育的接受者，也需要对教学目标和所用的审美媒介有基本的了解，认识到它们在审美教育中的作用和价值。为了更好地接受和体验审美教育，学生应根据自己的审美需求和能力，主动参与到教学中，通过观察、体验和实践去深入感受审美媒介所传达的美学价值。这不仅可以激发他们的审美经验，更能帮助他们达到审美教育的目标。为了确保审美教育效果显著，教师必须考虑每位学生独特的个性和丰富的审美媒介。鉴于基于这些因素产生的教育情境会呈现多样性，教师需要根据实际情况灵活调整教学方法。审美教育不应被固定模式所局限，否则将失去活力和效果。因此，教师应不断创新和调整，以确保审美教育活动的有效性和活跃性。

（二）加强审美教育课程体系建设

1.科学定位审美教育课程目标

学校审美教育课程建设的主体是艺术课程，以艺术课程为中心，各学科之间应实现互相渗透和整合。对于基本的审美教育知识，学校需要高度重视并确保其得到全面地掌握。学校审美教育课程应具有较强的综合性，并加强实践活动的部分，以确保学生能在实际中运用所学知识。审美教育的核心是培养学生的人文素养和审美观念，同时注重培养他们的创新能力，并科学地为审美教育课程设定明确的目标。对于特殊教育学校，审美教育课程设计应更加注重学生的个体差异。依据他们的身心发展特点和当前水平，课程应旨在挖掘和培养他们的特长和兴趣。更进一步来说，学校应该强调对学生潜能的开发，并将艺术教育与职业技能培训相结合，为他们在社会中适应生活和追求幸福生活奠定坚实的基础。

2. 完善审美教育课程建设

审美教育课程不仅需要强化艺术实践部分，而且要注重与专业课程之间的紧密结合。这种整合旨在培养既具有专业技术能力又具备深厚审美修养的高素质技能人才。相比之下，普通高校的审美教育课程应依据特定学科优势和地方教育资源，丰富和创新教育教学的形式与内容。教育者应指导学生，使其不仅在技能上得到提升，还在人格修养上得到完善。同时，教育者还应培养学生对中华文化和艺术传统的尊重、责任和使命，确保他们在未来能够继续传承和推广这些宝贵遗产。

（1）美育理论课程

美育理论课程是高校审美教育的一门基础课程，它主要探讨以下三个核心问题：第一，什么是美？第二，为什么要进行审美？第三，如何进行审美？这三个问题是引导大学生深入了解人文知识并提升他们对美育理论认识的普及课程。为了确保课程的质量和广泛适用性，高校可以参考教育部推荐的核心教材。同时，结合本校的独特专业特点和实际教学经验，设计并实施这一理论课程，确保为广大学生提供一种系统而深入的美育理论学习体验，成为每位学生必不可少的基础课程。

（2）美育鉴赏课程

美育鉴赏课程是高校审美教育课程的重要组成部分，它为学生提供了从理论到实践的桥梁，课程如"影视鉴赏""书画鉴赏""音乐鉴赏"，为学生展现了审美的多元面貌。这些课程不仅作为基础美育理论的实际应用，也给予了学生更加具体和详细的审美体验。作为第一课堂的补充，这些鉴赏课程让学生根据个人兴趣自由选择，无论是选修一门还是多门，都能丰富学生的审美修养和实践经验。

（3）美育实践课程

课程体系的最终目标是美育实践方面的课程，该类课程不仅延续了课堂教育，还为学生提供了实践审美的平台。实践环节不限于传统的艺术体验，例如参与艺术表演、体验音乐会或游览书画展览。更重要的是，实践课程应融入第二课堂和第三课堂，利用校园文化和社会实践的资源，结合学生的专业知识，开展丰富的实践活动。例如，组织文艺展示、书画摄影大赛和知识竞赛等。学校的各种组织，如学生团体，也可以发挥作用，将各种节日如青年节、母亲节、教师节和重阳节等作为实践美育的机会。另外，结合各种主题的党建活动和团日活动也可以为学生提供审美实践的机会。这样的实践不仅能够加深学生对美育理论的理解，更能让他们在实际中感受和应用美育，有着难以察觉且深远的教育影响。

3. 深化学校美育教学改革

为了确保审美教育的持续性和有效性，学校需要根据国家为不同学段设定的审美教育课程方案、课程标准和内容要求来执行，并随时调整教育内容以适应社会文化的变革。重视美育的育人目标，不仅要传授知识，还要培养学生的审美情操。为了深化美育教学改革，高校要善于利用当地的民族和民间艺术资源，为学生提供一个开放的审美平台，并拓宽教育领域。同时，国际交流和合作在审美教育中也占有重要地位，学校应鼓励学生参与中外文化交流，了解不同文化背景下的审美观念。此外，各级学校应根据自己的特色和条件，积极参与国内外的文化交流活动。而针对现有资源，强化学校美育实践基地的建设是必不可少的一步。这不仅可以帮助学生在实践中提高审美水平，还能进一步展现学校美育改革的积极成果，为学校美育的全面进步创造有利条件。

4. 加强美育的渗透与融合

审美教育应贯穿高校教育的全过程和各个领域，并深入每一学科中。为了更全面地进行美育，高校应努力确保审美教育与智力培养、道德修养及体育训练等方面紧密结合，确保与各学科的科研和社会实践活动达到有效整合。高校应发掘并重视每一学科中潜藏的审美教育资源。例如，在人文学科如历史和语文中，可以凸显它们所特有的美育功能，让学生在学习中体验美的魅力。而在自然学科如数学和物理中，同样有许多具有审美价值的元素和内容，它们可以帮助学生从不同角度体验和理解美的定义。

为了更好地整合各学科的美育资源，学校可以鼓励开展以审美教育为核心的跨学科教学和实践活动。这不仅能帮助学生从多个角度理解美的定义和价值，还能整合教师的教育优势，确保审美教育的目标得以实现。总之，通过课堂教学、课外活动和校园文化的综合力量，我们可以确保审美教育在高校中得到全面而深入的推广。

二、创新美育课程教学模式

（一）构建多元化的审美教育课程模式

1. 优化审美教育课程模式

传统的审美教育模式已经难以满足现代教育的需求。因此，通识审美教育课程应采取更加开放和多元的教育模式，打破传统的框架，融入更多创新的元素和方法，帮助学生从不同的角度和维度去理解美和体验美，培养其多元化的审美观点和批判性思维。

第一，在课程安排和形式上，通识审美教育课程应该采用一种灵活且结构化的方法，即结合必修课程和选修课程。这种模式不仅能够确保所有学生都受到基础的审美教育，还为他们提供了根据个人兴趣和需求定制学习经验的机会。课程安排不仅涉及学分、课时和其他日常管理事项，还要考虑学生在不同学年的学习需要和特点。例如，对于大一和大二学生，可以提供基础而全面的审美教育课程，为他们奠定坚实的基础。而在高年级，如大三和大四，学校可以提供更加深入和多样化的选修课程，以满足学生更高阶和多样的审美需求。这样的课程结构既考虑了学生的整体发展，又兼顾了他们的个性化需求。在通识审美教育课程体系中，高校可以考虑跨学科的整合。尽管某些学科如数学、机械或生物在表面上似乎与审美教育无直接关联，但这些领域中蕴藏着丰富的审美元素。通过与法学、哲学和历史等传统的人文学科相结合，这些"非传统"领域的审美维度可以得到充分的展现和挖掘。例如，数学中的对称性、生物中的形态学、机械设计中的和谐比例都可以成为审美的焦点。与此同时，法学中的公平与正义、哲学中的思考与反思、历史中的文化演进等都为审美教育提供了丰富的背景和深度。

此外，高等院校的选修课不必仅局限于传统的线下教学。教师可以利用现代技术手段，如录制视频课程，并将其上传到与自己或学校相关的教育平台上，供学生自行在线学习。学生也可以在现有的线上教育资源中，如慕课等平台，选择丰富的课程内容，无论是由教师推荐的，还是他们自己感兴趣的。通过这种线上与线下相结合的方式，不仅为学生提供了更为灵活的学习时间和方式，也使得美育类的选修课程更加多样化。这种多元的学习模式有助于提高学生的学习兴趣，也能够更好地满足不同学生的学习需求。

第二，在教育方法上，通识审美教育课程要坚持理论与实践相结合。其核心目标不仅是传授关于美的知识，更是希望学生在实际活动中培养对美的感知和创造能力。与之前仅侧重理论知识的传统教学模式不同，现代的审美教育更加强调学生的主观能动性。为了更好地实现这一目标，通识审美教育应设计和实施一系列富有趣味性、创造性、自主性和实践性的教育活动，让学生不仅能够在理论上了解美，更能在实践中感受美和创造美。总的来说，通识审美教育应该综合性地向学生提供知识、培养技能、塑造审美观念，并提高他们的实践能力。

第三，在美育的教材上，通识审美教育课程的教材设置应与当前国内的教育目标和学生实际需求相协调。在教材内容的挑选、结构及编纂过程中，应当首先强调其实用性，同时确保学生能从中获得真实的实践经验。在理论方面，教材的内容应当简明扼要，强调知识的实用性和适度的深入程度。教材的目标不仅是传递知识，更重要的是引导学生建立正向的审美观，提升他们培养察觉美、欣赏美和创意美的综合能力。

2. 创新艺术人才培养模式

专业艺术院校往往注重内涵的深化建设，并努力展现其独特的办学特色。为了满足社会需求，紧跟艺术的最新发展趋势，应对专业设置进行及时调整。创新艺术人才的培养方式，注重培育学生的社会服务意识，加强实践教学，推进协同育人策略，确保培养出的艺术人才能够适应经济和文化的持续发展；遵循艺术学子的成长路径，高校还需要促进艺术教育与思想政治教育的融合，确保专业和文化课程相得益彰；坚守"德艺双馨"的教育理念，全方位提高学生的综合素质，以期培育出具备深厚文化积淀、全面素养和坚实专业知识的艺术人才。

（二）推进美育教学团队建设

师资队伍的优质和稳定是保障高校教学顺利进行的关键。尤其在美育课程模式不断创新的今天，强大的师资力量成了这一创新的坚实后盾。因此，各大学应当重视构建高素质的师资团队，确保课程模式能够持续创新并得到有效实施。结合学校的实际情况和特色，学校应该明确自己的师资优势，积极融合专职教师与兼职教师的力量，结合自主培养和外部引进，同时注重教师的进修和培训，建立一个结构合理、分层明确、分工协作有序的高校美育教学团队。

1. 以专职化、专业化为目标方向，确保美育师资队伍的数量和质量

审美教育课程的教师不仅要具备专业的理论知识，更要具备创新性的教育观念，引导学生对美进行深入的理解和感受，利用现代化的教学手段，提高学生的学习积极性，不断优化教学内容和方法，创新性地整合课堂内外的教学资源，以提升教学效果。

要在高校成功实施并进一步加强美育，核心是要拥有强大的师资力量。重中之重是增强专职美育教师队伍，这些教师不仅需要具备扎实的专业背景和技能，还要有高尚的教育素养和教学能力。高校要鼓励不同专业的教师相互学习和交流，这样，他们不仅可以发挥各自的专业特长，还能更深入地理解和参与审美教育。同时，为了实现真正的跨学科合作和交流，高校之间应积极消除存在的限制和障碍。

2. 以自我培养、自我提高为主要途径，提高美育师资队伍的整体素质

为了确保美育在实践中的持续发展和深化，高校必须定期更新并提升美育师资队伍的知识和技能。这可以通过两种主要策略来实现：第一，高校可以鼓励美育教师参与各种进修和培训，无论是短期的专题培训，还是长期的进一步深造。这样的学习经验可以确保教师不仅与最新的教育理念保持同步，而且能够运用最先进的教学方法，以满足时代的发展需求。第二，学校可以邀请领域内的专家和学者来校授课，为美育教师提供新的知识和视角，从而丰富其教学内容，提高教育质量。

在高等教育环境中，审美教育课程的教师不仅需要具备丰富的知识，还需要具备高度的审美素养。这不仅是为了培养出真正具有创新思维的学生，更是为了教师自己能够全面进行自我提升和完善。

三、丰富美育课程的方法

　　方法的含义极其广泛，通常指的是为达到特定目标或获取某种成果所采纳的手段或策略。在美育领域，美育方法指的是为达到审美教育目标所采用的具体手段和方式。为了确保美育课程的有效建设，需要依靠切实可行的美育方法。但传统的美育方法往往显得单调和有限，因此，探索和拓展多种多样的美育方法，并将其融入高校的美育课程中是美育教学创新与发展的必要方向。美育课程的方法如图 3-3 所示。

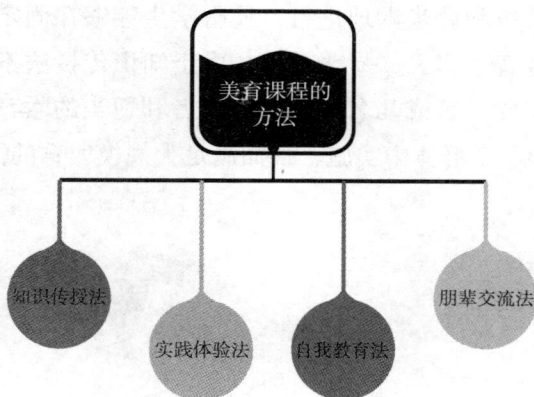

图 3-3　美育课程的方法

（一）知识传授法

　　知识传授法是一种在课堂教学过程中直接将美育基本知识传输给受教育者的一种知识传递方法，该方法在高校美育教学中是一种基本的、使用频率较高的教学方法。知识传授法有多种类型，主要分为知识讲授法和学习宣传法两大类。

　　知识讲授法是一种较为常见的理论教育法，其含义是通过言语传达美学理论和知识给学生的常规教学方式。这种方式广泛应用于各类课堂，并且具有很高的实效性。但在实施时，有几点需要格外注意：首先，所传授的内容必须是准确无误的、科学的，保证学生获得的是正确的知识体系；其次，讲授应全面且系统，同时要确保理论与实践相结合，这样才能让学生更好地掌握和运用；最后，教学方法应趋于启发式而非机械式，让学生在学习的过程中逐渐开展思维，避免单纯的知识灌输。

知识传授法的基本特征如下：第一，直接性。在应用知识传授法的过程中，要求教育者和受教育者都明确自己的角色。教育者明确地传达知识，而学生则明确地吸收这些知识。这种明确性确保了学习过程的有效性，但也需要学生积极地、自发地参与，使知识传递更为成功。第二，系统性。与碎片化的学习方式不同，知识传授法强调的是一个持续且结构化的学习过程。它的目的是确保学生得到完整、有序的知识体系。这意味着教学是有计划的、目标明确的，分阶段和分步骤地进行，使得学生能够在固定的时间和地点接受连续、系统的教育。第三，易普及性。由于知识传授法不需要复杂的教学工具或资源，只需要一名或几名专业的教育者和适当的教育环境。这使得它可以方便地在大型学生群体中实施，从而满足大规模教育的需求。

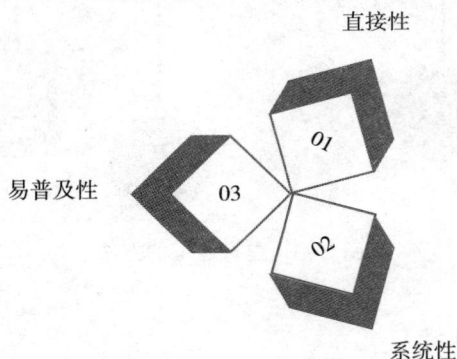

图 3-4　知识传授法的基本特征

学习宣传法是利用多种传媒或者舆论的方式将美学理论知识传授给学生的一种方法。这种方法主要包括请专家为学生开设美学讲座，进而推广和普及美的观念，并激发学生的思考。这种理论宣传方法特点鲜明，系统性强，能覆盖广大受众，具有广泛的影响力。它不仅可以对学生产生深远影响，也可以为学生营造积极的学习氛围，有助于激发他们的自学意愿。

在课堂上普及美育，教师的双重职责是向学生介绍美学的核心理论，并启发他们探索美的深层含义。一方面，教师需要确保学生对美的基础理论和概念有明确的了解；另一方面，还需要激发学生的好奇心，让他们思考美的起源、特质和内在规律，以及如何在生活中辨别和欣赏真正的美。具体而言，教师应引导学生对周围的环境和社会进行深入观察和体验，帮助他们识别和欣赏真、善、美，同时敏感地辨别那些与之相对的假、恶、丑。例如，当讨论到"社会之美"这一主题时，教师可以鼓励学生反思自己的角色，识别个人与社会之间的差距，并设定明确的目标来提高自身，从而在社会中找到更加适合自己的位置。通过这样的教学，不仅可以使学生对美的本质和多种表现形式有深入的了解，还可以提高他们欣赏美和创造美的能力。这一过程不仅加强了学生的审美技能，还促进了他们审美素养的全面提升。

（二）实践体验法

美育中的实践体验法指的是通过让大学生参与各种审美实践活动，让他们亲身体验并欣赏真实的美，从而提高其审美能力。这种方法强调通过与外部世界的互动来塑造个人的内心世界。具体来说，这种实践方法主要涉及参与校园文化活动、实地参观，以及劳动实践等多种方式，从而帮助学生更加深入地理解和体验美的本质。

实践体验可以让学生通过亲身参与来深入地了解并感受美的原则和理论。这不仅可以促进学生审美和创意能力的增长，而且有助于他们的整体成长和身心发展。实践体验并不仅是外在的活动，它更是一次心灵的旅程，让学生通过感知、认识和情感进入一个更深层次的"价值世界"和"意义世界"。在这个过程中，所有与之互动的对象都被赋予生命和深厚的意义，让每一次体验都充满生命的活力和深度。更重要的是，这种体验不只满足肤浅的感受，而是能够突破物质的界限，触及人的精神深处；它超越了简单的经验，达到了真正的理性理解；它也不仅是短暂的，而是有长久的、持续的影响。

在美育过程中实施实践体验法需要遵守下列原则：第一，实践体验的长效机制的建立。审美的成长是一个不断循环的过程，由实践到认识，再由认识到实践。一个孤立的实践体验很难产生深远影响。因此，为学生创建一个持续的实践机会，确保他们能够反复体验并逐步提升审美观和创造能力是至关重要的。第二，指导实践体验过程。单纯的实践体验，如果没有恰当的指导，可能只是停留在表面，没有深入的价值。为了确保实践体验达到预期的教育目标，需要从学生的实际需求出发，明确规划实践的内容和方向。在实践过程中，教师应该为学生提供明确的观察和记录的指导，确保他们能够有目的、有深度地体验。同时，教师应提供相关的理论支撑和参考资料，帮助学生建立起实践与理论之间的联系，使他们能够更深入地理解并体验美的价值。

（三）自我教育法

自我教育法指学生根据审美的准则和目的，通过独立学习和个人修养来深入体验美、欣赏美和创造美的过程。这种方法的显著特点是其主动性和自觉性。在此方法中，学生是驱动力量，他们为了提高自己的审美鉴赏力而主动参与审美实践。这一点基于辩证法的原理，即外因通过内因才能发挥其作用。换句话说，尽管外部的教育环境和资源是促进学生审美能力提高的重要因素，但学生的个人努力和内在驱动才是真正实现审美教育目标的关键。

在审美教育中，自我教育的意义重大。自我教育的作用有以下两点：首先，自我教育能够助力于教育者和受教育者之间的紧密结合。虽然学生的自我教育建立在教师指导的基础上，但真正达到教育效果的核心是学生的自我学习和成长。通过自我教育，学生能够更好地展现其主观能动性，主动并且有意识地进行自我修炼，不仅提高审美鉴赏力，还促进其人格的全面发展。其次，自我教育也对教育者自身的成长产生积极影响。教育的终极目标是使学生独立思考，自主成长。在自我教育过程中，学生通过自我探索和学习，逐渐锻炼和增强自己的审美能力，这不仅促进了学生心智的发展，还帮助教育者实现了"教导学生学会学习"的理念。这样的过程不仅提高了学生的审美敏感性，还优化了他们的心理和人格结构，使其更加和谐。

在实施自我教育法时，应该注意以下三方面：第一，不能忽视自我教育与他育之间的重要性平衡。尽管自我教育法强调个体在美育中的独立性和自主性，但这并不意味着教育者的角色被边缘化了。事实上，教育者的职责和期望值应该被提高，因为他们需要为学生提供一个更高水平的教育引导和美学培训。第二，当谈论自我教育时，要考虑集体教育的重要性。美育不仅强调个体的主动性和责任，而且在集体环境中，学生之间的互动也是不可或缺的，它有助于个体审美能力的培养和发展。第三，自我教育并不意味着满足现状或缺乏上进心；相反，它鼓励个体积极参与生活中的各种实践，通过结合艺术体验、理论学习和社会实践，不断提高自己的审美能力。

（四）朋辈交流法

朋辈交流法指的是有着同样的背景，抑或出于某种原因，让具备共同语言的人采用平等的交流方式分享观念、信息或者行为技能，从而实现审美素养的教育方法。

在一个平等且和谐的交流环境中，学生的认知体系得以通过分享和互补来加以丰富。特别是在激烈的辩论中，学生经常会有思想的碰撞，从而揭示新的理论观点和独特视角。这种深度交流促使学生进行更为深入的思考和研究，进一步激发了他们的创新思维。通过与同龄人交流，学生的审美认知和欣赏能力得到了迅速提升，这为他们的审美想象力注入了活力，使其在辩论和反思中得到释放。而且朋辈交流通常以团队或小组的形式进行，不仅加强了学生之间的紧密联系，还培养了他们的团队协作能力。

值得强调的是，审美教育并不限于上述几种方法，这些只是其中的典型代表。在实际教学过程中，不同的方法有独特的应用场景、适应条件、优点和局限性。因此，教育者应该根据具体情境灵活运用，充分发挥每种方法的优势，弥补其不足，以实现最优化的教育效果。

四、完善美育课程运行机制

（一）构建校院两级"齐抓共管"的美育领导机制

领导职能是为了实现特定目标而对下属进行带领、指导、激励和鼓舞的活动。在美育中，领导机制起到"龙头"作用，是确保教育活动正常进行的关键环节。一个健全的领导机制对于教育工作的成功实施至关重要。如果领导机制不完善，可能会直接影响教育工作的有效性和效率。因此，建立和维护一个有效的领导机制是实现高校美育的基石。一般来说，传统的教学管理组织结构是金字塔结构，是垂直的直上直下的等级模式。"等级权力控制型"组织是以权力为特征、以等级为基础、对上级负责的垂直型的纵向线性系统，强调组织结构中位于结构顶端的管理者的责任与权力。"制度＋控制"旨在使员工更加勤勉和高效，从而实现组织设定的目标。然而，等级权力控制容易导致组织内部的员工过度依赖既定制度，遵循已有的规定和流程，结果导致工作方法和思维模式的固化，这对开展美育起不到任何帮助。"齐抓共管"是针对加强和完善大学生美育工作所确立的一种组织领导和工作流程机制，这种机制强调多方共同努力，各级部门一同参与，确保教育任务既能得到高层的关注，又能在基层得到有效执行。因此，在美育工作中，领导机制起着至关重要的作用。基于此，深入探索如何在校院两个层面构建"齐抓共管"的美育领导机制无疑具有特殊且关键的意义。

1. 明确校院两级齐抓共管的职责

在学校层面，领导的导向作用和监管职能至关重要。应整合学校的党、政、工、团等多方力量，组建一个领导小组作为美育工作的核心决策者和监督者。这个小组在思想、组织、行政和后勤各方面为学生的美育工作提供坚实的支持。借助领导小组的统筹与指导，高校美育工作可以得到更为有力的推进。在学院层面，学生管理部门的职责是将美育工作的具体性和针对性贯彻到实践中。他们需要与教育和教学的具体内容紧密结合，确保学生的管理、组织和引导工作能够真实地体现在有针对性的学生活动中。此外，学院层面还应负责建立一个科学而合理的平台，确保学生在这个平台上能够接受高质量的美学教育。

2. 确定校院两级齐抓共管的内容

对美育工作实施校院两级齐抓共管，具体所"抓"、所"管"共包含四个方面的内容：第一，落实艺术课堂教学工作。在学校层面，重要的是制定并推进艺术教育的教学策略和课堂设计。这意味着要确保教学内容既容易理解，又具有吸引力，同时要注重提高学生的参与度和兴趣。而在学院层面，关键在于具体的课堂管理，确保学生的出勤和课堂活动的有效性，以便学生能够真正吸收和掌握教师所传授的知识。第二，校园文化共建要做好。学校需要在物质层面投入资源，进行美学设计，创造一个视觉上赏心悦目的校园环境。在精神层面，学校和学院都应关注并引导学生的学习和活动，确保其与美育目标相契合。更基础的是，通过指导学生的日常生活和学习习惯，鼓励他们营造和维护一个美丽的生活、学习环境，如打造优美的教室、校园景观和寝室空间，这都有助于创造一个充满美感的校园文化氛围。第三，教师的人格美化也要进一步推进。在学校层面，需要增强对教师的培训，为他们提供专业成长的机会，从而完善他们的个人素质和魅力。而在学院层面，应更加细致地关心每一位教师，确保他们得到所需的支持和资源。这样，教师们将以更为积极、阳光的态度走进课堂，为学生创造一个欢乐、有趣且充满热情的学习环境。第四，强化网络平台的监督管理。学校应建立和完善校园网络，不仅为学生提供一个审美的平台，还要对其在线行为进行监督和管理，确保网络环境的和谐与积极。学院则需要进一步宣传和教育学生对网络的合理、健康使用，强调网络道德和审美观念。鼓励学生在网络上展现积极、正面的言论和行为，并对突出的表现给予奖励，从而激发他们的自尊和自信，促使他们在这开放、平等的空间中成长，并培养其审美素养。

（二）建设以"学科建设"为依托的美育动力机制

高校审美教育的持续发展依赖美育学科的建设与完善。正如每一种伟大实践都需要科学理论的引导，高校美育实践也离不开坚实的理论基础。这意味着高校必须深刻认识到美育理论对于实际教育活动的重要性，并因此积极加强美育学科的建设。这不仅能确保高校审美教育方向明确、方法科学，还能进一步推进高校美育工作的持续、健康发展。

1. 高校要自觉加强美育学科建设

美育作为一个跨学科的新兴领域，深受教育学、文艺学、美学、心理学、脑科学等多个学科的影响，从而构筑了独特的学科理论体系。这一学科强调理论与实践的紧密结合，并在此背景下，高校因其会聚了众多高级研究人员，成了美育理论探索与实践创新的理想之地，具备发展美育学科的优势条件。为了进一步发掘这一潜力，高校应当鼓励不同学科的研究者协同合作，共同探讨美育学科的基本原理、功能、实施方法以及独特性。此外，高校还需要为这一学科的建设提供必要的人力、物力、财力等支持，从而确保其健康、持续地发展。

2. 借助学校现有学科优势建设美育课程

在当前阶段，尽管美育学科的建设仍在持续发展中，但高校不能仅仅采取观望态度；相反，应积极整合现有的学科资源，推进美育的实践活动。为了确保美育课程的建设具有前瞻性和创新性，必须在更高的标准下，用新的视角去审视和探索核心问题。回顾 20 世纪 90 年代，我国在美学、文艺学和教育学等领域已经积累了丰富的基础理论研究成果，为美育课程的构建奠定了坚实基础。然而，美育的核心价值不仅是知识的传授，其真正目的在于通过审美教育解放人的精神，培育学生的人生观、审美鉴赏力，以及全面发展其各方面的素质。这意味着高校审美教育需要将科学教育与人文思维巧妙融合，使学生在接受知识的同时，能够在人格上得到全面提升。美育的最终目标是以培养具有审美力的学生为核心，将他们塑造成为具有人文情怀和科学素养的现代人。

因此，高校要沿着素质教育的方向，利用其学科研究的优势，构建一套具有中国特色和现代内涵的美育课程。这套课程应基于古今中外的美学、文艺学及教育思想和实践，同时融合数字信息化传媒作为现代化的教学手段，确保其面向所有学生并与时俱进。课程的建设应有明确的规划和步骤，以学科建设为核心，逐步完善。其中，教育学和文艺理论等专业课程不仅是美育的重要组成部分，更是其实践的关键工具。高校应努力将这些专业课程与其他学科相融合，使美育成为学校教育的全方位体验。同时，课程内容还应包括各种艺术形式，如绘画、音乐、戏剧、小说和诗歌等的欣赏和创作。这样不仅能够丰富学生的审美鉴赏能力，还可以激发他们的创意潜能。通过实际的审美实践活动，学生能够实际体验艺术的魅力，从而在情感上得到满足和提升。

（三）建设"全员、全程、全方位育人"的美育保障机制

高校审美教育的保障机制是其美育工作流程中的关键子系统，旨在确保美育目标的有效实现。它包括一系列相互联系和制约的要素，共同构建了一个完整的工作体制、实践方法和管理规范。美育不仅涉及学校教育的多个层面，还在教学、管理和后勤等多个环节中持续发挥作用。因此，各相关部门需要发挥独特优势，确保美育的理念和实践得以贯彻和深化。每一个环节、每一个部门都应该积极、主动地将审美教育融入日常工作中，从而确保美育的全方位实施和普及。美育并非只是单纯地开设几门艺术课程，它应被视为一个与整个教育体系紧密相连的部分。这意味着在课程设计和内容中，不同

的学科都应体现美育的精神和价值。学校应该确保各个教育环节都能有效地将审美教育融入其中，发挥其独特优势，以确保审美教育得以普及和贯彻。为此，学校需要构建一个"全员参与、全过程覆盖、多方位发展"的美育保障机制，确保每一个学生在整个教育旅程中都能受益于高品质的审美教育。

1. 创建美育"全员育人"的教育体系

"全员"指的是学校的领导、教师、管理以及服务人员等全体人员在内的所有人员。

第一，领导层面要予以重视。领导者对美育的支持和重视为其在校园内的实施提供了坚实的支持。领导者应视美育为学生全面发展的重要部分，进行综合性的学校规划。这不仅关乎课程设置，更涉及学校的文化和氛围的建设。有效的审美教育需要明确的方向和目标。领导层需要确保校园文化的导向性，避免在文化活动中走入盲目和随意。整体性的策略和规划能为校园文化建设提供清晰的蓝图，使之成为促进学生审美成长的良好环境。

第二，从教师层面提升美育课程的教学质量。教师不仅要为学生创设一个充满艺术感受和欣赏的环境，更要确保学生深入了解人类艺术的演变和杰出作品。艺术不仅是感知，还涉及基础知识和技能的掌握以及培养学生的审美判断能力。

第三，在管理和服务层面上，营造美的环境。管理和服务人员应接受必要的美学培训，提高他们的审美水准。当他们具备了良好的美学修养，便能以更为优雅的语言、更为精湛的管理技巧、更为舒适的环境和更高质量的服务去接触和服务学生。他们的行为和态度可以作为学生的榜样，帮助学生树立正面的审美观念。具体到学校的管理人员，他们需要将育人为本的理念融入日常工作中，不仅要进行常规的管理工作，还要教导学生养成良好的生活习惯，遵守法律法规。而后勤服务人员则要确保为学生提供优质的服务，确保他们的基本生活需求得到满足。只有在一个优美、和谐的环境中，学生的身心才能得到健康成长，而这正是审美教育的根本目标。

第四，在学生骨干层面上强化学生自我教育，营造良好的校园文化氛围。在校园文化中，学生骨干担任着关键角色。他们不仅是同学们的楷模，更是美育和人格教育的先锋。对于这一特殊群体，高校需要高度重视他们的思想引导与行为规范，确保他们能以积极的态度影响更多同学。给予他们必要的指导和支持，使他们深刻认识到自身的责任和使命。通过积极的教育活动，高校应鼓励学生骨干进一步提高自己的美学鉴赏能力，培养他们的人文素养，并完善他们的人格特质。当他们深受这些教育的熏陶，将有能力引导更多学生参与其中，共同创造一个充满活力和艺术感的校园氛围。这样，通过学生骨干的带领和示范，审美教育将更为深入地融入每位学生的日常生活中，达到真正的"以美育人"的目标。

2. 搭建美育"全程引导"的教育平台

审美教育不应被视为一种短暂的插曲，而是一个持续且贯穿学生整个大学生涯的过程。从入学到毕业，审美教育都应当与学生的成长步伐同行，适应其不断变化的需求和特点。美育的过程并不是一成不变的。在不同的学习阶段，学生的需求、心智成熟度和面对的问题都会发生变化。每个人都有独特的性格、兴趣和背景，受到先天因素和后天经验的影响。这意味着审美教育的实施方法和内容必须根据学生的具体情况进行调整。例如，初入大学的新生可能需要更多关于艺术欣赏的基础知识，而即将毕业的学生可能更加关心如何将审美融入职业和日常生活中。同时，不同性别、文化背景和专业领域的学生对审美的需求和看法也可能有所不同。因此，高校在进行美育时，必须细分目标人群，针对其特点和需求，进行有针对性的教学和实践，确保每个学生都能从中受益。

3. 构建美育"全方位促进"的教育环境

"全方位"的含义是学生审美教育的软硬环境要全方位地建立与开展。首先，寓美育于智育之中，通过多样化的课程设计，如选修课、通识课、讲座和报告，为学生提供对美的辨析和鉴赏的能力，确保他们掌握美学的基本概念和技能。其次，通过各种多姿多彩的教学活动，为学生提供实践审美的机会，鼓励他们在实际环境中创造美和体验美。这不仅限于传统的艺术创作，还可以是与美相关的任何实践活动。最后，学校的硬软环境也对审美教育起到至关重要的作用。高校应重视校园文化建设，弘扬学校的历史传统、精神内核和人文价值。此外，学校的物理环境，如建筑、绿化、文化和生活设施，都应具有高雅的品位和审美价值，为学生营造一个充满艺术感的环境，使其处于一个时刻与美相伴的大环境中。

（四）建设以"个性化评价体系"为依托的美育评估机制

就学科发展的角度而言，美育需要具备评估机制，但是，由于审美教育的特殊性，评价体系需要具备个性化特征。教育评价不仅是一种评估学生成就和教学成果的工具，更是对教育目标进行精练描述的手段。它作为一种教育研究和实践工具，可以明确学生在既定教育愿景下的发展程度，也是教育中的反馈和调整机制。简而言之，教育评价是基于明确的教育目标和标准，采用科学的方法，对教育活动、管理、人员和资源的状态与成果进行定性和定量的评价，从而推动教育的不断完善与进步。

个性化评价主张让学生以独特的方式完成任务并得到反馈，这种评价与学生所学内容紧密相连，并伴随学生的整个学习旅程，特别是在评估学生的学习策略、情感响应和文化认知等方面展现其优势。审美教育追求的不仅是艺术技能的培养，更重要的是提升学生的综合人格和艺术综合能力，这是一个富有层次和多元性的体系。学生之间在价值观、情感、行为和能力上都存在差异，每个学生都是一个独特的个体，他们的学习过程是充满活力和变化的。试图通过单一的评价方法来捕捉学生各自的特点是非常困难的。因此，当我们对美育进行评价时，不仅要展现学生在艺术上的特长，更需要将他们的个性和独特性融入评价之中。个性化评价体系的构建如图 3-5 所示。

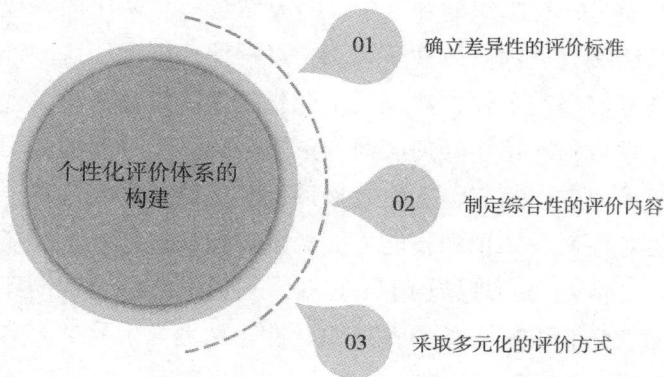

个性化评价体系的构建

01　确立差异性的评价标准

02　制定综合性的评价内容

03　采取多元化的评价方式

图 3-5　个性化评价体系的构建

1. 确立差异性的评价标准

在学习过程中，学生会有不同的发展速度和轨迹，其成长目标也因个体差异而有所不同。因此，教育评价应采用个性化的策略。这要求高校深入了解学生的背景和特质，针对他们的独特能力和发展特点进行精确评估，从而更好地推动其发展。建议创建个性化的学生评价档案，以全面记录和反映学生的发展轨迹。在此过程中，教师应当尊重每位学生的独特性和差异，并强调评价的过程性及其以学生为中心的取向。在课堂教学过程中，不论学生的表现是否完全达到了预设的目标，只要他们取得了进步，教师都应予以认可和鼓励。真正的评价不仅是基于外部的压力和规范，更重要的是培养学生自我反思和自我评估的能力。同时，明确的教学目标和有效的实施策略是不可或缺的。我们的教育目标应该是确保每位学生都能在原有基础上取得持续的成长和发展。

2. 制定综合性的评价内容

高校审美教育是个非常庞大的教育体系，要全面和多维度地对其进行探索、分析和研究。为了确保其高效实施，高校需要设计一个综合的评价体系。具体可以从三个维度即工作条件、过程以及工作效果评价，对美育工作的评价内容进行设计。

第一，工作条件维度。包括提供的环境、经费分配、基础设施以及整体的组织结构。但是，在组织的细分中，需要考量教育队伍的构成、相关制度的完善度以及组织管理的高效性。第二，过程评价维度。这一维度主要关注美育活动的具体实施与运作，涉及艺术课堂教学、日常活动、校园文化氛围的塑造、在线平台的利用、管理层面的审美引导、学科间的美学交融，以及与之相关的学术研究。第三，工作效果评价维度。这主要是基于学生群体的反馈，不仅要对他们在知识和技能方面的掌握情况进行评估，还要深入挖掘他们在价值观、情感和心理结构上的成长。通过制定综合性的评价内容，充分调动教师的教学和管理人员的管理积极性，激发学生的学习兴趣和审美意趣，从而提高其审美素养。

3. 采取多元化的评价方式

要构建多样化的评价机制，关键在于激发评价对象的参与热情，这样才能真正促进学生的个性化发展和潜能释放。首先，将日常与阶段性评价有效结合。教师不仅需要在特定时期关注学生的表现，还要在日常教学中不断收集学生在艺术鉴赏和实践活动中的各种反应和成果。通过多元的评价手段，教师可以更全面、更客观地了解每位学生的真实状况。只有结合日常观察与阶段性评估，才能为每位学生提供更加公正和有针对性的个性化评价，从而推动他们的全面发展。其次，学校与学生自我评价有效结合。在教学评价的传统模式中，教师是评价的中心，学生大多处于被评价的位置。但随着教育观念的转变，人们逐渐意识到学生自我评价的重要性。个性化评价重视学生在评价过程中的主体性，它不仅是教师对学生的单方面评价，更加强调学生与教师共同参与的互动评价。在这一评价模式下，教师的角色由评价主体转变为评价的组织者和引导者，而学生则从被动的接受者转变为评价的主动参与者。这种方式不仅使评价更加客观、公正，也更具有指导意义和针对性。自我评价是学生对自己学习活动的主动评估。包括对自己的表现能力、理解程度和自我观察的反思。这种评价不仅可以激发学生的参与积极性，培养其自主学习的能力，而且可以帮助学生更好地了解自己的学习状况，提高学习策略的效果。当学生进行自我观察时，他们能够更深入地反思自己的学习方式，根据反思结果调整学习策略。与教师直接指导相比，这种自主反思更能增强学生的学习动机和能力，培养出真正的自主学习者。

第四章 高校审美教育对学生审美素养的培育

第一节 大学生审美能力的培育

一、审美感受力的培养

（一）审美感受力的结构

审美感受力是一种复杂的能力，由审美知觉、想象和感觉等多种元素组成。这些元素在审美感受的过程中扮演着独特的角色。当人们面对一个艺术品或自然景观时，不是单一的感觉或知觉在起作用，而是这些元素紧密交织，共同构建出人们的审美体验。因此，审美感受力不应被看作由独立的部分组成的，而是应该被视为一个整体的、有机的过程，各个部分在这一过程中互相影响、互相补充。审美感受力主要由以下几部分组成，如图4-1所示。

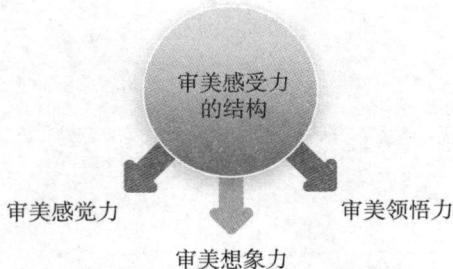

图 4-1 审美感受力的结构

1. 审美感觉力

审美感觉力是人们通过各种感觉器官来感知并理解外部世界中的美的事物的能力。人类通过手、舌头、鼻子、耳朵和眼睛等器官能够体验到触觉、味觉、嗅觉、听觉和视觉等多种感觉。当人们面对美的事物时，不仅是简单的感知，还伴随深层次的情感反应，使得这种体验更为持久和令人愉悦。这种对美的感知与普通的感知相比更加丰富和多维，它不仅是对外部事物的感知，更是对美的深度理解和欣赏。

2. 审美想象力

审美想象力是一种基于知觉和情感的深层次的感受和体验能力。在人们感知到某种材料或事物时，它可以与人们的心理经验和情感相结合，从而产生全新的感觉和体验。这不仅是一种对外部世界的反应，更是一种内心的创意演绎。审美想象力是审美过程中的高级表现，它可以按内容特性细分为再造性想象力和创造性想象力。再造性想象力主要是在人们的脑海中重塑和再现已知的客观事物。而创造性想象力则更加注重个体利用自己的经验对各种审美元素进行新的组合，从而创造出前所未有的美的形象。这种审美上的创意和构思过程展示了人们审美能力中的主动性和创新性。要真正达到高水平的审美想象力，需要经过长时间的培养和实践。

3. 审美领悟力

审美领悟力涉及在审美知觉和想象的过程中形成的一种直观的认识和理解。当人们注视一朵菊花或一轮新月，除了对其形状、颜色和空间位置的直接感知，人们的心灵也会产生一种构造性的综合性想象。这种深入的、超越表面的理解即为审美领悟。这不仅涉及对物体的外在美的认知，更关乎对其背后深意的感知。特别是当人们欣赏艺术品时，审美领悟的要求更为严格。以毕加索的立体画为例，观众不仅需要对画面的结构和形态有所感知，更需要透过这些表面形式，感悟到其中蕴含的深远含义。由此可见，只有当一个人拥有深厚的审美领悟力，他对艺术和美的体验才可以称得上是全方位且深入的。

（二）审美感受力培养的方法

1. 通过自然美的化育培养审美感受力

审美感受力的培育与提高多来源于对大自然审美观照与体验的经验积累。通过与自然的亲密接触和体验，人们可以培养并提高自己的审美感受力。当人们沉浸在大自然中，欣赏山川、云海，其感知将变得更加敏锐，对周围的美景更加敏感，尤其对自然的色彩和美景。自然环境不仅可以锐化人们的视觉和听觉，而且能增强人们的味觉和触觉。历史上众多艺术家和科学家，如李白、杜甫、徐霞客、普希金、罗蒙诺索夫和达尔文，都深受大自然之美的影响和启发。尤其在人们的童年和青春时期，自然美对人们的影响尤为深远。因此，为了提高审美感受力，无论是学校、家庭还是社会，都应该鼓励和提供机会让年轻人与大自然亲近，让他们真正体验和欣赏自然之美，进一步培养其审美感受和审美想象能力。

2. 通过生活美、现实美的化育培养审美感受力

生活美、现实美是围绕人的劳动和生活所绘制的五彩斑斓的画卷。每个生活在社会中的个体都难免会接触这种美。但是，不是每个人都能真正意识到并珍视这种充满活力和正能量的生活美。通常那些拥有健康的思维、对生活充满热情和对劳动有深厚爱意的人更容易察觉这种美，并受其深远影响，使自身情感得到丰富和提升。

生活美与现实美无处不在，涵盖了从和谐的社会氛围到精美的日常用品，从高尚的品质到表现民族精神的英勇事迹。它们代表着那些昭示着前进方向、体现高尚精神力量的人和事物。当人们常常接触并欣赏这些美好，自然会培养出一种与社会价值观和期望相一致的审美感觉。通常生活美和现实美都带有鲜明的社会和时代特征。但是，必须明白，现实中的美与丑是共存的。对于那些没有健康审美观念和充分审美教育的人来说，区分两者可能并不那么容易。因此，通过审美教育来培养人们对生活美和现实美的感知和鉴赏是一个巨大的挑战，尤其对高校来说。

3. 通过艺术美的化育培养审美感受力

艺术美是自然美、现实美的集中和典型化。通过多种艺术形式，如文学、

音乐、美术和戏剧等，为人们提供深化美的感知的途径。它不仅是对自然和现实的反映，更是人类思想和情感的创新展现，因此，与自然和现实相比，艺术美的感受更直观、细腻和深沉。在艺术领域内，个体的品质、情感或兴趣背景对于审美体验的影响往往被淡化，使得人们能够更纯粹地沉浸在艺术所展现的普世之美中。例如，通过诗歌对自然风景的描述，读者可以超越文字的限制，体验其背后的情感，与自己的内心景象相呼应，从而进一步赞美和欣赏那些他们心中认为的最美之景。

艺术教育对审美感受力的培养还突出表现在它以自身的形式、结构等唤起接受者对艺术感性形式的敏感和热情上。当我们欣赏齐白石的画作时，画中的构图和笔墨技法会引发人们对艺术美感的深沉追求；当人们聆听小提琴独奏时，那富有情感的旋律和音色便成为我们的心灵所渴望的。在这些情境下，对艺术形态的感受与欣赏变得至关重要，它为审美者提供了一种强烈的心灵满足感。

二、审美想象能力的培养

审美想象力是一种自由把握和创造新形式的能力。想象以其独特的形象性和自由度，允许我们跨越时空、逾越现实的界限，与千年之前或遥远之地的景象进行对话。这种不受束缚的审美想象对于挖掘人们的创造性潜质起到了至关重要的作用。审美活动不仅是被动接收，更是一种主动的创意过程。每次的审美体验都引导人们走入丰富的联想和想象之旅，每次都可能带来新的启示和震撼。这种审美体验充满了个人的主观情感，它可以是对某个艺术作品的重新解读或再造。每个人因为独特的生活经验、个人感悟、文化修养和知识结构，都会以不同的方式进行这种再造，从而为原作带来更多的维度和深度。因此，在审美教育中，重视并培育学生的审美想象力不仅是必要的，更是至关重要的。审美想象能力的培养可以从以下几方面入手，如图4-2所示。

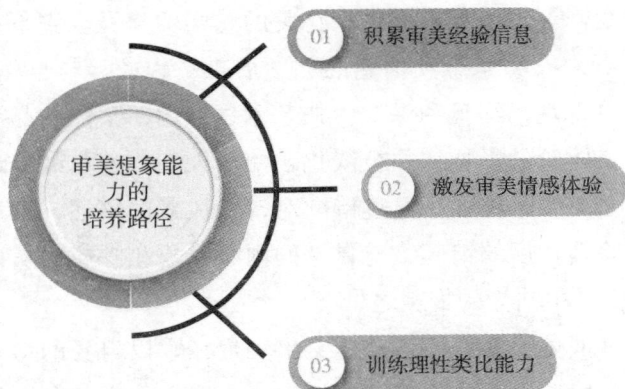

图 4-2　审美想象能力的培养路径

（一）积累审美经验信息

在教育实践中，鼓励学生积极参与艺术体验是提高其审美想象力的关键途径。因为艺术的本质是唤起受众的情感共鸣，而这种共鸣又引发了一系列思维联想，进而刺激想象力的展翅。想象的丰富度与大脑中存储的审美信息是直接相关的：信息越丰富，提供给想象力的"材料"就越多。简单来说，如果一个人的思维空白或贫乏，那他的想象力也难以得到充分激发。而人的大脑中的记忆和经验，特别是在艺术领域的，会形成一种动态的、不断变化的图景。这些记忆和经验的不稳定性使得它们能够更容易地被重组和解构，为创新的想象提供可能性。因此，鼓励学生积极涉猎各种艺术形式，深入生活观察、关心社会动态和自然美景都能够帮助他们更好地理解和体验人生，从而进一步提升他们的审美想象力。

欣赏音乐时，对象已经不是视觉可以捕捉的有形之象，而是音响信息刺激，由于此时无"形"可把握，因而想象力更为活跃。音乐的听众大致可以分为两类：一类是拥有丰富的音乐审美经验和对音乐规则深入了解的人。当这类听众聆听音乐时，他们的想象力会更加深入地探索音乐的内涵。尽管他们的想象是丰富的，但其总是与音乐紧密相连，不会偏离主题太远。另一类听众则可能没有经过专业的音乐训练，他们主要依赖自己的直觉来理解和体验音乐。对这些人来说，他们在听音乐时的想象往往是自由而广阔的，没有任何束缚。尽管这种想象带给他们愉悦的情感体验，但可能缺乏对音乐的深度理解。总的来说，无论是哪种听众，音乐都具有唤醒人们想象力的魔力，只是各自的体验深度和方式可能有所不同。

在欣赏语言文字构成的文学作品时，既无绘画那般直接感性的视觉形象，也无音乐那种直接感性的听觉感受。当人们阅读文学时，眼前只是一串串文字，这些文字需要读者进行解读、理解，进而形成内心的影像和情感。读者必须依赖自己的生活经验和对文字的深入理解，激发其内心的情感和想象力，从而将文字转化为具体的心灵画面。在这种文学欣赏中的"转化"过程中，文字并不简单地消失或被替代，而是与读者的感性体验、情感与想象紧密结合，融合成为一种生动的文学形象。这种形象不仅是语言文字的具体化，更是与人的生活、情感和经验相结合的结果。因此，文学的审美想象并不是单纯地从文字中提取信息，而是一个复杂的、动态的、参与性极强的过程。这也是文学作品中审美想象的独特之处。

（二）激发审美情感体验

想象力创造性得以实现的深层动因是人的情感活动。当人与现实对象形成某种特殊的情感联系，他们往往不再满足这个对象的表面或功能属性。在情感的影响下，人们超越了物品的客观特性，进行了内在的、情感化的解读，从而赋予物品新的、更深层次的意义。以钢笔为例，一个简单的物体在陪伴人多年后，可能会被视为一个"朋友"。这并不仅因为这支笔的物理特性或功能，而是人对它的情感赋予额外的意义。同样，一本诗集可能会被视为"知音"，不仅因为它的文字，更因为它在某种程度上与读者的心灵产生了共鸣。这种情感化的解读实质上是一种创造性的想象过程。在这一过程中，人们根据自己的情感和经验，为物品赋予超出其本身范畴的意义。这种超越性的赋予实际上是一种心灵的寻求和满足，是人们对与自己形成深厚情感联系的事物的一种心理回应和扩展。这也显示了情感是推动人类想象力的重要动力，并证明了情感与想象之间的紧密关系。

在审美教育过程中，想象力与情感培育实为"双向"培育。想象力与情感互相激励，情感的浓烈与丰富本身会激发人的想象力，因而主体情感勃发之际也就是主体对眼前实际存在感到失望之际。在审美活动中，这种失望与不满足使主体在精神上进入想象境界。艺术主体的思想情感始终伴随着想象，审美想象中有强烈的情感活动。当审美主体的情感在胸中激荡时，这种情感就像强劲的风一样，把想象的风帆鼓动起来，文思如泉涌，情感在艺术创作中就成了一个能量加油站。在审美想象中，当一种情感产生后，它可以激情、冲动、心境等状态形成一种巨大的冲击力，带动众多记忆表象，使想象具有大量生活原材料而显得丰富活跃。当审美想象的内容复杂或者受阻而需要能量补充时，情感又能调动思维的、意志的动力来协作，以克服审美想象遇到的困难，使活动顺利进行。

此外，审美想象力的充分活跃反过来又很容易激发人的情感。当人们沉浸在审美的想象中，大脑从多个层面，如意识和潜意识，调取丰富的经验和回忆。这些不仅是视觉或听觉的回忆，更重要的是伴随着情感的记忆。当这些记忆被激活，使人仿佛再次身临其境，重新体验那些情感。这种深入的体验不仅可能唤醒旧有的情感，更可能激发全新的情感体验。这些情感如同一个无尽的能源，持续地为创造性的审美活动提供动力，使其更加有深度和动力。

（三）训练理性类比能力

虽然审美想象力在表面上直接呈现为感性情感能力，但要想通过审美教育来培养并提升这种能力，则不能不提到影响该能力的深层次的理性因素。所谓深层次的理性因素，就是指人脑具有的理智的"通过类比进行思维"的能力。理性类比可以视为某种逻辑能力。通过理性类比，人们可以在不同的情境、对象或情感之间找到共同点，从而创造出新的、富有想象的审美体验。因此，在审美教育中，培养类比能力实际上是在培育人们的深度和广度的审美想象力。

在培养审美想象力时，通过对科学和哲学的深入探索，人们可以更好地理解事物之间的分类关系，并且能超越这些界限，发现不同事物间的类似性和相似性，这样的思维方式对于激发审美想象力大有裨益。艺术和审美中常见的比喻、隐喻、象征和移情等技巧实际上都与对事物相似性的识别和挖掘紧密相关。这些手法本质上都涉及从不同角度对事物进行类比，从而产生新的审美体验。

在现代审美教育中，对理性类比能力的培养往往被忽视了，无论是在理论中还是实践中，真正的审美想象力培养并不仅是感性因素的调动，而是需要将理性与感性完美地结合在一起，为个体提供一个完整而丰富的审美体验。事实上，18世纪欧洲的浪漫主义文艺思潮在强调理性启蒙的同时，始终将情感与想象视为审美活动的关键动力。在艺术创作中，这种审美动力激发创作者通过美的理念来超越和补充现实的不足。比如歌德的《浮士德》、我国古代屈原的《离骚》、陶渊明的《桃花源记》都是作者在深入的理性分析与丰富的想象力的推动下，试图摆脱生活的束缚，朝向美好的追求。这些作品不仅是他们对理想与现实的反思，更是他们对于人生、自然与社会的深刻洞察和美好愿景的表达。

三、审美情感的培养

（一）审美情感的产生

人的情感是一种具有丰富性、复杂性的心理现象，是心灵中不确定的模糊部分。因其复杂性和难以定量，人们往往认为情感是神秘的，特别是当人们试图在艺术和审美领域中探索它时。随着人类从野蛮进化到文明，情感不再仅仅是原始的反应，而是带有文明社会的特征，反映出人们的自由精神。这种人类独有的情感与一般动物的简单情绪有所不同。它不仅融合了社会、伦理、文化和艺术的精髓，也在其深层反映了人的双重本质：一方面，情感是人们的自然反应和感性表达；另一方面，它又是人们社会互动和理性思考的结果。总的来说，人类的情感是自然与社会、感性与理性的完美结合。

审美创作活动是一个"创造—作品—审美"的双向运动过程。在创作阶段，情感成为艺术家创作的核心驱动力。艺术家通过对生活的细致观察与体验，将各种情感和体验累积在其"心灵的仓库"中，但这并不意味着他们会立即开始创作；相反，这些积累的情感和经验需要经过时间的沉淀、思考、过滤和提炼，只有当他们与这些情感和经验建立了深厚的联系，某一刹那被深深打动时，他们才可能激发出强烈的创作灵感。这种灵感如同内心的火花，它燃烧、激荡，打破了心灵的平静，如同大海中的狂涌巨浪。为了恢复内心的平衡与和谐，艺术家开始了他的创作旅程。只有在情感的驱动下，审美的创作才能真正开始。从本质上看，审美创作的过程是审美创作主体审美情感的物化过程。当审美创作主体进行创作时，他们不仅要继续深入体验情感，而且要确保这些情感能够在作品的审美形象中得到体现。情感是作品的魂魄，为作品注入了活力和深度。一件缺乏情感的作品就像一只失去生命的手，无法触动人心；反之，当作品中的情感层次比较丰富时，它所描述的形象和意象就会显得更为生动和清晰。情感的广度和深度为作品提供了维度，使之更具吸引力和感染力。

（二）审美情感形成的途径

审美情感的生成主要源于两条途径，分别是日常情感的升华、审美经验中审美情感的积淀。其中，日常情感的升华是根本来源，这种转化源于人们每天生活中的情感体验，包括对日常生活中遭遇的困难和快乐的反应。所谓的否定性情感实际上是指对生活中不如意之处的情感反应。然而，随着时间的流逝和对挑战的克服，这些初步的、消极的情感会经历一种提炼和转变，逐步转化为审美情感并嵌入人们的思维中。这一过程可以比喻为一棵树，从刚刚萌芽到逐渐长大并成熟。随着逐渐成长，其内在的审美价值也日益显现。日常生活中的肯定性情感主要来源于人们的肯定性生活体验，另外一部分肯定性情感的性质接近审美情感，但不是纯粹的审美情感，因为它融合了各种自然情绪。但随着这些情感在人们大脑中的积累，它们逐渐被提炼和转化，最终净化为真正的审美情感。审美体验中的情感积淀主要来自欣赏和创造艺术作品时的体验。欣赏艺术作品是一种二次体验，因为它是在体验他人的创作时产生的情感反应。这种体验通常引发肯定性的审美情感，因为它基于我们对作品的欣赏。随后，这些通过二次体验积累起来的审美情感嵌入人们的心智，为人们今后的审美体验奠定了坚实基础。

自然美的欣赏是一种超越人类日常欲望的高尚审美经历，从这种体验中诞生的审美情感常常源于人们潜意识的深处。而对艺术作品的审美体验可以分为两类，分别是共鸣性的体验、投射性的体验。共鸣性的体验是因为作品所描述的生活和读者的生活有相同或相似之处，读者在欣赏艺术作品时形成的一种感情共鸣的情感体验。这样的体验使读者能够与作者建立情感连接，并且更深入、准确地理解作品的核心意义。投射性的体验是由于作者所描写的生活和读者的生活有部分相关之处，读者在欣赏作品时，把自己的情感投射到艺术作品中去，从而形成一种不同于作者的新的情感体验。这种投射使读者从作品中获得一种与作者不同的、独特的情感理解。无论是情感共鸣，还是情感投射，这两种审美体验都与日常情感的升华相结合，成为形成后天审美情感的重要手段。

四、审美鉴赏能力的培养

审美鉴赏力是一种重要的审美能力。与其他审美能力相比，审美鉴赏力具有更强的积极主动性，并且渗入思维过程的理性因素也更明确一些。这表明对审美鉴赏力的培养也相应地更为细腻和复杂一些。因而从本质上讲，对人的审美鉴赏力进行审美教育就不单是对某一项个别能力的审美教育，也是对人自身人格的审美教育，即当自身在鉴赏某对象或客体世界进入审美鉴赏活动或行为时，也实现着对自身人格境界的观照和审美。

（一）审美鉴赏力的性质

审美鉴赏力的性质主要包括以下几点，如图 4-3 所示。

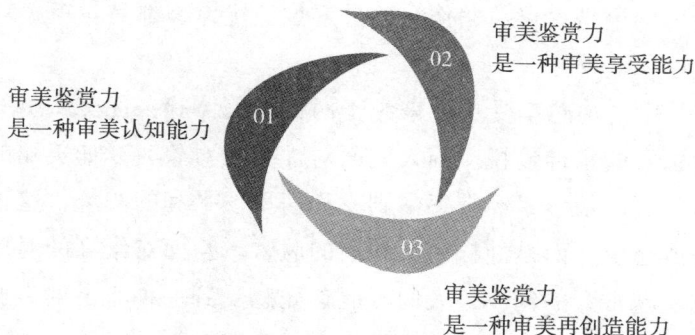

图 4-3　审美鉴赏力的性质

1. 审美鉴赏力是一种审美认知能力

所谓审美认知，指的是审美感觉器官（主要是人的视觉器官和听觉器官）对审美对象（美的事物）的感知能力。审美认知不同于常规的认知过程，因为它不是简单地通过概念化来理解对象，也不仅是把抽象概念与感性事物结合起来进行解释。审美认知是在审美意识和审美理解的指导下，根据事物展现的外貌、结构等特点，对其美好或不美好进行评判。一方面，审美认知可以视为感觉的"理论化"，它是对个体经验的一种"整体提升"。在这种认知过程中，审美主体通过细致入微的"鉴赏"来深化对美的理解和体验。因为美的形态是如此多变和神奇，所以通过这种方法，人们能更加准确地把握美的真正含义。另一方面，由于美的多样性和丰富性，它激发并加强了人们对美的"鉴赏"。这种鉴赏不仅增强了人们对美的认知，还使人们的审美理解得以升华，达到一个更高层次。

2. 审美鉴赏力是一种审美享受能力

所谓审美享受，是指审美主体在对自然界、社会生活、文艺作品和科学现象中美的事物进行欣赏、表现和创造与再创造的进程中，产生的一种特殊的精神愉悦和满足感。在审美鉴赏过程中，审美主体的各种心理元素，如感知、情感、想象和理解等，都被激活并共同作用于审美对象的内容和形式。在这个过程中，审美主体从审美对象中获得了深深的愉悦和满足，这种精神上的愉悦就是审美享受。而审美鉴赏的核心目的是通过深入理解美的本质来形成对其正面或负面的评价。与此同时，审美欣赏更侧重伴随审美理解产生的情感体验，无论是欢喜、悲伤，还是喜悦、忧虑，都是对审美对象的直接反应。

审美鉴赏中的情感享受主要来源于两种审美体验：优美所引发的精神愉悦与崇高所引发的精神愉悦。当人们面对优美的对象时，如美丽的花朵、宁静的夜空或纯真的情感，经常感受到一种简单、平和的心境，这种体验不夹杂任何痛苦或恐惧，而是纯粹的、和谐的欣赏。当面对崇高的对象时，如伟大的行为或超越常人的创作，人们可能首先感受到一种心灵的震撼，这中间可能伴随着一定的不安、痛苦甚至恐惧。但随着时间的推移，这些剧烈的情感将逐渐平息，转化为一种深沉的敬畏和钦佩，最终实现心灵的平静。

审美鉴赏所获得的情感享受主要来自两种类型的审美体验，既有因优美的对象而引起的精神愉悦，也有因崇高的对象而引起的精神愉悦。人们对优美的对象所感受到的是一种单纯、平静、和谐的心理状态，不夹杂痛楚和恐惧，如对美丽的花朵、宁静的月夜、无私的友谊、纯洁的爱情和亲子之爱等所产生的心理享受。人们对崇高的对象所感受到的是夹杂着心理上的痛楚与不快，经过了心理上剧烈的震荡而最终趋于平静的心理状态。自然美、现实美和艺术美涵盖了审美领域中的广泛范围，其美感不仅局限于优美和崇高这两种形式。例如，那些透露出某种悖谬感而带来的幽默或讽刺性的笑声也为人们提供了一种特别的审美体验。这种审美体验通常由审美主体的理性领悟触发，带给我们一种单纯、宁静而又轻松的感受。同时，艺术美中的一种独特形式——悲剧所带来的审美感受更接近崇高的体验。在这些多元的审美对象面前，审美主体在鉴赏过程中的某些深层情感得到释放或净化，从而带来深沉的愉悦和一种精神的自由感。

3. 审美鉴赏力是一种审美再创造能力

审美鉴赏远远超出了简单的观察和感知，它涉及深入的理解、感悟和创造力。以泰山为例，游客在攀爬险峻的十八盘、漫步南天门和天街、观赏日出和夕阳的过程中，不仅会经历一系列丰富多彩的感受，而且这些感受会激发他们的思考和联想，将美景与生活、人生的体验相结合。当人们陶醉于这种美的时候，往往会自然地将这种美与自己的生活经验和感悟相结合，产生一种更深层次的审美鉴赏。常言道，"黄山归来不看山""不登峨眉山，不识天下秀"，这些描述都表明真正的审美体验不仅是对眼前美景的欣赏，更是对其深入的理解和感悟，进而形成全新的审美经验。在这个过程中，审美者的创造力得到了充分发挥，他们在心中构筑出一个与众不同、如诗如画的泰山形象。这正是审美鉴赏中创造性的魅力所在。

（二）审美鉴赏能力的培养

1. 积累文化和艺术知识

历史上，许多杰出的艺术鉴赏家和社会、文化活动家无不具备渊博的文化、艺术知识。例如，马克思和恩格斯对西方艺术从古希腊的神话、史诗、悲剧到随后两千多年的演变都有着透彻的了解。这使得他们能够对各种艺术作品进行深入的剖析和评论。同样，鲁迅、郭沫若都学贯中西，他们的艺术鉴赏力不仅建立在对中国传统文化的了解上，而且深受西方文化的熏陶。他们的艺术评论至今仍为人们所称颂，持续对后世产生深远影响。这些例子表明，广泛的文化知识和深入的艺术理解是进行深刻艺术鉴赏的关键。

2.丰富的审美实践活动

培养审美鉴赏能力并不仅依赖简单的审美实践，而是需要涉及多种形式的、多面的、有活力的经验。因为真正的美学鉴赏实际上是人生体验的扩展和生命的释放。这种全方位的审美体验真实地呈现了"生命中处处有美"的哲理。一个广泛且丰富的审美体验涵盖了人们在生活中可能接触的所有领域。教育中的"寓教于乐"、艺术中的"寓美于形"，还有文化中的"寓意于境"都为提升人们的审美鉴赏能力提供了宝贵资料。因此，超越传统艺术经验的界限，全面地培育审美鉴赏能力，不仅可以帮助人们更深入地欣赏美，还能让人们真正地理解生活、享受生活，并且有能力为生活创造更多美好。

3.品味优秀艺术作品

审美鉴赏能力并不仅依赖观看数量众多的艺术品，而是在于深入理解和体验其中所蕴含的美。优秀的艺术作品是艺术家对自然与现实之美的高度提炼，它代表创作者的审美意识与经验的升华。每一部卓越的艺术作品都承载了其所在时代和文化的审美印记。在鉴赏这些艺术作品时，观者的审美认知、体验和理解将得到真实的反映。那些对艺术缺乏了解的人可能面临理解和欣赏这些作品的困难。因此，教育者在培育学生审美鉴赏能力时，不仅要展示优秀的艺术品，更要深入其背后的文化和历史背景，帮助学生理解和体验其中的美。同时，教育机构应重新审视并优化现有的审美教育策略，确保每一位学生都能在接触的艺术作品中获得真正的审美体验，从而提升其整体素养。

第二节 大学生审美人格的培育

一、审美人格的内涵

审美人格是美学意义上的人格，单纯从字面意义上很难阐述和理解，所以，在此将从中西哲学的角度去探讨其含义。

（一）追求美的人生境界

王国维曾用"境界"这一概念阐述艺术美的高峰，也用它来描述人的精神状态，并将人分为具备诗人境界和普通人境界两种类型[①]，这种思考为后来的学者所借鉴，使"境界"逐渐成为达到人生修养高度的一个标志。然而，要说到"境界"这一概念在人生修养中的系统化划分，冯友兰的贡献不可忽视，他进一步细化了这一概念，将人生修养的境界详细地分为四个层次：自然、功利、道德和天地。这样的分类不仅加深了"境界"这一词汇的内涵，也拓宽了它的外延。

人生境界不仅体现了一个人对未来世界的自由想象和创造，更是审美人格的核心表现。它代表了景观、情感以及个人与外界的融合统一。通过审美人格的培养，人们可以构建通往共同社会理想的桥梁。进入这个境界的每个人都有机会成为君子、贤人或圣人，与此同时，社会也随着个人的精神修炼而步入和谐。这种人生境界中的有机融合既包括有限的外部景物，也涵盖了无尽的情感、思考、想象和韵意。在这无穷尽的感悟和创意中，形成了丰富而深沉的意义，这种意义远远超过日常生活中的普通审美体验，更具有深度和持久的吸引力。

（二）审美体验

在探讨审美体验时，西方学者给出了不同解释。有人认为审美体验是基于"想象"，而有人则认为它更接近"灵感"或"直觉"。席勒认为，古希腊人具有性格的完整性，是感性和理性的完美统一体，是具有审美人格的人，而近代人却被束缚在一个个孤零零的碎片上，而要恢复人的完整性，就必须通过更高的艺术即审美体验来恢复人的天性的完整性。[②] 基于这一思想，人本主义心理学家马斯洛提出了"高峰体验"的概念，他对高峰体验的描述涵盖了多种感受，可以是一个瞬间的强烈敬畏，可以是短暂的、近乎天堂的极致幸福，也可以是一个深度的、令人陶醉的欢愉。更重要的是，这种体验会

① 王国维.人间词话 [M].沈阳：万卷出版公司，2018.
② 弗里德里希·席勒，审美教育书简 [M].冯至，范大灿，译.上海：上海人民出版社，2022.

带给人一种顿悟，仿佛让人洞察了生命的真谛和宇宙的核心。

高峰体验代表自我实现的瞬间，是那些拥有审美人格的人可以达到的精神巅峰。这种体验对马斯洛来说具有重要意义，因为它是自我实现者的显著特质。对于拥有审美人格的个体，高峰体验是一种触动感性的关键方式，它是自我实现过程中的一次短暂完成。当一个人经历高峰体验时，其会沉浸在欢愉和幸福之中。然而，这样的时刻终将过去，人们又回到了现实，面对真实的自己。人们天生有追求进步的冲动，而这一冲动指引人们面对和了解真正的"我"。每个人都有潜在的可能性和责任去实现他们的真实自我。高峰体验只是这一旅程中的一次顶峰体验，它代表了享受的是旅途而非终点。为此，人们应持续前行，追求更高的境界，超越自己的局限。

（三）美善统一

美与善的关系是美学的核心问题之一，从古至今，无论在东方还是西方哲学中，这个议题都被广泛探讨。在中国哲学中，先秦时期以老庄为代表的道家也对美与善进行了深入探索。从老庄的自然主义美学观点出发，他们详细地解读了自然美、艺术美、社会美和人格美。在他们对于美的探讨中，善的理念被看作与美不可分割，因此，对美的追求也隐含了追求善的目标。陈望衡的《审美伦理学引论》结合中西哲学史和当代现实，着重论述以崇善为指归的伦理与审美的历史亲缘性、活动方式及内涵的歧异性和统一性，论证了"美学是未来的伦理学"，建议建立一个新的学科——审美伦理学。[①] 李咏吟的《审美与道德的本源》对审美与道德的根源进行了深入研究。他揭示了审美与道德之间在本质上的联系，并提出了"审美道德和谐论"的观点，为塑造一个和谐自由的现代社会提供了理论支撑。[②] 在西方哲学中，苏格拉底作为美善统一说的首创者，认为凡是善的东西一定是美的，而恶的东西必然是丑的。[③] 虽然古今学者对于美与善的论述不同，但大多强调二者根源上的一致性。

---

① 陈望衡.审美伦理学引论[M].武汉：武汉大学出版社，2007.

② 李咏吟.审美与道德的本源[M].上海：上海人民出版社，2006.

③ 苏格拉底.苏格拉底的智慧：苏格拉底教化哲学解读[M].北京：中国电影出版社，2007.

综上所述，审美人格是实现美善统一的人格，也是美的实践与善的行为之间良性互动的产物。具体而言，这种人格让人们在行善时感受到美的存在，并在经历美的瞬间中培育和弘扬善的精神，这可以被形容为"以善育美、借美立善"。这种互动不仅随着人类的审美活动而逐渐形成，而且与艺术的发展密切相关。而人们的审美观念和对艺术的欣赏则是在他们欣赏自然、探索历史、体验艺术、日常生活中的琐碎、工作和社交中逐渐积累和塑造出来的。

通常情况下，"以善育美、借美立善"主要可以通过三条途径来实现，分别为家庭美育教化、社会美育教化和学校美育教化。另外也可以通过强有力的艺术形象，深入人心，使人们更加深入地理解生活，建立崇高的人生理想。这不仅有助于人们更好地了解现实和历史，还可以提高他们对生活美和艺术美的鉴赏力。在此基础上，人们的审美情趣逐渐升华，培养出更加敏锐的审美分析能力。这种教育方式不仅激发了人们对艺术的热情，还助力于培育人们对真正的美好事物的鉴赏和辨别能力，让他们能够区分真、善、美和假、恶、丑。

美与善是审美人格必备的基本品质。真实的美不仅是表面的，它还需要具备善这一深层次的内涵。美可以被视为善的体现，而善则是支撑美的基石和灵魂。这两者之间存在互补的关系。审美人格作为人格中的高级表现，主要反映了个体对美的深度理解和追求，其最深处是对善的高度尊重和展现"道德教化"。概括来说，审美人格是美与善的集大成，它体现了人与自然之间的和谐关系、完美融合和统一。

二、大学生审美人格培养的原则

（一）愉悦性原则

审美教育是一种令人愉悦的教育。正如孔子所言，"知之者不如好之者，好之者不如乐之者"。在充满愉悦的状态下，人们更容易吸收和理解知识。审美教育不仅为人们带来了愉悦，也开启了他们的思维视野。无疑，美的体验不仅满足了人们的感官需求，也丰富了人们的生活品位。审美的欢愉不仅取决于所欣赏对象的本身品质，还与他人对人们审美观点的认同和赞赏有关。

因此，受教者能以一种喜悦的心情参与审美，接受审美教育。审美人格教育的核心是在教育过程中保持学习者的兴趣和参与度，而这种兴趣在很大程度上来源于对其个性差异的尊重和理解。审美教育不仅传递美的知识，更重要的是为学习者提供一种美的体验，使他们在感官上的愉悦逐渐升华为高尚的情操和理性的追求。有效的审美教育应当激发学习者的内在潜力，润泽其心灵，引导其对真、善、美的深入认知和追求。

（二）形象性原则

审美人格的养成不是短暂或瞬间的成果，而是一个循序渐进的过程，贯穿人的每个成长阶段，需要长期培育而成。从学校的整体设计到教育环境的细节之处，从教学方法到日常管理，从课堂活动到校园生活的方方面面，都应该渗透审美的元素。这意味着每一个教育细节，无论是课程内容、教学方法，还是学校的环境和氛围，都应该致力于培养学生的审美情感和审美人格。蕴含审美设计的教育旨在满足教育的目标，助力学生全面发展，包括其人格塑造。这种教育方式不仅致力于帮助学生获取知识和技能、促进身心健康，还注重培养其审美鉴赏能力和情趣。其中，审美人格的培育是一个长期、渐进的过程，不宜急功近利。执行这一策略时，我们应该强调形象性原则，通过生动、具象的方法来培养学生的审美意识，从而促进他们塑造健全的人格修养。

（三）创造性原则

创造性是人的重要特征，也是审美人格应当具备的基本特质。对于拥有审美人格的个体来讲，他们的人生往往充满了探索、创新和自我提升。为此，当高校着手进行审美人格教育时，应该强调和培育学生的创新能力和独特思维，让他们勇于尝试，自由表达，从而真正活出自我。

审美是一种个人化的行为。受到各种外部因素如环境、文化背景和个人经验的影响，每个人对美的感知和理解都是多元的。在进行审美人格教育的时候，需要认识到这一点，并采用创新性的方法来适应每个受教育者的特点。这就意味着教育过程中应当注重个体的审美趣味和需求，为其提供多元化的学习资源和方法，从而促进其审美意识的自主发展。教师应当鼓励学生发掘和培养自己独特的审美视角，同时给予适度引导，使其在欣赏美的过程中，不断完善自我，塑造完整的人格。从教育学、教育教学这两个角度来观察，创造性原则展现出了不可替代的价值。具体而言，在教育学上，这一原则强调了学生作为主体的核心地位，意味着教育不仅是灌输知识，更是关注个体的成长和发展。在教育教学上，教师应针对每个学生的独特性和他们所处的发展阶段进行差异化教学，从而确保教育策略的有效性和高效性。简而言之，创造性原则是对教育中学生成长规律的尊重，与大学生的个性和发展需求完美吻合。

（四）生动性原则

在审美人格教育中，生动性原则强调了遵循学生的认知发展规律，即从简单到复杂、从具体到抽象的教学方法。人们通常先通过感性的经验来接触和了解事物，随后逐渐深化至理性的认知，由表面逐渐深入事物的内核。同样地，学习也是一个从感性到理性、从直观到抽象的过程。基于这一原则，审美人格教育需要有序地、步步为营地展开，以确保学生能够从容地、深入地吸收和领会。在每个人的成长与学习旅程中，都会受到周围环境的影响，包括他们的思维方式、心态及行为模式。随着时间的推移，每个人都会经历一个从初步到成熟的认知发展过程，在这个过程中，他们的审美观点也会发生变化和演进。事实上，审美观可以从简单到复杂、从浅层到深层来看。那些较为初级和表面的审美观往往会被更为深入和成熟的理解所取代。因此，在审美人格的教育中，重点不仅是培养学生对美的基本认识和欣赏，还要激发他们的审美想象和艺术创造力。一开始，教育的焦点是帮助学生识别和欣赏各种美的元素。随着他们的审美观念逐渐稳定，教师可以进一步引导他们进行审美的思考和艺术的创作。最终的目标是帮助学生塑造一个全面、成熟且高尚的审美人格。

此外，生动性原则也可以在反复的审美教育过程中得到体现。真正的理解和感知往往需要反复的体验和沉浸。当人们多次欣赏一件杰出的艺术作品，或是不断聆听一首美妙的歌曲，其感知和理解会逐渐深化。正如经典文学作品那样，每次阅读都会发现新的细节和意义，从而加深对其内涵的理解。同样，在审美教育的过程中，反复的体验和实践有助于培育和完善学生的审美人格。通过多角度、多层次的审美体验，学生可以逐渐构建和深化对美的认知和欣赏。教育者应依据生动性原则，采用具有吸引力的教学方法，引导学生在每一次审美活动中都能有所收获，从而不断丰富和完善他们的审美人格。

三、大学生审美人格塑造的影响因素

（一）人格基础

人的人格成长是一个循序渐进的过程，每个阶段的发展都在为下一阶段的进步打基础。人格的塑造与成熟与个体所经历的各个发展阶段紧密相关，其中每一阶段都会在一定程度上影响接下来的发展。审美人格作为人格发展的高级形态，是在早期人格发展的基础上逐渐塑造出来的。它并不是突然出现的状态，而是经过时间的积累和经验的沉淀逐步形成的过程。这意味着人的审美观念和情趣是在其人格发展的各个阶段中逐渐成熟和完善的。对于大学生来说，这种人格的逐步演进对其审美人格的塑造具有显著影响。早期的人格基础和价值观为大学生进一步接触更深层的文化和艺术提供了坚实的支撑。因此，教育者和指导者在塑造大学生的审美人格时，必须认识到这一连续性和递进性，从而更好地为学生提供合适的指导和帮助。

（二）学校教育

教育是建构审美人格的中坚力量，不仅塑造着个体的认知观念和思考方式，还影响着人们的情感和行为方式。因此，后天教育是建构审美人格的关键力量。

从积极的方面来看，教育是个体知识的重要来源，这使他们能够理解世界的运作，掌控自己的命运。而且教育在塑造审美人格方面具有多重功能。首先，教育具有激发功能。一个缺乏对审美人格定义的人可能没有明确的审美特质。审美的核心是创造性，而教育恰恰能够唤起这种创造性。其次，教育具有导向功能。特别是在高校中，相对宽松的学习环境能够培养学生独立思考和自我学习的能力，从而有助于形成个性，这为审美人格的塑造提供了坚实的基础。最后，教育具有调节功能。它既是对学生行为的约束，也是他们身心发展的调适器。正是高校中健康的校风和学风给予学生行为上的规范与导向，确保他们的身心平衡，并指引他们走向美好的思想和行为模式。在高等教育中，集体生活为学生提供了一个平台，让他们学会建立和维护健康

的人际关系，勇于应对生活中的各种挑战和困难。这种环境鼓励学生与他人沟通和交流，帮助他们建立自信，养成和善而用于超越的性格，从而逐渐实现审美人格的境界。

（三）社会环境

人是环境的产物，而审美人格的发展也不例外，深受周围环境的影响。尽管许多人生活在相似的环境中，但每个人对其的感受和反应各不相同。以大学生为例，他们听同一个故事，可能会有不同的反应和感受。一个思维活跃的大学生可能从故事中获得更深的启示，而一个敏感的大学生可能有完全不同的感受。生活在同一环境中的大学生，因为他们的个性差异，对环境也有不同的认知和感受。例如，一个性格开朗、好交际的大学生可能更容易适应新环境，并迅速与他人建立联系。而审美人格的形成就是在这样的环境中，将外部世界的客观存在与个体的主观意识结合起来。这就意味着，尽管大学生生长在相同的环境中，但因为独特的感受和理解，他们的审美反应和人格形成是独特的。

四、大学生审美人格培育的着手点

根据审美人格培养原则及影响因素，大学生审美人格的培育可以从以下两方面着手：

1. 把外部灌输和激发人的自觉性结合起来

从社会学的角度来看，社会教化是通过外部的灌输使个体融入社会的过程，而个体的自觉性是其对外部信息和价值观的内化过程。仅仅依赖外部灌输而忽视个体的内化进程是无法成功培育审美人格的。我国的传统教育理念便强调培育个体的自觉性，认为通过"修养"来增强自觉意识是一种有效方法，这种教育哲学对当下仍然具有指导意义。在现代教育理念中，"以人为本"和"学生为中心"的观点进一步强调了学生的主体性和积极性，在这种背景下，大学的审美教育更有可能成功培养学生的审美人格。

2. 采取启发诱导式审美教育方法

人格的形成应当是自然的过程。美育者应当更多地启发与引导，而非强行灌输。美育的核心应当是激发学生的内在热情和思考能力。采用启发式的教育方式可以唤起受教育者对生活和社会的深入思考。当学生在对某些问题的思考中达到了情感的高潮，如感到愤慨或懊悔时，教育者应适时地提供引导与启示，使学生有如顿悟的体验。在高等教育中，教师的角色不仅是传授知识的人，他们的言行都在无形中影响着学生，为学生设定了某种标准或模范。这种隐性的教育效果经常超越了显性的教育方法，就如同细雨滋润万物，而不是暴雨冲刷大地，更能带给生命持续和深沉的滋养。

第三节　大学生审美心理的培育

一、大学生审美心理结构

审美心理结构是审美主体对客观事物的审美特质以及它们之间相互关系的心理反应。这种结构是人的生命结构的一个重要组成部分，与人们的认知结构和伦理观念紧密相连。这三者交织在一起，构建了一个更大的心理框架，人们往往称之为文化心理结构。审美心理结构在这个总体框架中不仅沉淀和融合，而且成了审美主体与审美对象之间沟通和连接的纽带，它在形成特定的审美关系中发挥了桥梁或媒介的作用。

首先，审美心理结构是一个复杂的、多维度的网络，由多个因素交织形成。核心组成部分包括：审美的认知结构、情感结构以及意志结构。这三大结构中蕴含了审美感知、审美情感和审美意志三种相互联系、互动和交融的审美心理元素。这些元素不仅构筑了人们的审美意识，如审美观点、审美兴趣和审美理想等，还涵盖了各种审美的基本心理活动，如审美直觉、想象、理解、情感和意志活动，以及深层次的审美潜意识和下意识活动。这些心理活动在其间呈现出逐步深化、变换的关系，同时相互交融和重叠。值得注意的是：这些审美心理的内容和形式不仅指导着审美的心理过程，而且与人的生理系统息息相关。这意味着当人们经历审美体验时，伴随的是整体生理——

心理系统的运动，其中涉及的生理结构如感觉系统、神经系统、大脑皮质以及其他生理系统。因此，审美体验并不仅是纯粹的心理活动，而是心理与生理的紧密结合，显示了人的完整的生命活动。此外，审美心理活动不仅是对审美对象特性的简单反映和再现，它也具备一种内在的调控机制。这种机制赋予我们能力去感知与选择审美对象、转化情感、创新想象，同时调控我们的生理响应和外在行为。这样，人们不仅是审美体验的被动接受者，还可以成为审美的积极创造者。因此，审美心理结构可以被理解为一个多维度的综合网络，其中生理与心理的机制、心理的内容与形式以及被动接受与主动创造的功能相互关联、互动并有机地整合在一起。

其次，审美心理结构是一个由多个心理元素构成的整体性结构系统。它包含诸多表层和深层的心理内容与心理形式，如意识与潜意识、直觉与思维、理智与情感。在审美心理形式中，既有直觉层次，又有想象、理解、情感、意志和潜意识的层次，而在这些层次中又有若干具体、细微的层次。例如，审美直觉中有审美感觉、知觉、表象、错觉、幻觉等层次，审美思维中有分析、综合、判断联想、想象、理解、推理、意会等层次，审美情感中有心境、热情、激情、激应等层次。在审美心理内容、意识内容中，审美的知、意、情是一种有序的多层次结构，而在知、意、情的内容中，既有个体的、个性的与群体的、全人类的、现实的与历史的不同层次，又有政治的、经济的、伦理的、文化的等不同层次，从而构成审美意识内容的层次序列。在这个复杂的结构中，审美的各个心理形式与内容之间存在相互影响和互动的关系。例如，某一特定的审美心理形式可能受到文化或历史背景的影响，而某一特定的审美内容可能引发特定的情感反应。这些不同层次之间的互动和渗透使审美心理不仅是单一的结构，而是一个诸多要素互动、有机连接的综合体。

最后，审美心理结构是动态的动力结构。审美心理结构并不是一个静态的构架，而是一个充满活力的动态体系。从宏观的角度来看，无论是基于个人、团体还是全人类的审美心理结构，它们都在与时俱进，随着社会历史背景、环境因素、审美对象的变化及其与之相关的实践经验而持续地演变和发展。在某些时段内，尽管它们显示出一定的稳定性，但这种结构仍然具有历史的发展性，总是在向更完善的方向努力。从微观的角度来看，当个体面对一个特定的审美对象时，其审美心理活动也在不断演化，从最初的直觉式感知到深入思考，从被动接受到主动创造。在这一系列复杂的动态过程中，审美心理结构也会应时应景地进行调整和重塑。形成一定的审美心理之后，其在审美经历中的展现呈现出一种多元、动态的特性。其中涉及不同的形式、要素和层次之间的互动，从而创造出一个多步骤、多起伏和多节奏的审美旅程。审美体验的进程并不是单调的。它开始于对美的初步感知，经历审美的高潮，最后留下深刻的印象和回响。在这一过程中，人们的情感经历是丰富多彩的，既包括基本的喜、怒、哀、乐，也涵盖了通过想象和联想增加的创造性元素以及对美的深入理解和价值判断。审美体验的节奏和深度也会发生变化。有时它是缓慢而深沉的，有时则是迅速而浅显的。这种体验的流动性和变化性是审美过程中的一个核心特点。实际上，当人们面对一个具体的美的对象，如一幅绘画或一首乐曲，总是由审美的动机需要导向积极的审美注意。当审美注意被触发，人们的日常思维模式被打断，为审美感知和想象提供了空间。这种注意力转移鼓励我们投入更多情感，深入理解和评价美的对象，使人们体验到精神的愉悦和情感的满足，这样的体验进一步强化和完善了人们已有的审美心理结构。每个人基于自己的经验和背景，都可能形成特定的审美心理模式或倾向。例如，一个长时间从事音乐艺术的人对音乐有深厚的喜好和独到的鉴赏眼光。他们的音乐审美经验似乎是与生俱来的，无须过多努力便能理解和欣赏音乐的精妙之处。同样地，其他艺术领域也有类似特性。在审美心理的整体结构中，情感是主要的驱动力，而想象则是它的主要表现形式。因此，人们不能认为审美心理结构是静态不变的；相反，它是变动不居的函数。

因此，审美心理结构是一个由多个因素、维度和层次组成的综合动态系统。这个结构为人们提供了一个框架，使人们能够将各种要素、维度和层次融合在一起，作为一个整体来感知和理解美的对象。正是通过这种结构，审美对象的各种特性才能在人们大脑中得到完整、有系统的表现。而且，正是依靠这种心理结构，人们不仅能够深入理解和欣赏美的对象，还能够以创造性的方式与之互动，使其更加完美。这也意味着人们在感受美的同时，有能力去创造美。

二、大学生审美心理特征

处于青年时期的大学生正在经历人生的特殊阶段，不仅生理上具有独特性，心理上也具有特殊性。大学生在社会中扮演着特殊角色，他们正在接受更高级的知识教育，拥有敏锐的思维，道德观念正在稳固，个性和兴趣开始显现，自我意识逐渐加强，对美的认知也变得更为坚定，这就使他们的审美意识显示出许多特征。南宋词人辛弃疾曾写过一首《丑奴儿》，词中写道："少年不识愁滋味，爱上层楼，爱上层楼，为赋新词强说愁。而今识尽愁滋味，欲说还休，欲说还休，却道天凉好个秋。"不仅揭示了人生不同阶段的感受，也反映了不同人生阶段之间存在的审美差异。大学生审美心理特征主要表现在以下几方面，如图 4-4 所示。

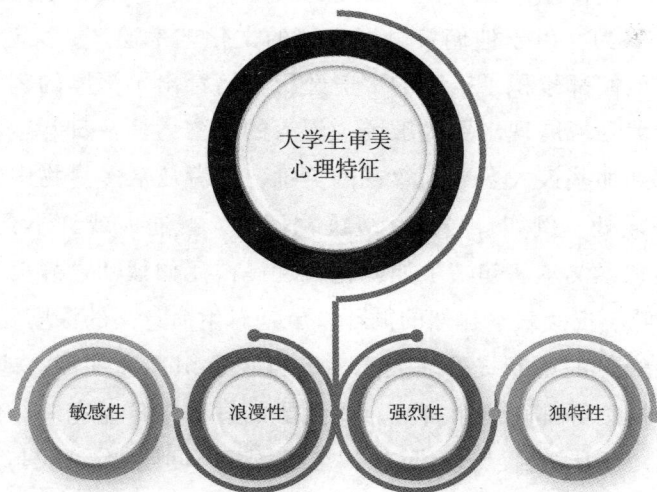

图 4-4　大学生审美心理特征

（一）敏感性

大学生思维活跃、敏捷，充满青春的活力和激情，对于新奇和美好的事物有着热切追求，这使得他们对美的事物具有较高的敏感。这种审美敏感性来源于他们不断增强的认知能力、日益提高的文化素养和持续加强的自我意识。

大学生正处在脑细胞建立联系的时期。在持续的教育与专业学习的推动下，大脑皮层细胞的活跃度逐渐提升，呈现出一种显著的"跃进"态势。这种发展导致他们在视觉和听觉方面特别敏锐，使得他们能迅速在日常环境中发现美的元素。另外，由于内分泌变化带来的情绪兴奋，他们对外部刺激更为敏感和热烈响应。对于大学生来说，即使是最普通的自然景观，也能带给他们愉悦的心情和深厚的审美体验。大地从寒冬中觉醒、河流的涌动、草木的更替以及鸟儿的迁徙，大学生被这些自然的变换深深吸引，激发了他们对美好未来的向往和憧憬。一个悠扬的曲调、一句饱含思考的诗句或墙边的一朵小花都可能成为他们注意的焦点，给予他们长时间的审美享受。得益于逐渐成熟的认知能力，他们更倾向穿越物质外表，去探求其背后深层的意义，这种对美的探寻使得他们在审美方面更为敏感和细腻。大学生通常具备较高的文化和艺术修为。由于他们接触过丰富的文化艺术遗产，无论是本国的，还是外国的，他们都累积了丰富的审美经历，培育出了深厚的艺术感受。因此，他们在审美领域展现出更为敏锐和深入的洞察力。在日常生活中，他们常常能够察觉到那些被大多数人忽视的美景，或者从众多事物中发现那些难以察觉的美好之处。例如，当黄叶缓缓飘落时，普通人或许不会特别关注，但对于那些熟悉泰戈尔名句"生如夏花之烂漫，死如秋叶之静美"的大学生而言，这片黄叶不仅代表了自然的循环，更是对生命意义的深度反思。

随着文化修养的不断提升，大学生的自我意识逐渐加深。他们的兴趣、技能、性格和情感等都在这个自我意识觉醒的过程中日益完善。他们渴望深入地了解自己，经常对自己进行反思和自我教育。问题如："我是谁？我来自何处？我的人生方向在哪里？"通常是那些强烈的自我意识驱使下的思考。这些问题不仅是他们的内心探索，还在他们接触到的每一个事物中寻找答案。因此，当遇到美的事物时，他们不仅是欣赏，更多的是在其中寻找和自己相关的意义，探究生命的深意，这使得他们的审美感受清晰得多、敏感得多。

（二）浪漫性

大学生的审美心理之所以具有浪漫性，在很大程度上受到了他们文化素养的影响和青春期对未来的向往及丰富的想象力。一个人的文化修养深厚，就意味着他在审美活动中拥有更丰富的背景知识和经验来解读美和感受美。

文化修养对审美活动的影响是显而易见的。进行审美时，人们不断引用大脑中储存的以往的审美经验，通过情感和记忆与审美对象进行交流，以揭示其美的内在本质。人们对美的感知程度在很大程度上取决于他们积累的审美经验。《列子·汤问》里记载，伯牙善鼓琴，钟子期善听琴。当伯牙鼓琴，志在高山时，钟子期说："善哉，峨峨兮若泰山！"伯牙志在流水，钟子期又说："善哉，洋洋兮若江河！"① 其中，钟子期运用了他的音乐审美经验，将情感传达给伯牙，进而联想出了新的形象和情境。如果缺乏对音乐的深度了解和审美经验，他可能无法如此深入地感受和理解伯牙的琴音所带来的意境。

大学有着得天独厚的美育设施、藏书丰富多样的图书馆，以及各种形式的艺术活动，这些优质的设施和活动不仅满足了大学生对美的好奇心和创造力的渴求，更让他们在精神上达到了一个更高的境界，并积累了宝贵的审美经验。大学的图书馆为他们提供了海量的阅读材料，让他们对音乐、绘画、文学、舞蹈和戏剧等领域都获得了深入的了解。这些知识与经验储存在他们的大脑中，为他们提供了丰富的审美参考。因此，每当他们与美的对象相遇，便能够迅速利用这些已有的知识和经验，结合自己的想象，塑造出充满浪漫色彩的新的审美形象。

涉世未深的大学生就像一张白纸，他们对未来充满着无限期待与憧憬，这使得他们的审美意识充溢着一种独特的浪漫色彩。在他们心中，充满了对于纯真爱情、永恒友谊、伟大事业和有意义的人生的期望。当读到《红楼梦》中的纯真爱情，他们会心生共鸣，期盼自己也能体验到这样高尚的情感；当站在壮丽的壶口瀑布前，他们不仅看到了大自然的雄伟，更在其中看到了人生激情的喷涌和不屈的决心；当站在历史悠久的长城之上，他们会对那古老的烽火台上的守望者们深感敬意，也为自己的未来和生命的意义进行深度反思。这种对未来充满憧憬的情怀，使他们在审美过程中，经常融入丰富的幻想与想象，赋予事物更多的情感与意义。

大学生正处在人生"多梦"的年龄，富于想象。想象不仅是思维的自由表达，更是一个人心灵中的创造力量。相较于经历过生活挫折的成年人，他

---

① 列子.列子珍藏本 [M].陈广忠，评注.北京：中国少年儿童出版社，2004：196-259.

们更愿意保持这样的创造性思维，而不是因为某些梦想看似难以实现就选择放弃。成年人可能因为多次的挫败而渐渐失去了一些梦想，因为他们深知人生的现实考验。与此相反，大学生因为未深入社会的洪流，所以他们对未来仍然保有无尽的乐观和热情。结合扎实的文化背景、对历史的深入了解以及不断成熟的审美观点，他们更容易跳脱出纯粹的现实框架，向艺术的深邃领域探索。这样的探索不仅限于对已知的美进行欣赏，更多的是对未知的艺术领域产生浓厚的兴趣和渴求。这种对艺术的追求和渴望使得大学生在审美过程中更具开放性和浪漫氛围，他们更倾向把审美与艺术紧密结合，享受其中的美好。

（三）强烈性

大学生的审美感受之所以具有强烈性，在很大程度上取决于青春时期特有的心理和生理特质。这个时期的他们对外部环境非常敏感，对各种刺激有即刻的情感响应。但因为他们的情绪调节和自控能力还在成熟过程中，他们的反应常常显得激烈，有时如滚烫的熔岩，有时如寒冷的冰霜。对他们来说，新奇的体验和刺激往往会引发强烈的感官反应。正处于人生快速成长变迁的阶段，大学生接触到了更多的社会现实，面临与环境、人际关系、恋爱等相关的新挑战，每一次新的遭遇都可能在他们心中掀起巨大波澜。小小的成功可以让他们沉浸在欣喜若狂的喜悦中，而一次微小的失败也可能让他们备感失落。

大学生正处于人生精力旺盛的时期，其感觉器官的感觉能力往往超过了成年后的状态，认知与知觉的能力也进入了高度发展阶段。由于精力旺盛，再加之活动范围和活动能力的提升，大学生对未知世界产生了强烈探索的好奇心。他们追求那些设计独特、色彩斑斓的艺术品，倾听那些激昂悠扬的音乐，沉浸那些情节曲折、紧张刺激的小说，而在大银幕上，那些悬念重重、紧张刺激的情节更是深得他们的喜爱。简而言之，这是一个充满好奇和探索欲望的时期，大学生对于那些新颖、不寻常的事物有着无法抗拒的吸引力，他们希望在此生命阶段尽情体验与探索，感受世界的无限魅力。

（四）独特性

大学生审美的独特性在很大程度上取决于他们自我意识的增强、大胆的探索精神和丰富的想象力。进入大学后，他们从家庭环境中脱离出来，开始真正地体验到"成年"的自由与责任。这种新的自主感加深了他们的个体意识，使他们更加珍视自己的观点和立场。他们不再容易接受既定的观念，而是喜欢挑战、质疑，渴望以独立的思考方式去解读世界。这种独立思考和大胆探索的精神在审美领域也得到了充分体现。大学生往往更为开放，敢于接受和尝试新的艺术形式。当社会出现新的艺术流派或时尚潮流时，通常是大学生最先成为其忠实的拥趸。他们不仅愿意尝试新的审美体验，还敢于对其进行创新和改造，这也反过来推动了艺术与时尚的进步和变革。简而言之，大学生的审美趋势体现了他们独立、勇敢和创新的精神特质，他们的接受与反响往往预示着社会审美的未来方向。

标新立异是青年人追求的行为。回顾历史，无数的伟大发明和艺术作品都是在创作者的青春时期孕育和产生的。这不仅是因为他们年轻和充沛的精力，更重要的是，他们对世界持有一种不满足现状、勇于打破常规的态度。他们的"突发奇想"和对于平凡生活的不甘，为人们带来了无数的创新和突破。因此，高校应当珍惜并鼓励青年人的这种独特性，支持他们去追寻自己的梦想、去探索更广阔的天地，因为他们的每一个创新思考都可能为世界带来新的启示和变革。

审美的独特性表现在大学生的冒险精神方面。许多前人未曾发现的审美客体都是青年人在这种"突发奇想"的冒险中发现的。以西班牙拉斯柯斯附拉斯科洞窑为例，这个曾被大风露出的神秘洞穴，很久以前是无人问津的。然而，一群好奇心重的青年决定走进这个未知的地方。他们的这次探险像是打开了一个时间的盒子，使他们直接与史前的艺术家面对面。在洞穴深处，那些迷人的古老绘画像是史前人类留下的，揭示了上万年的艺术史。这些优美的形象不仅散发出古老的魅力，也成了现代人类探索文化和艺术起源的关键线索。的确，这次发现带有一定偶然性，但背后更多的是这群青年的勇气和好奇心。他们的冒险精神为人们展示了一个美妙的世界，也再次证明，如果没有对未知的探索和追求，许多珍贵的审美对象或许将永远埋藏在历史的尘埃之中。

审美的独特性表现在大学生大胆的想象方面。相比于其他阶段，个体在青年时期的自信心更强、想象力更丰富，这在审美活动中都是重要的推动力。以诗人郭沫若为例，其在年轻的时候，受到自己深厚的审美情感的驱使，创作了代表作《女神》，为中国新诗的繁荣和发展铺设了坚实的基石。

大学应在了解大学生审美心理特殊性的基础上，扬长避短，培养大学生灵敏的审美感知能力，引导大学生具备一双感受美的眼睛、一对欣赏音乐的耳朵，帮助大学生不断积累审美经验，提高审美趣味，最终成为一个真正"审美的人"。

三、大学生审美心理的培育路径

（一）提高教育者的审美心理培育能力

在高等教育中，教育者的审美心理培育能力在学生的审美心理成长中起着决定性作用。具备高素质的教育者不仅能够引导大学生向着更为健康的审美方向成长，而且能够为他们提供明确的方向，帮助他们避免走入误区。因此，强化教育者的审美教育能力并完善相关的考核机制，对于促进大学生的审美发展具有至关重要的作用。

1. 加强教育者审美心理培育能力的培训

在高校中，教师不仅仅是教学的执行者，还是学生审美心理发展的指导者。教师的审美素养和培养能力直接影响着学生的审美发展和成果。因此，强化对高校教师审美培育能力的培训显得尤为重要。教师作为学生成长中的关键影响者，其自身的审美敏感度、知识储备以及培育能力都对学生产生着深远影响。如果教师本身缺乏审美鉴赏力、意识或技能，那么他们的教学方式可能无法真正触及学生的审美心理，更难以引导学生发现并欣赏美的事物。因此，为了提升学生的审美发展，高校需要确保教师具备强大的审美教育能力。这不仅需要加强对教师审美心理培育能力的培训，确保他们在审美理论和实践中都有足够的储备，还要让教师意识到自己在学生审美成长中的关键角色，从而更加注重在日常教学中融入审美教育的元素。

总之，只有当教师自身具备高水平的审美培育能力，并且意识到其在学生审美发展中发挥的重要作用时，高校的审美教育才能真正得到贯彻和实施，进而推动学生审美心理的养成和进一步发展。

2. 健全教育者审美心理培育能力的考核机制

如果缺乏有效的考核机制，高校便难以对教师的审美教育能力进行准确评估和监控，这可能削弱教师在审美教育中的主动性和积极性。没有明确的评价标准，教师的审美培育能力如同隐藏的财富，无法被完全挖掘和应用。此外，如果教师对审美教育的重视度不够，可能导致其教学中存在形式主义，只做表面工作，而不是真正深入学生的心里，从而影响教育质量。为了更好地培育学生的审美心理，高校应该设立明确而有效的考核机制，着重评估和监控教师的审美培育能力。这不仅能够鼓励教师加强自我学习，提高在审美教育上的理论与实践水平，还可以确保审美教育在各个环节上都能做到严谨而有深度。

（二）督促受教育者审美心理的自我培育

教育者在审美心理培育中的确担任着承前启后的桥梁角色，但这远远不够。大学生作为审美心理培育的主体，他们的自主参与和自我培养同样不可或缺。正因为学生对自身审美心理成长的关注不足，这方面的问题才变得更为明显。为此，鼓励大学生对自己的审美心理进行自我培育，深化他们的审美修养，提升其审美水准，对于完善大学生的审美心理培育工作至关重要。

1. 提升自身精神境界

高校教育不仅致力于为学生提供必要的专业知识，更重要的是培养他们完善的人格。在高等教育中，审美心理培育起着至关重要的作用，目的在于全面塑造学生的内在品质，让他们在人生的道路上实现和谐与全面的成长。真正的教育应使大学生成为充满理想与信念的个体，拥有坚定的精神追求，并且能通过持续的自我学习和体验来不断提升自己的审美能力。大学生正处于生命中的精神塑造阶段，面临时代所赋予的各种挑战和期望。他们应学会如何在复杂的社会环境中独立生存、勇敢面对困难并积极努力。在面对生活中的困境、选择和价值判断时，坚实的精神境界能帮助大学生保持冷静与明智，为他们指引正确的方向。

中国文化积淀了五千多年的深厚历史，孕育出了丰富的精神财富。对于大学生来说，挖掘并传承这些宝贵的文化遗产，特别是传统古典文学，是塑造内在修养和精神境界的重要途径。古典文学与审美教育相辅相成，大学生从古籍中不仅能汲取智慧，还能体会美的精髓，从而提炼和升华个人的审美趣味。这些古典作品中所蕴含的崇高人格和精神追求有助于他们培养高尚的审美情操。此外，大学生通过学习历代文人、政治家们的爱国情怀和坚韧不拔的精神，能够更深入地与中华民族的传统美德产生共鸣。这种共鸣不仅可以使他们在高度的精神境界中审视与自我、他人、社会、自然之间的关系，而且有助于他们建立健全的审美心态和心理，为未来的成长与发展奠定坚实基础。

2. 提升自身思想道德素质

当代大学生所处的阶段特殊且关键，他们既充满活力和好奇心，又容易受到外部环境的影响。在这个身心快速成长的阶段，他们的世界观、价值观和审美观都在不断塑造和调整中。因此，确保大学生在这一时期能够建立起健康、正面的审美心理尤为关键。正确的审美心理并不仅是对美的鉴赏和欣赏，更重要的是对真、善、美的全面理解和深入体验。其中，不仅要拥有正确的世界观、人生观和价值观，还要在日常生活中持续进行自我修炼，努力实现知行合一。思想道德素质包含世界观、人生观、价值观、道德观等内容，这就要求大学生从多方面锻炼自己、提高自己。

大学生应充分认识到高尚的思想道德素质也属于美的一种，任何人都可以成为美的缔造者和传播者，审美不仅局限于对视觉有冲击力的外在美，还有源于内在的内在美。事实上，思想道德品质可以直观折射出个体的审美境界和审美能力，因为在审美过程中的审美心理作用下，对美与丑、善与恶的分辨也需要根据本身道德标准进行判断。大学生要想准确把握正确的审美尺度，就要努力成为一个有理想、有情操、有道德的人，正确看待和处理与他人的关系、如何对待周围的环境和事物以及如何积极地参与和投身各种审美活动，更好地发现美，将美的力量传递给他人，让美的价值在社会中得到更广泛的传播和推崇。

3. 提升自身人文素养

审美心理指的是在审美过程中，主体面对审美对象时，通过感知、想象、理解和情感等多种元素交织产生的美的体验。在这个过程中，大学生作为审美主体，其文化素养的高低会直接影响审美的深度和广度。作为一种综合能力，审美能力是对个人文化素养高低的直接反映。

人文知识是人类认识、改造自身和社会的经验总结，它强调人的道德、精神，体现了对善、真、美的追求与理解。这类知识不仅培养人的道德和精神，而且在塑造和教育个体方面具有独特的价值。对大学生而言，要想培育深厚的审美心理并强化审美能力，不可或缺的要素之一便是深入的人文素养。具备丰富的人文知识使得大学生的思想观念更为宽广，其思维方式也更为敏捷与多元。在审美体验中，他们不仅停留在表面的感知，而且能结合文化背景、历史脉络等多个层面，进行更为深入的解读与欣赏。这样的审美过程更加丰富和立体，使得美的体验更为完整和深远。

对于大学生而言，进入大学的首要任务在于深入学习并掌握科学和专业知识。这不仅是为了充实他们的思维和知识体系，而且是为了扩大他们的眼界，使其摆脱偏狭的观念，增强对美的洞察和理解能力。大学提供了多样化的途径供学生获取审美知识，从校内的美育课程到丰富的文体活动和专题讲座，都为学生提供了全面成长的机会。为了实现学生在道德、智慧、体育和审美方面的全面发展，高校需要精心策划课程设置。除了科学和技术课程，传统文化、历史、政治、文学和艺术等人文社科课程也应占据重要地位。这些课程不仅为学生提供了知识的储备，还提供了对人文价值和思想的深度探索机会。

（三）整合大学生审美心理的培育内容

通过全面整合审美心理培育的内容，再经过科学规划，有助于提高审美心理培育的综合实力。系统性梳理现有的审美心理培育内容，同时引入最新的审美心理培育的研究成果，确保各个环节相互支撑，整体上形成一个协同的、有机的体系，这对于提高审美培育的整体效果至关重要。

1. 梳理现有的审美心理培育内容

为确保大学生的审美心理培育更加高效且有方向性，对现有的培育内容进行整合和条理化是至关重要的。现阶段，审美心理培育的内容相对分散，这可能导致教学过程中的信息碎片化，难以形成系统的认知结构。通过对这些内容进行系统性的梳理，可以确保培育过程中的连贯性和整体性。这不仅有利于学生更好地吸收、理解和应用相关知识，还有助于教师制定更为科学与合理的教学策略。条理化的内容安排可以提升教师的教学效率，帮助他们更清晰地了解教学目标和路径，从而提高其审美心理培育能力。同时，整合的内容更具科学性，能够更好地反映审美心理学的最新研究成果和趋势，为大学生打造一个坚实、全面的审美心理知识体系。

首先，通过分类和整理现有的培育内容，可以为审美心理课程提供一个清晰的结构框架，为教师指明方向并增加课程的连贯性。这种条理化的安排不仅有助于避免内容的重复和遗漏，而且可以使得审美教育更为生动有趣，不再单调和过时。其次，当明确了审美教育的主线，教师可以根据学生的年龄和成熟度进行有针对性的教学。这种差异化的教学策略使教育更具针对性，有助于提高教师培养学生审美心理的能力。最后，不断地审查和更新审美心理培育内容是跟上时代步伐的必要之举。摒弃过时的内容，确保审美教育始终新鲜、引人入胜，符合当下的审美观念和价值取向。在这个持续更新的过程中，教育内容将更为科学和实用，更能满足大学生审美心理培育的需求。

2. 引入最新的审美心理培育的研究成果

美学教学必须紧跟时代脉搏，不断吸纳和整合美学领域的新研究和新发现。作为审美教育中的核心环节，审美心理培育更需要与时俱进，反映出当代审美的特点和需求。只有将最新的研究成果纳入教学内容中，才能确保大学生能够在审美教育中获得最为前沿的知识和理念。当大学生感受到审美教育内容的时效性和相关性时，他们的兴趣和参与度会得到显著提升，从而更有意识地投身自己的审美心理培育之中。

针对学校方面，关注并纳入审美心理培育的最新研究对于保持教育质量和前瞻性至关重要。学校应定期筛选并引入这些研究，将其转化为教师培训的模块，以确保教育团队能够接触并掌握最新的审美培育方法和理念。对于教师方面，不仅应当关注并学习新的研究成果，还应当将这些知识与实际教学相结合并传达给学生。通过为学生提供最前沿的审美心理知识，不仅可以增强学生的知识体系，还可以激发学生对审美学的兴趣和热情。

第五章　高校生态审美教育

第一节　生态审美教育的哲学之基

一、生态系统与生态整体主义

大量科学事实证明，人类的生存和繁衍并非独立存在的，而是靠不同生物群落间的能量流动、物质循环与信息传递来支撑。以地球上的微生物为例，大部分微生物是无法独立培养的，这些微生物并不是孤立地生活着，而是形成了一个相互依赖的大型生态体系，它们共享资源、提供彼此所需的营养，并通过一个精细的化学信号体系来调节不同物种之间的数量平衡，以确保整个生态系统的稳定。这一生态学原理在中外哲学中均有所表述，如道家学说中的"道生一，一生二，二生三，三生万物。万物负阴而抱阳，冲气以为和"（《道德经》）等[①]；马克思在《1844年经济学哲学手稿》中提出"万物相需"的观点，暗示了生命和自然界的密切联系，植物的生长依赖太阳光的光合作用，而通过这一过程，它们又能将太阳的能量传递给生态链中的其他生物。[②]而能量在生态系统中的流转却是一个多向且可逆的过程，尽管它经历了各种转化和变迁，但最终都会重新回到自然生态系统中，构成一个永恒的循环。这体现了生态系统的自我调节和再生能力，以及生物与环境之间相互依赖的关系。

---

① 老子.道德经[M].安伦，译.上海：上海交通大学出版社，2021.
② 卡尔·马克思.1844年经济学哲学手稿[M].刘丕坤，译.北京：研究出版社，2021.

人类不是自然生态系统中孤立的存在，而是与其他生物和环境元素紧密相连的一部分。为了在这个生态系统中维持生命，人们与自然界持续进行能量交换、物质循环和信息传递。例如，人类所吃的食物直接或间接来源于植物的光合作用，为人类提供所需能量。人类呼吸的氧气则是植物通过光合作用而产生的。地球的气候和水循环为人类提供了生活所需的水资源。同时，人类也在持续将这些资源转化后，例如通过废物，再次返回给自然。总之，人类与自然之间的关系是紧密而不可分割的。在这广袤的宇宙中，人类与自然不仅是整体与部分的关系，更是息息相关的共生关系。诸如大气和海洋污染等环境问题不仅影响着特定地区，其后果也会波及地球上的每一个角落和每一个人。因此，人类不能将自然视为一个可以被征服的对象；相反，应该深深地敬畏它，因为自然对人类而言，就像母亲对孩子一样。人类的存在、成长都与自然的滋养息息相关。人类有责任保护大自然，确保它的健康与繁荣，为下一代留下一个宜居的家园。

在哲学领域，自然的本质和构成一直是一个讨论热点，古今中外的哲学家大致形成了两种主要观点：一种是唯物主义认识论，即大自然是客观存在的实体，就像机器一样，由许多不同的部分组成，这些部分既可以被拆解，也可以被组合。自然的本质是由不同的物质属性以机械的方式连接起来的。这种自然观将人和自然视为两个独立的实体，而物质和思维则被看作对立的。在他们的真理观中，唯物主义者相信自然的运作是遵循确定的规律的，这些规律是固定的，并且可以通过因果关系的线性思考来理解。他们坚信人类完全有能力认识并掌控自然界。这种自然观将知识置于可以全面认知的位置，同时确信自然是可以被控制的，并将人类放在支配自然的核心位置。另一种观点则是唯心主义，他们将自然视为充满灵性和生命力的事物，并非机械的物质组合。比如麦茜特在《自然之死：妇女、生态和科学革命》中将自然比作人类的母亲，"地球与一位养育众生的母亲相等同：她是一位仁慈善良的女性，在一个设计好了的有序宇宙中提供人类所需的一切"[①]。而在中国，道家所说的"道法自然"实际上赋予自然以人性特质，将道和自然视为一个整体。

---

① 卡洛琳·麦茜特.自然之死：妇女、生态和科学革命[M].吴国盛等，译.长春：吉林人民出版社，1999.

由此可见，唯心主义的自然观与生态主义的视角有许多相似之处。在生态主义者的眼中，自然被视为一个不可分割的有机体。尽管自然生态系统中的各个子系统各具特色并具有特定功能，但它们与更大的系统是相互联系和互动的，形成了一个相互依赖的整体。这种视角强调了自然的和谐、整体性和相互依赖性。

地球是一个庞大且复杂的生态系统，交织着不同的成分、层带与过程。从成分来看，可以划分为两大类，分别为生物组分和环境组分。其中生物组分又能进一步划分为三大功能类群，即生产者、消费者、分解者，环境组分可以进一步划分为四大类，即辐射、大气、水体、土体。从层带来看，主要包括大气圈、生物圈、矿物圈。从过程来看，主要可以分为物质、能量以及信息的流动与循环。这些层带、成分、过程相互影响、综合交错，共同构建了一个错综复杂又井然有序的整体画面，任何部分的微小改变都可能对其他部分产生连锁反应，进而引发整个生态系统的失衡。这正彰显了生态系统之间的脆弱性和相互依赖性，强调了维护其稳定和平衡的重要性。要维持生态系统的稳定性，就必须稳定生物的多样性。以一个简单的草原生态为例，当只有草、兔子和猫头鹰这三个物种存在时，任何一个物种的波动都会对整个系统带来巨大影响。例如，兔子的数量骤减或完全消失，猫头鹰将面临食物短缺的风险。但假设这片草原的生态更加丰富，存在如老鼠、蛇和其他鸟类等多种生物，那么即使兔子的数量减少，猫头鹰仍有其他食物来源。同样，若这一草原中还生活有其他肉食动物，如狐狸，那么猫头鹰的消失或减少并不会使得兔子或老鼠的数量暴增，因为还有其他天敌。这揭示了一个关键的生态原则：食物网的复杂性和生物多样性越高，生态系统的稳定性通常越强。这也强调了保护生物多样性的重要性，因为它是维护整个生态稳定的基石。生态系统的稳定性是各种生物生存和繁衍的前提。在这一大的生态体系中，各种食物链，如捕食、碎食、寄生和腐生食物链，相互作用并共同维持生态平衡。在这些食物链中，没有任何生物是多余或孤立存在的。每一种生物，无论大小，都在生态网中有着特定的角色和功能。以濒临太平洋的西北部森林为例，那里的伐木活动曾导致森林被大面积砍伐。但随后，人们发现在某些地区难以恢复原有的森林。这是因为这些伐木者未能充分认识到，除了主要的树木，其他植物，甚至一些看起来像"杂草"的植物，也为森林提供了关键的生态功能。例如，某些在原生森林中生长的地衣看似微不足道，但实际上它们具有固氮的功能，为土壤提供了必要的养分，支持森林的再生。这一例子有力地说明每一个生态组成部分都是宝贵的，人们不能仅仅根据它们的外观或直观的价值来评判其重要性。维护生态平衡需要我们全面、深入地理解生态系统的复杂性和互联性。

在传统主客二分的哲学视角中，人是主，物是客，人对自然具有优先权，自然是人改造和利用的对象。在这种关系中的审美教育里，自然被赋予一种"人化"的美，它是人们情感的投射，我们常常听到"以我观物，故物皆着我之色彩"。在这种观念下，人不仅是自然之美的发现者，更是其创造者和欣赏者。人们从一种高高在上的角度看待自然，把自己的情感和审美价值投射到自然之上。然而，生态主义提供了一种不同的视角。在生态主义的观念中，人类并不是自然的主宰，只是众多生物中的一员。从这个角度来看，人类并没有超越其他生命的特权。事实上，所有生物，无论高低，都有其存在的价值和权利。这不仅是生存的权利，也包括被欣赏和被认知的权利。这种观点强调与自然的平等关系，认为人类应当更加尊重和珍视自然，而不是仅仅从人的需求和欣赏角度来看待它。

但是，生态主义也存在一种内在的焦虑：当人类与其他生物间的利益发生冲突时，应该如何权衡？根据生态主义的生态圈理论推行，人位于金字塔的顶端，选择牺牲一些人更有助于生态结构的稳定。显而易见，生态主义理论亦有偏颇之处。

针对这一说法，我国生态美学家曾繁仁先生倡导生态人文主义，试图融合人类中心主义与生态中心主义，寻找二者之间的平衡。生态人文主义既不全盘接受生态中心主义所倡导的"自然内在价值论"，也不完全认同人类中心主义的"自然工具论"。它努力寻找一种中间立场，旨在确认人类在自然中的重要地位，也强调自然内在的价值与其对人类的实际价值之间的融合。生态人文主义不仅反对生态中心主义的观点，即自然具有固有的权利，也不认同人类中心主义的"天赋人权观"。它提倡从一个更广泛的生态整体论角度来看待自然权利的问题，确保人与自然都能在生态系统中和谐共存。生态人文主义拒绝生态中心主义的"绝对平等论"和人类中心主义的"相对平等论"。这意味着人们应当避免将某一方面的价值观推到极端，而是寻求一个平衡，让人与自然能够在相互尊重的基础上共存。曾繁仁先生提出的生态人文主义就是生态整体主义。在生态文明的时代背景下，生态审美教育正逐渐成为一种新的审美教育趋势。在这样的背景下，曾繁仁先生提出了生态整体主义，也被称为生态人文主义，为新的生态美学与生态审美教育提供了哲学的基石。

二、生态整体主义与复杂性生态哲学

传统哲学和复杂性生态哲学在"系统"理解上存在根本的差异。在传统哲学中，一个系统被看作由一系列固定的原子构成的，这些原子具有既定的属性，而这些属性预定了系统的总体功能和特性。换言之，传统的视角强调系统的线性和确定性，认为较小的部件直接决定了整体的特性。而复杂性生态哲学则与之不同，系统不再被视为由固定的原子构成的，而是由一系列动态的、不断演变的组织构成。更重要的是，这些组织之间存在非线性的相互作用，它们在一个充满变数和可能性的环境中进行选择与进化。这种理解强调了系统的不确定性和动态性，认为系统的行为是在混沌与有序的边界上产生的。复杂性生态哲学的发起者路德维希·冯·贝塔朗菲提出："作为一个整体的系统概念——与分析和累加观点相对立；动态概念——与静态和机器理论相对立；有机体原本是主动的系统的概念——与有机体原本是反应的系统的概念相对立。"[①] 在贝塔朗菲的复杂性理论中，整体主义是系统形态的基础。这里所谈论的"系统"与经典物理学里的"原子"概念有着本质的区别。它并不是一个简单固定的单位，而是一个动态的、可自我调整和演化的有组织结构。

在机械生命观中，生命是由原子构成的，并受其决定，视原子为生命的基石。而活力论生命观持有的是生命带有某种"灵魂"，由某种超自然的力量如"上帝"所掌控。但无论是机械生命观，还是活力论，它们对"系统"的理解都固守在一个框架内，即机械决定性和经典的科学逻辑：它们都认为系

---

① 路德维希·冯·贝塔朗菲，生命问题——现代生物学思想评价[M].吴晓江，译.北京：商务印书馆，1999.

统是确定的、封闭的、线性的，即原子经过某种对立与统一的过程达到一种均衡状态。贝塔朗菲不否认这一点，其认为："活机体只是在表现上持续存在和稳定不变的，实际上，它是一种不断流动的表现。新陈代谢是所有活机体的特征，新陈代谢的结果，表现为活机体的组分从某一瞬间到另一瞬间是不相同的。活的形态不是存在，而是发生。它们是物质和能量不断流动的表现，这些物质和能量通过有机体，同时又构成有机体。"① 生命有机体的变化并不是仅仅受到外力的影响，而是由有机体内部的选择机制、适应性和自我调整作用共同影响并塑造的。在贝塔朗菲的视角下，生命的选择不是固定或单一的路径，而是在一个混沌的、非平衡的状态中进行的多种可能性的探索，最终形成一个新的生命形态。这种观点跳出了传统的机械生命观框架，揭示了生命的不确定性、复杂性和整体性特点。

比利时物理学家伊利亚·普里戈金将复杂性理论推向了一个新的高度。与以牛顿为代表的经典科学家持不同观点，普里戈金对传统的科学理性质疑，认为由这种科学理性引导的科学技术实际上导致人类的异化，因为无论其技术多么先进，都不能突破人类存在的本质局限，正如他所说的："无限的熵垒把可能存在的初始条件与不允许的初始条件分隔开。由于这个壁垒是无限的，所以技术的进步永远也不可能克服它。"② 在物理学领域，熵是客观世界中的一种现实存在，对人们形成了一道不可穿透的壁垒。基于此，普里戈金提出了耗散结构理论，强调开放系统的目标并不是消除熵，而是从熵的增加中创造出新的有序状态。耗散结构理论向人们展示了如何通过与外部环境的交互，在快速的自然变化中维持生态系统的稳定性和有序性。因此，耗散结构理论为生态哲学提供了坚实的科学基石和理论支撑。

"涨落"作为一个与耗散结构理论密切相关的概念，向人们展示了生态系统的微妙平衡。在处于平衡状态的生态系统中，所有物质元素和谐共存，不相互干扰。但在非平衡状态下，即使是最微小的变动，也能在系统内部形成

---

① 路德维希·冯·贝塔朗菲.生命问题——现代生物学思想评价[M].吴晓江，译.北京：商务印书馆，1999.

② 伊·普里戈金.从混沌到有序——人与自然的新对话[M].伊·斯唐热（I.Stengers），曾庆宏，沈小峰，译.上海：上海译文出版社，2005.

长程的连锁反应，从而产生巨大影响，有时这些变动甚至可能催生全新的生命形态。重要的是，这种变化是不可逆的。此理论不仅揭示了生态系统的随机性和不确定性，更提醒人类要珍惜和保护自然环境。因为受"涨落"的影响，未来的生态环境充满了未知和不可预测性。

圣菲研究所作为举世闻名的复杂性理论研究团体，对复杂性理论研究的关注点集中在适应性主体，尤其隐秩序理论，为人类提供了对生命多样性的独特洞见。他们探讨的"涌现"概念进一步深化了人类对生命进化过程中复杂性的认识。圣菲研究所的学术指导委员会主席霍兰提出："生态系统不断地变化着，呈现出绚丽多姿的相互作用及其种种后果，如共生、寄生、生物学'军备竞赛'和拟态，等等。在这个复杂的生物圈里，物质、能量和信息等结合在一起循环往复。"[①] 例如，在原始森林中，复杂的食物链和多样性使得资源不断被创造和循环。这种视角揭示了，如果人类能够充分认识且利用生态系统的复杂性，并在不超出生态系统承载能力的前提下合理开发和利用资源，那么人类与自然之间就有可能实现真正的和谐共生。

"涌现"在西方哲学中描述的是从基本的组成部分到更高层次的复杂结构的过渡，这一理论与中国古代道家的"道生一，一生二，二生三，三生万物"哲学思想存在显著的相似性。在道家观点中，"二"象征着阴阳之气，代表宇宙的两个对立极端，它们之间的关系主要是线性的，这种关系无法产生"涌现"。然而，"三"指的是天、地与混沌之气，成了万物生长的起源。在"涌现"的框架下，"三"代表了最基础的非线性元素，这种非线性关系为自然元素间创造了丰富的相互作用和映射，在特定条件下这种相互作用会被极大地放大，促使生命和自然界的无尽变化和创造。之所以将"涌现"作为生态哲学的范畴之一，是因为它与系统的形态生成紧密相关。实际上，"涌现"可以被看作形态的出现和创新。无论从拓扑结构、物理结构还是从特性上看，系统在时空中都表现为一种独特的新形式。因此，从这个角度理解，"涌现"可以被视为宇宙中独特和宝贵的特性。

综上分析可知，复杂性生态哲学揭示了生态系统突出的整体性特点，这

---

① 约翰·H.霍兰.隐秩序适应性造就复杂性[M].周晓牧，韩晖，译.上海：上海科技教育出版社，2000.

一系统是不断变化和高度复杂的，其中生物的自主性与自发的适应行为为系统带来了偶然性和开放性。这种非线性的生成机制是把双刃剑：它可能导致不可逆的生态破坏，但也可能使得在可承受的压力下的生态系统恢复自然平衡。地区生态系统的可持续性和良性运作主要取决于人类的态度和行动。如果人们能够时刻关注生态系统的健康，并在系统出现失衡时采取适当的修复措施，那么生态系统就有可能实现长期的健康循环。

第二节　高校生态审美教育的理论之源

一、中国古代审美教育的生态智慧

在古代中国，农业是主要的生产方式。在长期的劳动实践中，先民逐渐创造出了一套独特的审美教育模式。这种模式有时以大自然中的山水为教育工具，有时以艺术作品为参照，有时采用自然元素作为传达审美的媒介。从生态美学的角度可以发现这种审美教育无论在其方法、过程还是传达方式上，都充满了丰富的生态审美智慧。

（一）中国古代审美教育的主要手段

西方的审美教育以艺术为主要方式，中国古代则与之不同，更加倾向通过自然山水作为主要手段来进行审美教育。在宁静的山水之间，古代的文人墨客经常将自己与世俗纷扰隔离开来，使心灵得以净化，与自然融为一体。为何自然山水具有如此巨大的吸引力？这是因为自然之美源于其不加修饰的、原始的状态，其美的存在与宇宙的道息息相关，超越了人为创造的美感。在这样的背景下，自然山水不仅成了人们体验和感知道的平台，也是一种净化心灵、荡涤心灵尘埃的方式。当然，古代中国文人在选择山水美育场所时是非常讲究的，并非所有自然景色都适合进行美育，只有那些具有优美景致的山水才能引发人们的审美情感，使人的心灵得到平静和满足。从美育的视角出发，这些优美的山水不仅是与人相对立的审美对象，更是人类精神和情感的塑造者。在人与自然的关系中，双方共同存在于一个和谐的循环之中。人们从自然中获得德行的启示和熏陶，与此同时，人们作为具有德行的存在，也有责任赞美和维护自然，进一步促进万物的繁衍与和谐。这种观念强调了天、地和人三者之间的和谐关系和互相依存的重要性。

中国古代审美教育的第二种手段则是艺术教育。与西方明确区分各个艺术领域不同，中国的艺术教育将诗歌、音乐、绘画和舞蹈等融为一体，称为礼乐教化。这种教化的目的不仅是娱乐和愉悦，更重要的是塑造一个内外和谐、风雅有德的人，即那种文质彬彬的君子形象。文质彬彬不仅是德行的体现，也是审美修养的最高标准。在这样的教育观念下，德行的培养并不仅是表面上的教诲，更是要深入人的内心，转化为一种审美的享受。只有当道德变得吸引人，使人感到愉悦，进而达到"游于艺"的高度，那些崇高的价值观，如道、德、仁，才能真正根植人们的心中，成为人的本性和真正的追求。

（二）中国古代审美教育的言说方式

作为思想情感的表达方式，言说本身反映了言说者的内在价值观和情感倾向。中国古代的美学和文艺理论善于利用自然作为象征和隐喻，深化对中国古人的审美情趣和审美追求的表达。这种隐喻性的表达方式使人们能够更加深入地领略古人对生态和审美的情感投射。例如，刘熙载在他的作品《艺概》中，利用四季的自然景致来刻画不同的审美情感，他提出了四种"意境"审美风格："花鸟缠绵"描述了绚丽多彩的美，"云雷奋发"描绘了充满激情和力量的美，"弦泉幽咽"表达了寂静和哀愁的美，而"雪月空明"则呈现了宁静与超脱的美。[①] 通过这样的自然元素描述，刘熙载成功地将各种复杂的情感与大自然的美景结合在一起，展现了中国古人与自然之间的紧密关系和深厚的生态审美情怀。

中国古人常常以自然为载体言说艺术审美体验，主要目的在于突破传统语言的限制，以更为隐晦、抽象的方式来呈现深沉的审美情感。这种表达方式不仅深度挖掘了自然和艺术之间的紧密联系，也将两者的美感完美地融合

---

① 刘熙载．艺概 [M]．杭州：浙江人民美术出版社，2017.

在一起，从而极大地激发了观众的审美想象力和生态审美觉悟。这种以自然为载体的表达方式恰如"诗意的觉醒"那样，将深层的情感和精神状态与自然景观紧密结合起来，从而赋予作品更为深沉和广泛的意涵。由此可见，无论是中国的山水画家，还是文人墨客，他们都常常以山、树、花为创作题材，不仅是为了描绘自然景观的美，更是为了通过这些景观来传达一种深植中华民族骨髓的宇宙观和对自然的感性情怀。学者刘锋杰将这种情感和精神状态称为自然感性，深刻地总结了中国古人在对待艺术与自然时所持有的独特态度和情感倾向。[①] 自然感性揭示了人们对自然的深入感知和经验，包括对自然景观的敏锐感知、与大自然之间的紧密连接和相互响应的能力以及从生命深处涌现的对自然的亲近感和归属感。这种感性不仅能够拓展我们的审美视角，使我们对自然有更加深刻的理解和感悟，而且能促使审美主体从"以我观物"转变为"以物观物"。当一个人真正拥有了自然感性，便能打破人与自然的界限，使生活中充满诗意，并将这种诗意化的生活方式作为其灵魂的栖息地。在这种视角下，中国古典美学把自然作为审美和表达的中介，通过对自然的审美体验和表达方式来建构一种艺术与自然、生命与生态的和谐关系。这种关系不仅有助于培养古代士人的德行，更进一步促进了生态人格的形成。

通过将自然作为表达载体，中国古代文化强调了人与自然之间深深的道德和审美联系。在先秦的儒家思想中，自然的特定景物常被用作比喻，描述人的道德特质。这不是简单地赋予自然以人的情感，而是通过观察自然的本质去揭示和理解德的深远意义。在古代中国，德行并没有一个明确的定义，而是在对自然万物的感知与体验中得以表达和体现。例如，古人特别钟爱松、竹、梅等植物，不仅是因为它们的美丽，更因为它们所表现出的高尚特质，如坚韧、纯净和傲雪寒冬的坚毅，这些特质与理想的君子人格相呼应。因此，中国古人不仅是欣赏自然的美，他们也在自然中寻找与人的德行相似或相应的品质，这种寻找建立了人与自然之间的精神纽带，使得人与自然能达到和谐共生的境界。也就是说，在以自然为言说载体的审美建构中，通过以自然为言说载体，人们将对完美的追求、对心灵的陶冶和对生命意识的探索外映

---

① 刘锋杰.生命之敞亮——王国维"境界"说诗学属性论[M].上海：上海教育出版社，2018.

于自然之中，不仅能够帮助人们深化对自然的审美感知，还能助力于心灵的净化和内心的静默。这种言说方式促使人们在万物中游走，洞悉生命的细微之处，进而感受人与自然的深刻联系，理解人与宇宙的一体性，使得古人在自然中找到了自我，实现了人与自然的和谐共生和共鸣。

按照人类对宇宙人生的觉解程度，冯友兰将人生的境界分为四个层次，其中自然境界和功利境界主要涉及人在现实世界中的生存状态，而道德境界和天地境界是对更高的精神追求与实现。① 在中国古代的美育传统中，自然常被用作审美与艺术的表达载体，它不仅是外部景观，更多的是人心灵的投影，用来象征君子的高尚人格。这种以自然为中介的美学方法强调了人与自然、艺术之间的紧密联系。在此过程中，自然不仅被人们精神化和人性化，同时人们也受到自然的熏陶，将其人格修养提升到一个更高的审美层次。这种与道和谐统一的人格境界正是冯友兰所说的天地境界，这个境界不仅代表了对道德的坚守和践行，还意味着对自然、艺术和人的深度体验和理解，实现了人与宇宙、艺术与自然的高度和谐。

二、中国传统艺术的生态审美智慧

在中国传统艺术中，生态审美的智慧广泛存在，它不仅体现在艺术的具体媒介和表现手法上，还深入创作的原则和艺术的核心追求。特别是在艺术家们的世界观和价值观中，这种生态审美的观点得到了鲜明的表达。中国传统艺术的生态审美智慧主要包括以下几点，如图 5-1 所示。

---

① 冯友兰.一种人生观 [M].北京：台海出版社，2022.

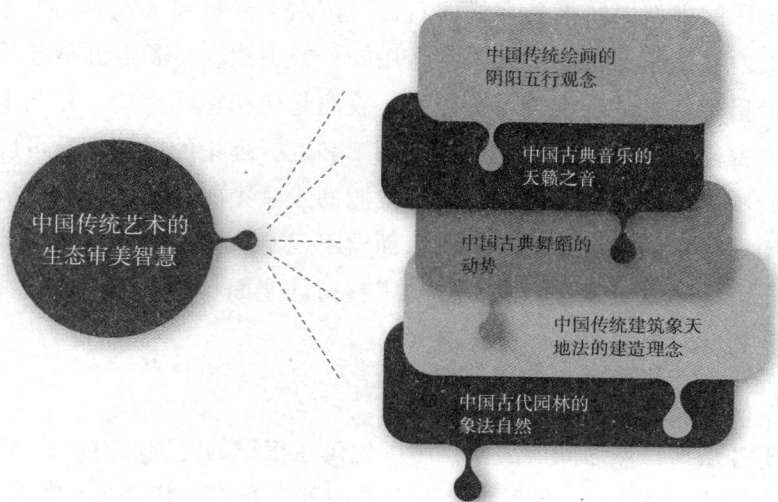

图 5-1　中国传统艺术的生态审美智慧

（一）中国传统绘画的阴阳五行观念

阴阳观念最早出现在春秋时代的《周易》中，所谓"潜龙勿用，阳气潜藏。履霜坚冰，阴始疑也。阴疑（凝）于阳必战，为其嫌于无阳也。乾，阳物也；坤，阴物也。阳卦奇、阴卦偶。分阴分阳，迭用柔刚。阴阳合德，而刚柔有体"①。从这里可以看出，《周易》所论的"阴阳"指涉由天文时令发展为男女两性，再由男女两性上升至哲学与美学的范畴。阴阳的概念揭示了万事万物之间相互依存、互补与共生的本质关系，其中的刚与柔、男与女都是这种相对平衡的具体体现。"阴阳"之间的动态平衡呈现了生命中相互交织、相互影响的两种基本力量。在这之后，阴阳的思想渗透并成为中国传统文化各领域的核心，如预测、天文学、历法、中医和哲学，甚至艺术都深受其影响。

在中国的传统山水画中，对于虚与实的布局融入了阴阳观念。其中，虚象征阴性，而实代表阳性，这种布局模仿自然的真实面貌，通过虚与实、浓与淡、远与近、高与低的阴阳对比来塑造空间和深度。在技术层面上，山水

---

① 姬昌等，译注. 周易 [M]. 东篱子，北京：北京时代华文书局，2014：1-7.

画强调阴阳的平衡，特别是在描述石头、树木、云彩和水流时。为了充分展现山石的内在阴阳属性，画家通常运用勾、皴、擦、染和点五种技巧。这些技法帮助呈现山石的层次、光影变化、表面起伏和整体意境。在艺术的造型上，中国古代绘画自诞生之初就深受阴阳和五行理论的影响。这可以从我国最早的岩画中窥见一斑。例如，云南沧源的崖画中的村落图，通过散点透视法呈现出了村落的全貌和相关事件。而这不仅是从一个固定视角来描绘，而是融合了五个不同的视点，从而展现了村落的全面布局、朝向和一些特定场景，如胜利者的归来。

（二）中国古典音乐的天籁之音

关于音乐与自然之间的关系，中国先民在很早的时候就有所认识了。《山海经·大荒东经》云："东海有流波山……其上有兽，状如牛，苍身而无角，一足，出入水则必风雨，其光如日月，其声如雷，其名曰夔。黄帝得之，以其皮为鼓，橛以雷兽之骨，声闻五百里，以威天下。"[1] 在古人眼中，"鼓"乐器源于自然的启迪，鼓声就是用来模仿野兽的吼叫声的。在中国文化中，"自然"有两层含义：一是指自然界，包括山川、草木、风雨等；二是指人的本性，即天生的、未受后天影响的状态。老子的"道法自然"中，这两种对"自然"的理解被完美地融为一体。这是因为大自然和人的本性之间存在一种深刻的和谐与一致。自然界的存在与展现反映了人的真实本性，而人的真实本性同样是大自然的一种表现。中国古典音乐的自然之美正体现在这两方面，它不仅借鉴和模仿大自然中的声响，如风声、水声、鸟鸣等，也寻求展现人们内心深处的情感和本性。这种双重的"自然之美"正是中国古典音乐的魅力所在。

在乐器制造上，中国古典音乐为了保持自然本色，制造乐器时主要使用竹、木、芦苇、葫芦等天然材料，归结为"石、土、革、丝、木、匏、竹"等。这种对天然材料的采用不仅是对自然属性的崇尚和延续，更显示了尊重大自然的多样性和独特性。以中国的拉弦乐器胡琴为例，其制造材料和工艺各异，为每种乐器赋予了独特的音色。胡琴的主体部分通常使用红木、乌木、

---

① 刘向，刘歆.山海经[M].崇贤书院，校注.北京：北京联合出版公司，2017.

紫檀木、花梨木或竹子，琴皮则选择蛇皮或蟒皮，琴码使用高粱秸秆、火柴签或铅笔，而琴弦则由棉线或丝线制成。正是由于这些不同的材料选择和精湛的工艺，才有了胡琴家族丰富多彩的音色。例如，二胡以其清脆纤细的音色传递出南方的温柔与缠绵，而板胡嘹亮而宏大的音色则呈现了北方游牧民族的豪放与激情；再如京胡，其音色圆润，与京剧演员的嗓音和唱腔和谐相伴，展现出了京剧独特的艺术魅力。

（三）中国古典舞蹈的动势

舞蹈作为一种古老的艺术形式，深刻反映了一个民族的艺术精神与审美品格，是生命的展现和情感的释放。中国古典舞蹈的意象主要体现在两方面：一方面是身体造型，另一方面是"力"的幻象。它以各种形体动作作为表现手段，揭示了古人对于自我、自然、社会及宇宙的深入体悟和洞察。在舞蹈的律动中，如左旋、右转和圆转这些基本动作象征了中国古代哲学中的乾坤、阴阳相互对立、互动互生的易之世界模式，在无言之中向观众展现了宇宙之奥秘与和谐。

相比于西洋文明，中国文化具有含蓄、内敛的特点，这种文化特征在舞蹈艺术中得到了淋漓尽致的体现，特别是在舞蹈的姿势和动作中追求"圆"的表达。在中国古典舞蹈中，无论是单一的手臂动作，还是整体的舞姿，从细微的指尖、手腕到宏大的整体姿态，从汉代"翘袖折腰"的舞蹈传统到现代戏曲舞蹈，都凸显了这一"圆"形的基本特征。舞者的各部位，如头、胸、腹和脚，均保持交错而非对齐的关系，展现出旋绕、扭曲的"圆"形姿态。例如"卧鱼"姿势中，舞者双腿盘绕，双臂环抱，整个人体扭转，塑造出完美的"圆"形。中国古典舞的基本动作如曲、拧、倾、含和胜等都是基于"圆"的核心理念。而"圆"的表达形式多样，涵盖了"平圆""立圆""8字圆"以及"大圈套小圈"等，显示出中华文化在舞蹈艺术中对"圆"的深刻追求和独到理解。

（四）中国传统建筑象天地法的建造理念

中国古人宇宙观的建立在很大程度上受到建筑物造型的启发和影响。在传统观念中，"宇"与"宙"是相互依赖的概念。其中，"宇"代表空间，而

"宙"是支撑这个空间的时间轴线。这种关系可以类比为一座房屋：单纯的"宇"如同没有支撑的空间，而缺少"宙"，即如同去掉房屋的栋梁，整个结构都将崩塌。这种思维模式使人们深入地将宇宙与建筑相提并论。在这种视角下，建筑不仅是物理上的遮蔽和栖息之地，而且在哲学上成了宇宙的微观再现。这种认识揭示了古人对于天地、空间和时间的统一与和谐的哲学思考。

中国传统建筑的形式多种多样，从气势恢宏的皇家宫殿到自然舒适的民间庭院，从神圣威严的寺观庙宇到庄严肃穆的园林陵墓。不论这些建筑的形式如何变化，它们都融入了一种"宇宙的图案"，这一图案主要是基于《易经》中的八卦图式，并通过建筑的形态和布局为人们提供了一个宇宙观念的物化表现。这不仅体现了古人的哲学思想，也展示了中国建筑对于天地和宇宙之间关系的深度探索与体现。

在中国传统建筑中，"宇宙图案"的体现不仅限于建筑的布局、方位和命名，还在于"象"和"数"的象征。"象"是一种直观的形式符号，代表了古人对宇宙的具象表达。例如，北京的天坛中的祈年殿、圜丘、皇穹宇结构上外部呈方形而内部呈圆形，这是一种对"天圆地方"宇宙观的形象诠释。"数"在中国传统文化中具有深厚的象征意义。奇数如一、三、五、七、九等被视为阳数（天数），而偶数如二、四、六、八、十等被视为阴数（地数）。中国许多古塔在建筑层数上采用奇数，但在边数上采用偶数，这背后的哲理就是对阴阳宇宙观的诠释，展现了天地交互、合二为一的哲学思想。

（五）中国古代园林的象法自然

中国古典园林最引人入胜的特点便是对自然的崇尚和赞美。与其说是由人工建筑或繁复的装饰所引导，不如说是由对自然环境的精心塑造和对大自然氛围的再现来打动人心。这种设计哲学深受道家亲和自然的理念所影响。在这样的园林中，真正主宰和引领观者情感的并非精巧的建筑，而是园内所呈现的自然之美。中国古典园林的魅力源于其对青山绿水的巧妙营造。山被视为园林的支撑和骨骼。在有天然山势的园林中，设计师巧妙地利用并扩展其美感，而在无山的地方，则会用天然的土石制作假山。这些假山无论大小，都讲求真实感，目标是使游人难以分辨其真假。通过小范围的山景设计，园林能够传达出真正山脉的雄伟与神韵。而水则是园林的生命之源，它的存在不仅增添了园林的景色，还在一定程度上调节了温度和湿度，为游人营造舒适的环境。古典园林中的水体有各种形态，如湖泊、河流、泉眼、深潭及流水等，它们常常围绕山势流淌。在这种设计中，山体静谧而雄壮，水体流淌而灵动，这种动静结合为园林注入了无尽的活力和生命力。

中国古典园林不仅是对自然之美的诠释，更是对生态艺术和伦理的追求。在这种设计中，追求自然的真实感是其美学之一，而追求与自然和谐共生的伦理则是其核心价值观。园林的设计旨在模仿、借鉴并尊重自然，这不仅是为了美学效果，更体现了对生态环境的尊重与维护。生态节制观是中国古典园林的核心伦理理念，强调人类应当在与自然的互动中遵循自然的节奏和规律。这意味着在使用或改变自然时，要确保不破坏其基本的生态平衡和完整性。通过这种方式，古典园林不仅展现了一种美学，更展现了一种与自然和谐相处的哲学和生活方式。

三、西方生态美学的基本范畴

西方生态美学的基本范畴包括生态审美本性论、"诗意地栖居观""四方游戏说"等，如图5-2所示。

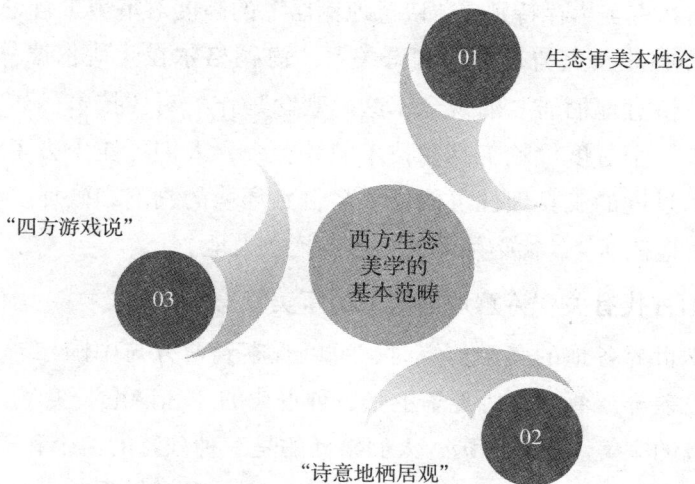

01 生态审美本性论

"四方游戏说"

西方生态美学的基本范畴

03

02

"诗意地栖居观"

图5-2 西方生态美学的基本范畴

（一）生态审美本性论

从生态存在论哲学观角度出发，可以将当代人的生态本性归纳为以下三个方面：其一，人的生态本源性。即自然不仅是人类生存的基础，更是人类生命的起源，为人类提供了必要的资源，滋养了人类的生命，使人类能够生存和繁衍。其二，人的生态环链性。即人类是生态链中必不可少的一部分，如果人类被从这个链条中摘除，那么整个生态系统可能发生严重失衡。反之，任何对生态环境的伤害都会对人类自身产生直接或间接的影响，因为我们是生态链的一部分，无法与之割裂。其三，人的生态自觉性。即人类与其他生物的一个主要区别在于理性，这使得人类有能力去理解、评估并采取行动，确保生态环境的健康和平衡。因此，人类不仅要认识到自己在生态链中的位置，更应该利用自己的理性，对待环境持续采取负责任的态度，以保障所有生命的共同利益。

（二）"诗意地栖居观"

1. "诗意地栖居"命题的内涵

一般的审美停留于人体身心上的感受，如陶冶情操、身心开朗、荡气回肠，能够站在审美生存特别是"诗意地栖居"的高度对审美进行论述，而"栖居"本身势必涉及人与自然的和谐关系。海德格尔在《荷尔德林诗的阐释》中提出了"诗意地栖居"的观念，这一观念是作为对"技术栖居"过度发展的回应，在一个过度依赖工具和技术的社会中，人们可能失去了与自然的真正联系，而过度的工具理性可能导致对自然环境的剥削和破坏。① 要想真正做到"诗意地栖居"，就必须爱护自然、拯救大地。

2. 中国古代有关"诗意地栖居"的审美智慧

在探索世界各地的美学传统时，可以观察到西方与中国在对待美的理解上存在明显差异。西方古代美学主张一种古典的"和谐论"美学，强调形式、平衡和比例的完美。而在中国，人们崇尚的是一种独特的"中和美"。中国古代的"中和美"不仅局限于表面上的审美，而是深深植根生活的伦理和哲学

---

① 海德格尔.荷尔德林诗的阐释[M].孙周兴，译.北京：商务印书馆，2014.

中。它强调的是一种人生的平衡和调和，即人与自然、人与人之间的和谐关系，这也被称为"诗意地栖居"，意味着人们在与大自然和社会相互作用的过程中，寻求和谐和平衡。《乐记·乐论篇》指出："大乐与天地同和，大礼与天地同节。和，故百物不失。节，故祀天祭地。"[①] 这里揭示了礼和乐的作用不仅是为了娱乐或仪式，更是为了实现与天地之间的和谐。这种和谐关系是确保万物和平共处，以及人与自然、人与人之间相互尊重的关键。

（三）"四方游戏说"

1. "四方游戏说"的美学内涵

"四方游戏说"由海德格尔提出，即通过消除遮挡真理的阻碍，使人们从困惑中走向清晰，进而达到"诗意地栖居"。这种"诗意地栖居"意味着在天、地、神和人的和谐融合中寻找存在的意义。与此相反，长期以来，人类一直处于对自然的统治地位，这种"人类中心主义"思想使得人与自然之间的关系变得紧张。而海德格尔的"四方游戏说"挑战了这一传统观念，提出了一个全新的视角，即人不再是宇宙的中心，而是与天、地、神同等重要的存在。这种观点提倡人与自然和其他生命体之间的和谐共生，强调生态平等、生态同情和生态审美。它鼓励我们看待自然不仅是资源，而是与我们息息相关的生命共同体，值得我们尊重和珍视。

2. 海德格尔"四方游戏说"的形成与中国古代道家学说的借鉴关系

海德格尔这位西方哲学家的思考深受中国道家哲学的影响，尤其老庄的思想，已经得到了众多学者的证实。他的作品中有与道家相似的观念，尽管这种影响在某些时候可能是潜在的。海德格尔在描述天、地、神、人之间的关系时，提到了"四方游戏"，这与老子所描述的"域中有四大而人为其一"的观念有明显的相似性。这两种思考都试图探索宇宙中各个要素之间的关系和互动。海德格尔借助老子的"三十辐共一毂，当其无，有车之用"来阐释"存在者"与"存在"之间的不同之处。海德格尔还引用了庄子与惠子有关鱼之乐的对话，作为一个比喻来区分存在论与认识论。这个故事凸显了直接经

---

① 吉联抗译注，阴法鲁校订. 乐记 [M]. 上海：音乐出版社，1958.

验与间接推理之间的差异，而这正是海德格尔哲学探索的核心。不难看出，海德格尔与中国古代道家哲学之间的深刻联系。这不仅表明了文化与思想跨越文明的交流，还凸显了古代中国生态审美智慧在现代哲学和生态伦理中的持续价值。

第三节　高校生态审美教育的实践之维

一、高校审美教育人才培养方案中融入生态理念

在高等审美教育体系中，人才培养方案是对教育目标、内容、结构和过程的全面规划和设计。要将生态理念融入审美教育，首先必须从人才培养方案的角度进行深入思考和改革。

（一）明确培养目标的生态定位

高校审美教育在确定其培养目标时，首先要考虑将生态意识与生态审美视为核心要素。这不仅意味着学生在毕业后应具备对美的传统认知与欣赏能力，还应有对自然与生态的深入洞察和理解，以及如何将生态价值与审美观念有机结合的能力。更具体地说，生态意识是对环境议题的认知、关心以及采取实际行动的意愿，如推广绿色出行、垃圾分类和节能减排。这种意识鼓励学生理解人类与自然之间的紧密联系，认识到人类的生存与繁衍离不开一个健康的生态环境。而生态审美不只是对自然景色的简单欣赏，它更深层地体现了一种生态伦理，即在欣赏自然之美的同时，还应尊重和保护自然，避免对其产生不良影响。审美教育中的这一部分要求学生用一个生态的视角来看待世界，寻找并创造与自然和谐的审美价值。

此外，需要强调将生态价值与审美价值结合起来的重要性，如在设计、艺术和建筑等领域中如何整合生态观念，使之既有审美意义，又遵循生态原则。这样，学生在培养对自然的尊重和敬畏的同时，还能学会如何与自然和

谐共生，并创作出既美观又具有生态意义的作品。

（二）重塑人才培养结构与模块

在传统审美教育中，人才培养的焦点多集中于艺术、文化和哲学等领域，这种方式在一定程度上局限了学生的视野和认知。为了应对当下生态危机并推进生态审美的理念，高校应重新构建人才培养的结构与模块。首先，生态学应被纳入核心课程之中，使学生理解生态平衡的重要性和生物多样性在维持地球健康中的角色。环境科学的引入会帮助学生认识到人类活动如何影响自然环境，从而培养他们的生态责任感。这些学科不仅为学生提供了对生态的科学了解，还为学生展示了生态系统的复杂性和脆弱性。仅仅引入生态学和环境科学是不够的，它们需要与艺术、哲学等传统审美学科相结合。例如，在艺术课程中，学生可以学习如何在作品中融入生态主题，使用可持续材料，或探索如何用艺术手段传达环境信息和唤起公众的生态意识。在哲学课程中，学生可以研究生态伦理学，探讨人类在生态系统中的位置以及与其他生物的关系。

二、高校审美教育教材建设中融入生态理念

教材作为承载知识和传播知识的物质载体，是学生获取知识的主要渠道，直接影响着教学效果。因此，在高校生态审美教育体系的建设中，教材体系的建设是重中之重，高校审美教育教材应根据课程设计，建设特色鲜明的生态美育系列教材，以确保美育教学体系的完善性、科学性。

（一）教材应强调生态审美的重要性

高校审美教育教材中融入生态理念是对时代变迁和全球生态趋势的有力回应。对于现代学生，单纯的传统审美教育已经不能满足他们对美的全面理解和体验。他们生活在一个与自然紧密相连、面临各种生态挑战的世界中，因此，他们的审美教育也需要反映这一点。强调生态审美的重要性意味着将审美教育与人们对生态环境的认识、关心和尊重结合起来。为了实现这一目标，教材必须进行一次深刻的转型。传统的审美教材主要聚焦艺术、文化和哲学内容，但现代的生态审美教材需要超越这些，纳入更广泛的学科领域。

例如，纳入生态学内容可以帮助学生理解自然的复杂性和美丽，从而培养他们对自然的敬畏和欣赏；引入环境科学可以使学生意识到人类行为对自然环境的影响以及如何采取行动来维护和恢复自然美景；生态伦理学则从哲学和道德的角度探讨人与自然的关系，引导学生思考如何在生活中践行生态审美。

（二）教材中的案例应体现生态意识

教材中的案例在审美教育中占据至关重要的地位，它们为学生提供了理论与现实、观念与实践之间的桥梁。在融入生态理念的审美教育教材中，选择具有生态意识的实例和案例变得尤为关键。它们能够直观地展示生态审美的内涵，使得这一概念不再是一个抽象的理念，而是深植实际生活、文化和艺术中的具体表现。例如，通过插入优秀文学作品，尤其是那些描述人与自然之间微妙关系、反映生态危机或呼吁生态保护的作品，可以引导学生深入思考，探讨生态伦理、生态责任和生态审美的价值。此外，音乐和艺术作品同样能够反映生态意识。一首描述大自然之美、唤起人们对自然的尊重和保护的歌曲，或是一幅展现自然原始风貌、体现人与自然和谐的画作都能为学生带来深入的审美体验，同时加深他们对生态价值的认识。

（三）教材中应强调实践的重要性

审美的真正意义不仅在于欣赏，更在于实践中的体验和创造。通过实践活动，学生能够更深入地理解和体验生态审美的核心价值，进而将这一价值转化为实际行动，为生态环境做出贡献。例如，参观生态农场实践活动为学生提供了一个真实的环境，让他们直观地看到人与自然如何和谐共存，如何在尊重自然的基础上，利用生态原理进行高效、可持续的农业生产。这种亲身体验能够帮助学生深入理解生态的重要性，激发他们对生态环境的关心和责任感。又如，环境保护实践可以让学生参与到实际的环境治理和保护工作中，如垃圾分类、植树造林、水源保护等。这些活动让学生亲身体验到保护环境的困难和重要性，培养他们的环境意识，使其形成从内心尊重和保护自然的价值观。再如，生态美学创作是一个综合性的实践活动，可以要求学生将自己对生态的理解和感悟转化为具体的艺术创作，如绘画、摄影、音乐创作等。这不仅能培养学生的审美能力和创意思维，更能让他们真正将生态审美的理念融入自己的创作中，形成独特的艺术风格和观点。总之，实践活动不仅能为学生提供一个理论与实际相结合的平台，更能激发他们的积极性和创造力，帮助他们深入理解和体验生态审美，培养其生态审美实践能力。

三、高校审美教育课程设计中植入生态理念

在美育课程体系中应当巧妙地融入生态文化的内容，以确保与学生的实际需求和接受程度相匹配。设计这样的课程时，应避免过于刻意或者强制性的教育方式，这样可能引起学生的潜意识抵触。美育课程应当注重多样性、前沿性和新颖性，但更重要的是它们需要具有广泛的适用性，确保不同背景和兴趣的学生都能从中受益。在设计课程内容时，教师应考虑各种因素，确保内容既有深度又有广度，能够真正帮助培养学生的生态审美观念。

（一）课程交叉融合

美育在当代教育体系中不仅扮演着培养学生审美观的角色，更在于培养学生对于生命、自然与社会的深层次感知。为了真正达到这样的教育目标，我们需要确保课程的内容设计既满足学生的多样化需求，又具有广泛的包容性。

首先，考虑到学生的不同背景和兴趣，美育课程应当精心设计，确保内容多样化、层次分明。学生的学科背景、专业和兴趣点有所不同，一套固定的、单一的教学内容可能无法满足所有学生的需求。因此，分类设计的特色生态美育课程显得至关重要。例如，文学专业的学生可能对自然文学中的生态描述更感兴趣，而艺术学学生则可能更倾向通过绘画和设计来表达自己对于生态环境的认识和情感。其次，课程资源的丰富性和多样性也对学生的学习积极性产生直接影响。资源的单一性可能导致学生的厌学心理，进而影响整体的教学效果。为此，教育者和课程设计者需要不断寻找和利用各种资源，包括但不限于文献资料、多媒体资源、实地考察等，确保学生在学习过程中能够获得充分的、多角度的知识和信息。最后，学科交叉在现代教育中的价值日益凸显。将生态学与哲学、思政、艺术学、文学、工学和理学等学科相交叉，可以孵化出更有深度和广度的生态美育课程。例如，结合生态学和哲学，可以深入探讨人与自然的关系、自然环境对人的影响以及人如何在生态

环境中实现和谐共生。而结合生态学和工学，则可以研究如何利用科技手段来改善和保护生态环境，实现人与自然的和谐共生。

（二）课外联动协同

与传统课堂教学的第一课堂相比，第二课堂提供了一个更加实际、互动且多元化的环境，使学生有机会将理论知识运用到实际中，通过实践来巩固和深化所学知识。而在当下这个高度重视生态环保和绿色发展的时代，生态美育无疑应该成为第二课堂的一个重要部分。从教育的角度来看，生态美育不仅是学习关于自然和生态的知识，更重要的是培养学生的生态意识和审美情操。通过参与各种与生态相关的第二课堂活动，学生可以直接接触生态环境，亲身体验生态美，从而更深入地理解生态的价值和重要性。同时，这样的活动还能培养学生的团队合作能力、社会交往能力和社会责任感。例如，高校可以成立生态宣传公益社团，让学生参与到各种生态保护活动中，如种植树木、清理垃圾、保护野生动植物等。在这样的第二课堂活动中，学生不仅能够学到关于生态的知识，深入了解生态环境的重要性，还能够培养团队合作能力、创新能力和社会责任感。与此同时，第二课堂的这些活动也为学生提供了一个与社会接轨、与时俱进的平台，使他们能够更好地适应社会，更好地为社会做出贡献。

（三）网络可视化辅助

随着教育技术的快速发展，线上课堂如 MOOC、SPOC、微课、雨课堂、云课堂已成为教育的新趋势。这些在线教育平台为生态美育提供了全新的可能性，将传统的教育模式与现代技术相结合，既能够更高效、更直观地传达生态知识，也能够大大增强教育的便利性和广泛性。

首先，利用在线课堂可以有效节约资源。教师可以通过录制课程，实现一次录制、多次播放，从而为更多学生提供教育资源。这种方式不仅节约了教师的时间和精力，也使学生能够在任何时间、任何地点学习，大大提高了教育的灵活性和效率。而且，通过在线课堂，可以避免传统的教学场地限制，节约了教学场地和交通资源。其次，多媒体和虚拟现实手段可以极大增强生态美育的可视性、互动性和现实性。例如，传统的生态教育可能只能通过文字和图片来描述一个生态现象，而通过视频、音频等多媒体手段，学生可以更直观地看到和听到生态现象，从而更深入地理解生态知识。而虚拟现实技术则可以将学生带入一个虚拟的生态环境中，让学生亲身体验生态的美感和重要性，从而更加直观和生动地传达生态知识。

另外，在线课堂平台还具有很强的互动性，学生可以随时向教师提问、与其他学生讨论，甚至可以与其他学校、其他国家的学生交流，从而得到更广泛、更多元的知识和观点。这种互动性不仅增强了学习的趣味性，也大大提高了学习效果。

四、高校审美教育师资的生态培育

在现代高等教育体系中，大学教师的教学质量无疑对学生的学术成长和全面发展起到至关重要的作用。特别是在生态美育这一领域，教师的专业素养、教学方法和对生态价值的深刻理解直接影响学生的生态审美意识和实践能力的培养。因此，高校在推进生态美育的过程中，必须把加强师资队伍建设作为一项重要的战略任务。

（一）加强生态美育教师队伍的培训力度

一个优秀的教师不仅需要具备扎实的学科知识，还需要具备广泛的知识视野、较高的审美品位和丰富的教学技巧，由此才能在知识体系构建、个人特质发展和教育艺术上展现出独特的洞见。只有拥有这样高素质的教师队伍，才能真正培养出全面发展的年青一代。特别是在生态美育这一新兴领域，教师的角色更为关键。生态美育不仅需要教师具备专业知识，更需要他们具备深刻的生态审美意识。因此，高校应高度重视生态美育教师的培养，增加资金投入，为教师提供系统的培训和学习机会。

对此，高校应采取一系列实际有效的措施，可以定期举办学术交流活动，如研讨会、专家讲座等，邀请领域内的权威人士为教师带来前沿的研究成果和最新的教育方法，从而激发教师的教育热情并拓宽他们的学术视野。为了真正提高教师的教育效果，高校还需要从实际出发，为教师提供一个良好的工作环境。这意味着学校应确保教师在教学和研究中有足够的时间和资源。例如，对于教师的研究成果应给予合适的奖励制度，同时在晋升职称和薪资待遇上也要给予足够的重视和支持，从而激励教师更好地投身教育工作中。除此之外，为了让教师更好地开展生态美育教学，高校还应提供丰富的教学资源，包括最新的书籍、期刊、报纸等文献资料，帮助教师及时掌握生态美育的最新动态和研究进展。同时，学校还应为教师提供先进的教学器材和设备，如多媒体教学设备、实地考察工具等，支持教师在教学中融入更多的实践活动，使学生能更直观、更深入地理解和体验生态美育的精髓。

（二）鼓励教师从事生态美育的理论与实践研究

为了确保高校生态审美教育的持续发展，应激发和支持教师在这一领域内的研究与实践。国家、社会和学校都有责任共同助力，推动这一教育创新的发展。国家应当设立针对生态美育的科研专项基金，确保有足够的资源投入相关研究中，为这一领域的理论和实践提供坚实后盾。当教育部门和研究机构看到有明确的国家支持，他们更可能投身于此，并做出有意义的贡献。学校也应建立相应的激励机制，不仅是经济奖励，还包括学术晋升、教育资源和学术交流等方面的支持。当教师看到从事生态美育研究能为他们带来实际的职业发展和认可，自然更有动力和热情投入其中。社会各界也可以为大学生生态美育提供支持。企业、非政府组织和其他社会团体可以与高校合作，共同开展生态美育项目，或者为研究提供资金和资源支持。

五、高校生态审美教育管理体系构建

在美育体系的管理中，引入"生态 +"思维至关重要，这就需要在整个管理过程中都渗透生态意识。高校需要对自身拥有的生态美育资源进行全局性的规划和利用，确保这些资源能够得到最大化的效益，可以与社会各界进行合作，实现生态美育资源的共享和共用，确保"生态 +"美育管理体系的持续完善。

（一）"生态 +"管理机构素养化

为提升高校生态审美教育的影响力和有效性，必须确保管理体系的优化和创新。为此，推动"生态 +"管理机构素养化至关重要。首先，建立专门的美育工作机构和配备专业的管理人员是促进生态审美教育的基石。这些机构和人员不仅要具备专业的审美和教育背景，还需要对生态学、环境科学等领域有所了解，确保"生态+"的理念在实际操作中得到有效体现。其次，设立校级美育教学委员会，统筹和协调全校的生态美育工作。这样的委员会应包括各相关学院的代表、生态及美育领域的专家，以及学生代表。这种跨学科和多元化的团队能够确保教育内容和方法的多样性、前沿性和实用性。应定期召开委员会，审议生态美育的课程设置、教学方法、学术研究等，确保其与时俱进。最后，建立"美育中心"，其主要职责包括但不限于协调资源、组织教学、推广生态美育活动、收集反馈并不断优化。它应是一个独立于学院的机构，但又与各学院有紧密联系，这样的中心可以更加灵活、高效地进行日常的生态美育教学安排和管理。

（二）"生态+"教辅系统协同化

在现代高校管理中，整合现有资源并实现各教辅系统之间的协同合作是促进高效教育的关键。尤其在生态审美教育领域，这种协同化更是不可或缺。

一方面，借助学校的辅导员系统和共青团系统，为大学生提供更丰富、更具实践意义的第二课堂，这不仅是传统的组织与管理职责，更多的是为了营造一个让学生更加深入地接触和了解生态文明与生态审美的环境。辅导员作为学生活动的组织者和指导者，他们的作用不仅限于课堂之外的管理和辅导，更在于如何将生态审美理念融入日常活动中。另一方面，团学组织作为学生自治的核心，在整个大学生活中占据举足轻重的地位。如果能够让团学组织在组织各类活动时深入地融入生态审美的内容，这无疑会对学生的整体审美观产生深远影响。例如，在组织志愿者服务活动时，可以特意安排一些与生态美学相关的宣传和科普活动，这样不仅可以扩大生态美学的影响范围，还可以鼓励更多学生参与到这些活动中来。另外，"三下乡"活动是一种深入农村进行文化、科技、卫生等方面服务的活动，在这样的活动中加入生态美学的内容，不仅可以让学生更加深入地了解农村的生态环境，还可以鼓励他们在日常生活中更加重视对生态环境的保护。

六、完善教育途径，开展广泛的实践教育

（一）建设生态审美教育基地

在培养大学生的生态审美教育中，充分利用现有的城市环境、乡村环境

和学校周边环境变得尤为关键。这些自然的或人造的环境，如河流和地质公园，都为高校提供了难得的开放式室外活动场地。当这些实际场地与教育教材相结合时，所产生的教育活动不仅呈现出丰富和多样的形式，更重要的是，它们都为学生提供了直接与自然互动的机会，从而让学生在亲身体验中收获更为深刻的认识。而这种在真实环境中的学习无疑比单纯的课堂教学更能引起学生的兴趣和参与感，进而产生更好的教育效果。因此，建立生态审美教育基地，对于培养大学生热爱自然、尊重自然的意识具有重要意义。与此同时，为促进生态审美教育的深入实施，教育基地不仅应为学生集体参观提供门票优惠，而且应积极探索教育与休闲旅游的有机结合。这种结合不仅能够吸引更多学生参与，也为他们创造了一个既轻松又有教育意义的环境。教育基地应主动与高校建立紧密联系，成为共建单位，以推动大学生的生态美育社会实践教育活动。这种合作方式不仅可以让大学生在愉悦的环境中接受生态美育，还提高了基地的运营效益，确保了教育资源的高效、合理分配和使用。

为了确保生态审美教育基地稳健发展，加强其宏观管理与基础建设是非常重要的。鼓励并引导社会各界参与生态审美教育基地的建设，不仅需要明确设定基地的申请标准和流程，而且要确保这些基地有着鲜明的生态美育主题、科普宣传内容。另外，一套完备的配套设施和专业的宣传团队也是建立这类基地的基本要求，应确保每一个教育基地都有专门的团队或者负责人，从而确保教育与宣传活动的顺利进行。此外，制定一套合理而完善的管理制度不仅可以为基地的运营带来指导，还可以为未来可能出现的各种问题提供解决方案，从而保证教育基地的长期健康发展。

（二）创建环保工作室

随着先进的教育技术如电教设备和远程教育的广泛应用，课堂的规模和范围得以扩大，给学生带来了更为便捷的学习体验。然而，这也有可能导致学生与教师之间的距离逐渐加大，使得教育与其深厚的传统渐行渐远。确实，教师与学生的分离现象可能对于纯粹的传统科学知识传授并不产生太大的影响，因为这些知识通常是固定的、标准化的，可以通过多种途径获取。但对于涉及情感、价值观和人文关怀的学科，如大学生的生态美育，教师与学生的直接互动显得尤为重要。而通过建立大学生生态美育环保工作室，上述问题就能迎刃而解。因为环保工作室能为学生提供一个与教师近距离互动、探讨和研究生态美育相关话题的平台，重新构建教师与学生之间的紧密联系。

环保工作室的创建主要出于以下几点考虑：其一，密切师生关系。以环保工作室为桥梁，学生可以与教师更为密切地合作，直接受益于他们的专业指导和实践经验。鉴于许多大学生环保社团的实际困境，即学生的能力不足而又缺乏足够的教师引导，工作室可以为学生提供必要的培训和资源。其二，激发教师的工作热情。面对繁重的教学和科研任务，许多教师可能对参与学生活动缺乏兴趣，认为它不符合自己的职业发展路径。而通过工作室，教师可以将自己的科研兴趣与指导学生的任务相结合，在培养下一代环境领袖的同时，能获取与他们研究相关的实际数据和成果。其三，经费得到保障。传统的师生合作项目往往受制于经费，导致很多好的想法因资金不足而搁置。而工作室，特别是项目化管理的工作室，可以通过项目经费来支持其活动，确保学生和教师有足够的资源去实现他们的目标，不必因资金问题而打折扣。

从某种意义上看，设立大学生生态美育环保工作室的初衷主要是对教育传统的回归。要使这一创新之举真正落地并取得实效，学校的全力支持是关键。从管理角度来看，学校不仅要为其提供适当的物质与场地资源，还需要建立完善的监督和考核体系，确保工作室的运行能够与教育目标紧密相连，真正实现对学生的审美教育。而在经费上，学校的投入则显得尤为关键。通过设立专门的科研项目，针对生态美育方面的研究进行资助，可以鼓励更多师生参与，并确保工作室有充足的资金进行长期、系统的研究与实践，使生态美育的理念深入人心，真正实现教育的初心。

第六章 中华优秀传统文化与高校审美教育的融合创新

第一节 中华优秀传统文化概述

一、文化的定义

关于"文化"一词的定义,《现代汉语词典》做出如下解释:"人类社会历史发展过程中所创造的物质财富和精神财富的总和,特指精神财富,如文学、艺术、教育、科学等。"① 文化的定义有广义和狭义之分。就广义而言,文化是人类生活的综合,是人类与动物的本质区别,更是人类与自然界之间的关系的体现,展现了人类如何以独特的方式卓立于自然之中。其中,从认识的领域来看,文化涉及人类使用的语言、思考方式、哲学观点以及科学和教育的形式,这些元素决定了人类如何理解世界、如何与之互动;从规范领域来看,道德观念、法律制度和人们的信仰体系为人们提供了行为的指南,它们塑造了人们的价值观和社会责任;从艺术领域来看,文化涉及文学、绘画、音乐和戏剧,这些艺术形式不仅是娱乐,它们反映了人类的情感、梦想和愿景,也是人们历史和传统的载体;从实用领域来看,从人们使用的工具到日常用品,再到制造这些物品的技术,都是文化的体现;从社会领域来看,文化涉及制度、组织结构、风俗和习惯,这些元素共同构建了社会的基础,决

---

① 汉语大字典编纂处.现代汉语词典[M].成都:四川辞书出版社,2014.

定了人们的互动方式。

从狭义而言，文化特指人类的所有精神创造活动，是意识、观念、心态、风俗的总和，它主要关注人类的精神创造活动及其结果，而不是物质创造方面。

通常情况下，人们主要在狭义文化的意义上对"文化"这一概念进行使用，从而更好地把握不同文化形态的特征。本书中对"文化"的研究也是从狭义层面出发的。

二、中国传统文化的内涵

（一）传统文化的内涵

传统由汉字"传"与"统"组成，其中，"传"寄予了传递与继承的意义，而"统"则强调了持续与一脉相承，因此，传统意在凸显其核心价值——对过去的继承与延续。《现代汉语词典》将"传统"一词定义为："从历史上沿传下来的思想、文化、道德、风尚、艺术、制度以及行为方式等。它通常作为历史文化遗产被继承下来，其中最稳固的因素被固定化，并在社会生活的各个方面表现出来。"[①]

综合分析可知，所谓的传统，实际上是在特定的历史背景、自然地理环境、经济结构和政治制度等多重因素综合影响下，逐渐形成并沿袭至今的文化。这种文化不仅是简单的知识传递，它更是历代相传的思想、制度、风俗和艺术的综合体现。这种深厚的传统无疑在当下仍对人们的生活和思维产生着深远影响。传统文化则是更具体地体现了一个民族历经时代沉淀后的独特面貌，是一个民族在历史进程中所积累的知识、情感和信仰的综合表现。传统文化既包括物质层面上的遗产，如建筑、工艺和文物，又涵盖了非物质领域的精神财富，如风俗、审美、价值观和思维模式等。

（二）中国传统文化的内涵

中国传统文化根植中华文明深厚的历史底蕴中，经历了五千年的沉淀与演化，终成为中华民族独有的精神标志和文化财富。它不仅是一个地域或时

---

① 汉语大字典编纂处. 现代汉语词典[M].成都：四川辞书出版社，2014.

间段的产物，更是中华民族多代人民心灵交融、思想碰撞后的结晶。中国传统文化广博且深邃，让每一个生活在这片土地上的中国人都为之感到骄傲。它是人类的历史，也是人类的根，为广大中华儿女提供了深厚的凝聚力。每一个传统故事、每一种风俗、每一段历史都为人类塑造了今天的民族特质和风貌。但中国传统文化并非僵化不变，正如河流在长途流淌中仍旧有新水注入，中华文明在五千年的历史中也在不断吸纳、创新与发展。特别是在当代，当中国迈入现代化进程，这份传统文化与现代社会的融合成了精神文明建设的重要参照。它不仅为现代中国提供了历史经验与智慧，更为我们指明了前行的方向。

中国传统文化是一个内容丰富、涵盖面广泛的体系。它囊括了从古代众多的学派和思想流派，如诸子百家的各种思想，到琴、棋、书、画等深受人们喜爱的传统艺术形式；从那些脍炙人口的文学作品到汉字和汉语这一独特且博大的语言体系；再到博大精深的中医理论、宗教与哲学思想、丰富多彩的民间工艺、各地饱含特色的地域文化、技艺高超的中华武术以及民间的风情与风俗。那些流传千古的古玩和文物是中华民族历史的见证，那些被口耳相传的神话和传说塑造了中华民族的集体记忆，那些动人心弦的音乐和戏曲是中华文化的另一种语言，传达着古老的情感和故事。而那些蜚声中外的名山大川更是中华大地上的瑰宝，承载着中华民族的情感和情怀。这些文化元素之间不断地交织、影响，为中华传统文化创造了一个丰富多彩、博大精深的画卷。它们不仅是历史的记忆，更是推动中华传统文化持续发展和传承的动力，对中国社会的发展和繁荣产生着深远影响。

三、中华优秀传统文化的含义

中国传统文化具有精华和糟粕并存、真理和谬误混杂、进步与落后交织的双重特性。而所谓的中华优秀传统文化是从这丰富的文化宝库中筛选出来的精髓，是那些最能反映民族核心价值和精神的部分。这些优秀文化成果在历史上为中华民族的繁荣与发展提供了持续的动力与灵感。它们在历史的各个阶段，对中华民族的思想、文化和社会发展都产生了积极的推动效果。对于当今的社会，这些优秀传统文化仍具有深远意义。中华优秀传统文化不仅是历史的记忆和传统的传承，更是现代社会在寻找发展方向和建构文化认同时的重要参考。在当前的文化与思想背景下，人类应当加以继承和发扬，利用这些中华优秀传统文化来引导社会向前发展，为民族的未来创造更加光明的前景。归结起来，中华优秀传统文化是那些在中华民族漫长历史中孕育并展现出的、具有积极意义和深远影响的思想与文化成果，其中，如以爱国主义为中心的民族精神强调对他人的善良和宽容的"己所不欲，勿施于人"的宽恕思想、提倡和谐共处的"和为贵"和谐思想、倡导持续努力与自我提升的"自强不息"的奋斗精神，以及重视公德和社会责任的"克己奉公"的人生观都是其重要的组成部分。这些思想不仅在历史上为中华民族提供了前进的指引，而且至今依然对现代社会有着不可或缺的启示作用。它们代表了中华民族独特的价值观和智慧，是代代相传的文化遗产，为人们提供了一种积极向上的力量，指引着人们在现代社会中的前进方向。

对于中华优秀传统文化的继承和弘扬必须从多方面进行辩证分析、挖掘、整理、阐释的转化，包括形式、内容、作用等方面，在继承的基础上进行综合创新，使之不仅保持独特的传统民族魅力，而且充分彰显时代精神，真正成为有中国特色的社会主义现代文化的一个有机组成部分。

四、中华优秀传统文化的现代解读

提倡和发扬中国的优秀传统文化不只是现代文化建设的核心任务，它还在国家治理和能力建设中起到了关键作用。中国特色社会主义道路、社会主义核心价值观以及中华优秀传统美德都属于国家治理体系范畴，并且都得益于中华优秀传统文化的有效滋养。因此，中华优秀传统文化在现代社会中占据着十分重要的地位。

（一）中华优秀传统文化是社会主义核心价值观的源头活水

社会主义核心价值观源于中华优秀传统文化，就是因为中华优秀传统文化与中华民族有着较高的契合度，并为中华民族提供了持续的精神支撑。以此为理论前提，所倡导和实践的社会主义核心价值观不仅是当代的表达，更是中华传统文化的现代映照。中华优秀传统文化中蕴含着丰富的哲学和治国经验，例如，"仁政"的理念代表着仁爱和公正的统治；"选贤与能"强调的是对能力和德行的重视，预示着民主选择的思路；"和实生物"和"和而不同"

揭示了和谐共存和包容性的发展策略；"天下为公"描绘了一个公正和公平的社会愿景；"刑政相参"提倡法律与政策的平衡；"苟利国家，不求富贵"展现了超越个人利益的国家至上的情怀；"敬业乐群"凸显了对工作的尊重和对团队的合作精神；"至诚尽性"和"言而有信"则是为人处世的真诚和诚信；而"择善而从"和"仁者爱人"则体现了对道德和仁爱的追求。这些传统思想和理念都为我们今天所推崇的社会主义核心价值观提供了坚实的思想基础和理论支撑。

培养和推广核心价值观是确保社会稳定和秩序的关键，也是提高国家治理效能的核心途径。一个强大、有凝聚力的核心价值观对于社会的和谐稳定以及国家的持续安全至关重要。从历史和实践的角度来看，这一点无疑正确。而其中的深层逻辑恰恰体现了"源头活水"的思想，即我们的社会主义核心价值观不仅根植中华卓越的传统文化之中，而且为中国特色社会主义国家治理体系现代化提供了有力支撑。这进一步证明了中华优秀传统文化与社会主义核心价值观在国家治理和政策实施中不可或缺的作用。

（二）中华优秀传统文化是中华传统美德的资源宝库

道德作为人类精神世界的核心成分，始终是文化的重要表现。中华文化作为一种经过数千年沉淀的文明，深深镌刻着中华民族的道德观念，这便是中华传统美德的体现。这些美德不仅构建了民族的行为准则，还是中华民族身份认同和凝聚力的源泉。中华优秀传统文化不仅见证了民族的历史进程，更反映了人们对善良、正义与和谐的持久追求。这种追求既是对古老智慧的传承，也是对未来理想的展望。中华传统美德是中华文化的精髓，蕴含着丰富的思想道德资源。这些古老的智慧强调了回顾历史、尊重传统的重要性，因为只有深切地理解过去，人们才能更有智慧地面向未来。当今的中国在追求现代化的进程中，更需要在道德建设上汲取中华传统美德的精华。继承并发扬这些美德，不仅能够加强社会的道德纽带，还能够为当下的社会创新提供坚实的价值基石。

（三）中华优秀传统文化是中国特色社会主义的滋养沃土

中国特色社会主义体现了马克思主义与中国历史文化传统的深度融合。

这种融合并非偶然，而是因为马克思主义和中华优秀传统文化在核心理念上存在许多相似之处。例如，中华优秀传统文化的力行思想与马克思主义的实践观点相契合，中华优秀传统文化的"治国平天下"的理念与马克思主义改造世界学说有异曲同工之妙，中华优秀传统文化的"中庸"理论与马克思主义的唯物辩证法在处理矛盾和平衡的方法上有相似性，而"大同"的理想社会构想与共产主义的最终目标也有诸多相近之处。这些深度的文化交融为马克思主义在中国的传播与定位奠定了坚实基础，进一步推动了中国特色社会主义理论体系的构建与发展。

中国特色社会主义理论不仅源于马克思主义，也源于中华优秀传统文化，是马克思主义基本原理同中国实际即社会主义建设实践、中国历史文化相结合的产物。这些与马克思主义相契合的中华优秀传统文化元素也为马克思主义在中国的本土化提供了现实土壤。因此，在追求中国特色社会主义的道路上，既要坚持马克思主义的基本理念，也要珍视和借鉴中华优秀传统文化的智慧，确保这两者在实践中和谐共生、相辅相成。

第二节　中华优秀传统文化融入高校审美教育势在必行

一、中华优秀传统文化与高校审美教育融合的必然性

中华文明历经数千年，形成了独特且博大精深的传统文化。这一文化不仅体现在古老的经典文献、历史故事中，更融入在中华民族的艺术、建筑、音乐、舞蹈和日常礼仪等各个方面。在当今社会，如何传承并创新这一优秀文化，使其在现代教育中发挥作用是一个迫切的议题。高校审美教育作为培养社会精英的重要途径，更应该肩负起对传统文化的继承与发展的重任。中华优秀传统文化与高校审美教育融合的必然性主要体现在以下几方面，如图6-1所示。

探索高校审美教育
新路径的必然选择

形成和发挥文化软
实力的基本保证

中华优秀传统文化与
高校审美教育融合的
必然性

增强全民族文化自
觉与文化自信的内
在要求

图 6-1　中华优秀传统文化与高校审美教育融合的必然性

（一）探索高校审美教育新路径的必然选择

高校审美教育作为教育体系中的重要部分，旨在培养学生的审美能力，进而影响他们的世界观、人生观和价值观。在这样的背景下，中华优秀传统文化富含千年的历史与哲学积淀，成为审美教育中一股不可或缺的力量，为高校审美教育的开展提供了新的路径。

中华优秀传统文化展现出的书法、绘画、诗歌和音乐等艺术形式都是对人类情感、哲理以及审美的深入探讨和表达。它们蕴藏的哲学思想和审美观念为我们提供了一个稳固的基础，助力于高校学生在面对现代化、全球化的挑战时，还能维系一种与民族文化紧密相连的审美观点。然而，当代高校学生所面临的文化环境日益多元。在西方流行文化、现代艺术的冲击下，如何保持和传承具有中国特色的审美确实成了一个挑战。因此，中华优秀传统文化的引入不仅是为了给予学生更多的审美资源，还是为了帮助他们在多元文化的交织中，找到属于自己民族的文化根基和价值取向。中华优秀传统文化不只是一个文化的代表，更是教育的宝库。通过学习和体验这种文化，学生可以更加深入地理解自己的民族历史和文化传统，从而增强对民族的自豪感和文化自信。而当这种深厚的文化遗产与现代审美教育相结合时，无疑为学生提供了一个既现代又传统的审美平台，使他们在感受中华优秀传统文化魅力的同时，也能够对现代审美有所思考和体悟。

（二）形成和发挥文化软实力的基本保证

中华优秀传统文化与高校审美教育融合的必然性是当代社会发展和文化传承的迫切要求，它涉及一系列与国家发展、文化传播、全球视野紧密相连的议题。在全球化的大背景下，中华优秀传统文化凝聚了千百年的智慧和经验，正在受到越来越多国家和民族的关注。它不仅代表了中华民族的历史和文化，更是中国与世界交往的一种独特语言。高校作为当代知识与文化的传播中心，其审美教育的重要性不言而喻。当我们将这两者相结合，就构建了一个能够反映中国独特文化特色，并且能够与现代审美教育相结合的框架。

文化软实力在今天的国际舞台上尤为重要。它是一个国家非物质资源的影响力和吸引力，反映了一个国家在全球的地位和角色。而中华优秀传统文化正是中国文化软实力的核心组成部分。将其融入高校的审美教育中，可以帮助学生更深入地理解和体验中华文化的魅力，也为他们提供了一个全球化背景下的视角。从经济的角度来看，文化产业正在成为现代经济的一个重要支柱。融合传统文化和现代审美教育，为文化产业的发展注入了新的活力，不仅可以推动文化产业的繁荣，更能够为中国的文化输出创造更多机会。文化也是加强民族凝聚力的重要手段。在多元化的今天，中华优秀传统文化为中华民族提供了一个共同的认同。而高校是培养未来社会精英的地方，如果能在这里培育出对传统文化有深厚感情的人，那么这种文化的传承和发展就有了更加坚实的基础。

（三）增强全民族文化自觉与文化自信的内在要求

中华优秀传统文化与高校审美教育的结合是增强全民族文化自觉与文化自信的内在要求。具体体现在以下三方面：

第一，高校是未来领袖和精英的孵化器。在这样的环境中，通过传承中华优秀传统文化，并将其与审美教育相结合，可以确保学生在获得现代知识的同时，深深根植自己的文化土壤中。当学生毕业进入社会时，他们不仅会带着对西方和全球文化的理解，更会带着对中华文化的深厚情感和认同。中华优秀传统文化是中华民族的集体记忆和智慧的结晶，既记录了人类的过去，也指引了人类的未来。在全球化浪潮中，许多国家和民族都面临文化冲击和文化冲突，这使得很多人开始追寻自己的文化根源。对于中华民族来说，人类的文化根源丰富而深厚。通过高校审美教育的方式，使得更多年轻人能够深入了解和体验自己的文化传统，这无疑为增强全民族的文化自觉与文化自信打下了坚实基础。

第二，审美教育不仅是教授艺术技巧和鉴赏知识，更重要的是培养学生的审美观念和审美情趣。当将中华优秀传统文化引入审美教育时，学生不仅能够欣赏到中国古代的绘画、书法、音乐和诗歌等艺术形式，更能够体验到中国传统文化中的美学思想和价值观念。这样，当他们面对全球文化的冲击时，不仅不会感到迷茫和失落，反而会更加坚定地珍惜和传承自己的文化遗产。

第三，中华优秀传统文化与高校审美教育的融合也是对中华民族长远发展的策略考量。未来，无论是在国际交往还是在文化创意产业中，拥有独特和丰富的文化资本都将成为一个国家和民族竞争力的重要组成部分。而对于中华民族来说，人类的文化资本无疑是无价之宝。通过高校的培养和引导，不仅可以使得这些宝贵的文化资源得到有效的传承和发扬，还可以使其与现代审美观念和创意产业相结合，从而创造出更多的文化价值和经济价值。

二、中华优秀传统文化与高校审美教育融合的可行性

（一）目标的最终指向具有一致性

从目标的最终指向角度来看，中华优秀传统文化与高校审美教育具有一致性，为两者融合的可行性提供了有利条件。首先，两者都致力于塑造人的内在精神世界。中华优秀传统文化，无论是儒、道、佛的学说，还是各种文学、艺术的作品，它们都在探索人的内心世界，期望引导人们追求更高的道德和精神境界。同样地，高校审美教育也希望通过艺术的感受和创作，帮助学生开拓内心的情感与思考，从而获得精神的丰盈与升华。其次，两者都强调对美的追求与体验。中华优秀传统文化里，如"文以载道""琴棋书画"等概念都表现出对美的独特理解和崇尚。这种美不仅是形式上的，更多的是内容上、精神上的。高校审美教育同样将对美的追求看作核心任务，不断引导学生体验美和创造美，进而让生活因为有了美而变得更加有意义。最后，两

者都期望培养出有责任、有担当的公民。中华优秀传统文化中，如"仁者爱人""天下兴亡，匹夫有责"等观念都是在教导人们应当具备的社会责任与道德担当。而高校审美教育通过各种艺术作品的鉴赏与创作，也可以引导学生对社会、对人生产生深刻思考，从而培养他们的社会责任感。

（二）内容具有相通之处

中华优秀传统文化与高校审美教育在内容上有许多相通之处，这种相通不仅是在形式上，更多的是在思想与精神的深度上。这种内容上的相通性为两者的融合提供了坚实的基础和广阔的空间。

中华优秀传统文化所蕴含的哲学思想、人生观念、道德伦理以及艺术审美都与高校审美教育中所追求的目标和价值观有着密切联系。例如，古典文学中对人与自然、人与社会、人与人之间关系的描绘与高校审美教育中对于人的情感、人的价值和人的责任的教育是高度契合的。在传统艺术方面，中国的绘画、书法、音乐、舞蹈和戏剧等都具有独特的审美价值和表现形式。这些艺术形式中所体现出的和谐、均衡、节制、深沉等审美理念都可以与高校审美教育中所推崇的审美观点和方法相结合，从而为学生提供更为丰富和多元的审美体验。同时，中华优秀传统文化中的一些核心观念，如"天人合一""道法自然""君子之德"等，都可以与高校审美教育中对于人与自然、人与社会、人与自己关系的探索相结合，从而培养出更加具有文化底蕴和审美情趣的学生。

另外，中华优秀传统文化中对于人的性格、品质、情感和道德的培养都与高校审美教育中对于人的全面发展、人的价值追求和人的情感教育有着紧密联系。例如，儒家教育中所强调的"仁、义、礼、智、信"，道家哲学中所倡导的"无为而治"，佛教中对于"慈悲为怀"的教诲都可以与高校审美教育中对于人的道德、情感和精神的培养相结合，从而为学生提供更加全面和深入的教育。

（三）教育模式具有互补性

在现代社会，教育模式的更新和变革已经成为不断提高教育质量的重要途径。而在此过程中，中华优秀传统文化与高校审美教育的结合显示出其独特的互补性。这种互补性既为高校审美教育带来了更为丰富和多元的教育资源，也为其提供了更为开放、灵活和完整的教育环境，为培养出更具有文化底蕴和审美情趣的学生创造了有利条件。

中华优秀传统文化中的教育思想和方法，如"教无定法""因材施教"等，为高校审美教育提供了更为开放和灵活的教育环境。在这样的环境中，学生可以根据自己的兴趣和需要，选择更为合适的审美教育内容和方式。而传统文化中所强调的"尊师重道"和"学以致用"等教育观念也为高校审美教育创造了一个尊重教师、重视实践的良好学习氛围。高校审美教育模式中所倡导的"以学生为中心"和"注重实践"的教育理念与中华优秀传统文化中的"以人为本"和"学以致用"的教育观念有着天然的契合性。这种契合性使得两者在教育内容和方法上可以相互参照、相互借鉴，形成一个更为完整和系统的审美教育体系。高校审美教育在教学内容和方式上更现代化和国际化，而中华优秀传统文化则更本土化和具有民族特色。这种现代与传统、国际与本土的结合使得高校审美教育既能够紧跟时代步伐，又能够深深扎根本土文化土壤，形成了一个既具有现代感又具有传统韵味的审美教育模式。

三、中华优秀传统文化与高校审美教育融合的重要意义

中华优秀传统文化无疑是一个宝贵的审美资源库，蕴藏着丰富的艺术、哲学、伦理等元素。将其与审美教育融合，不仅可以弘扬传统文化，还可以更好地满足学生对美的多元追求。两者融合的重要意义主要体现在以下三方面，如图 6-2 所示。

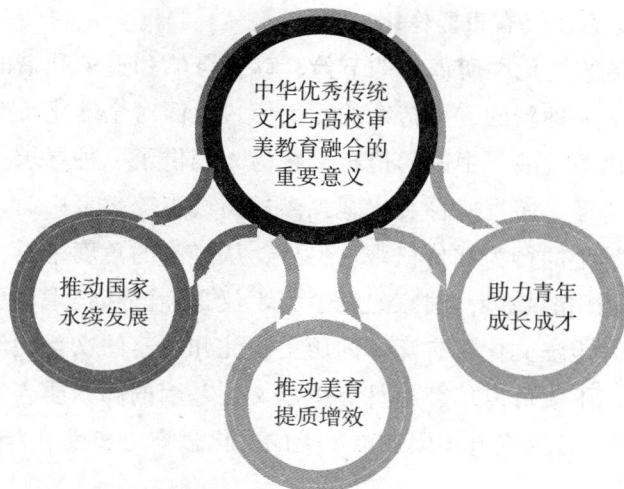

图 6-2　中华优秀传统文化与高校审美教育融合的重要意义

（一）推动国家永续发展

中华优秀传统文化与高校审美教育融合的重要意义之一便是推动国家的永续发展。国家的永续发展不仅是经济、技术和环境的持续进步，更在于文化的传承与创新以及新一代公民对于美的认知与追求。在全球化和文化多元化的大背景下，中华优秀传统文化与高校审美教育的融合不仅可以培养出具有中国特色、世界眼光的新一代，也为中国在全球舞台上的持续发展和崭露头角提供了坚实的文化支撑。

中华优秀传统文化是中华民族的根和魂，其中蕴藏的哲学、道德和审美价值观，为中国几千年的历史和文明提供了精神支撑。传统文化中的"天人合一"思想、重视"和"为贵的理念等为现代社会提供了一种对待自然、社会与人的和谐关系的模式。这种和谐关系在当前面临的全球环境问题、社会冲突和文化碰撞中具有不可估量的价值。高校是国家文化和知识的重要传播中心，其教育质量与内容直接关系国家的未来。审美教育作为高等教育的一部分，关乎人的情感、价值观和人生观。而当审美教育与中华优秀传统文化相结合时，它不仅能培养学生的审美情趣和审美判断力，更能激发学生对中华文化的认同感和归属感。这对于增强民族团结、培养新一代学子的民族自信心和文化自觉意识具有重要作用。

中华优秀传统文化中所倡导的节俭、尊重自然和追求和谐的生活方式为现代社会提供了一种新的、可持续的发展模式。面对全球化带来的文化碰撞和全球气候变化的挑战，中国的传统文化为人们供了一种寻求平衡、和谐和可持续的解决路径。而当这种文化观念渗透高校审美教育中时，它能更有效地影响和塑造学生的行为和价值观。另外，从经济的角度来看，随着经济全球化和文化多元化的趋势，国家的竞争力不仅是经济和技术，更在于文化软实力。中华优秀传统文化具有深厚的历史积淀和丰富的文化内涵，将其融入高校审美教育，不仅可以培养出具有中国文化基因的高素质人才，也能使中国文化"走出去"，为提升中国在国际上的文化影响力和竞争力做出贡献。

（二）推动美育提质增效

将中华优秀传统文化与高校审美教育相结合，对推动美育的提质增效具有深远意义。审美教育不仅是对美的感知，还涉及对生活、对自我、对社会和对未来的态度与价值判断。中华优秀传统文化的融入为审美教育注入了丰富的内涵，为审美教育创造了独特的价值体系，使其更具魅力、深度和广度。

中华优秀传统文化本身蕴藏了丰富的审美资源。无论是传统的书画、音乐、舞蹈，还是建筑、园林、陶瓷等，都展现了中华民族对美的独特追求和理解。例如，中国山水画强调"意境"与"留白"，这不仅是一种画技，更是一种哲学思考和生活态度。当这些传统审美元素被纳入高校的审美教育中，无疑可以拓宽学生的审美视野，培养他们的审美情趣和审美判断力。中华优秀传统文化中的道德、伦理和哲学观念为审美教育提供了独特的道德和哲学底蕴。例如，儒家强调"仁爱""中庸"和"和而不同"，道家提倡"无为而治"和"顺其自然"，这些都是对美的不同层面和维度的解读。当这些思想融入审美教育，可以使美育不仅停留在表面的审美感受，更是深入对生活、对社会、对人与自然关系的哲学思考和价值判断。中华优秀传统文化与高校审美教育的结合有助于形成独特的教育方法和手段，如利用传统的戏曲、舞蹈和音乐进行审美教育，不仅可以让学生了解传统艺术的魅力，还可以培养他们的团队合作精神和创新能力。同时，通过对中国传统文化中的故事、寓言和诗歌进行解读和赏析，可以培养学生的文学修养和人文情怀。

（三）助力青年成长成才

融合中华优秀传统文化与高校审美教育，对于助力青年成长成才具有重大意义。在当今时代，青年是国家的未来、文化的传承者，他们的教育、成长和培养至关重要。把博大精深的传统文化与现代审美教育相结合，可以为青年提供一个更全面、深入和富有创意的学习与成长环境。

中华优秀传统文化中蕴含了丰富的人生哲学、人与自然的关系以及人与人之间的互动方式。例如，儒家的"仁爱"思想强调人与人之间的和谐与相互关怀，道家的"无为而治"思想则倡导与自然和谐共生。当这些思想成为高校审美教育的一部分，青年学生不仅可以在审美过程中领悟这些深沉的人生哲学，还可以将其应用到实际的人生经验中，从而在面对挑战和困难时展现出更为成熟和稳重的态度。通过对中华优秀传统文化的研究与实践，青年可以培养出对待问题的多元视角和跨文化交流的能力。在全球化的背景下，这种能力对于青年成长成才至关重要。他们可以将传统文化中的思想与现代社会的实际相结合，为各种社会问题提供新的解决方案。同时，在与不同文化背景的人交往时，他们也能展现出开放的心态和包容的态度，从而在国际舞台上更好地代表自己的国家和文化。

除此之外，中华优秀传统文化与高校审美教育的结合，对于培养青年的人文精神、道德修养和社会责任感都有积极作用。在传统文化中，有许多关于家庭、社会和国家的教诲，这些教诲为青年提供了道德的指南。当他们在日常生活和工作中遇到道德困境时，可以依靠这些教诲来做出正确决策。同时，对于传统文化的尊重和传承也能让青年更加珍视自己的文化遗产，从而积极参与到文化的保护和传承工作中。

第三节　中华优秀传统文化与高校审美教育交相辉映的创新路径

一、革新文化融入的理念

革新文化融入的理念强调文化与审美教育的无缝衔接，不仅彰显着高校审美教育的本质和时代特征，还指明了高校审美教育发展的方向，是高校审美教育必须遵循的基本理念。可以说，在高校审美教育的发展主线和运行全过程中渗透中华优秀传统文化是新时代的必然要求，可以说，这种趋势昭示了高校审美教育发展理念的深层次变革，不仅能改善高校审美教育的效率和质量，还能提升高校审美教育的科学化水平。革新文化融入的理念主要从以下几方面入手，如图 6-3 所示。

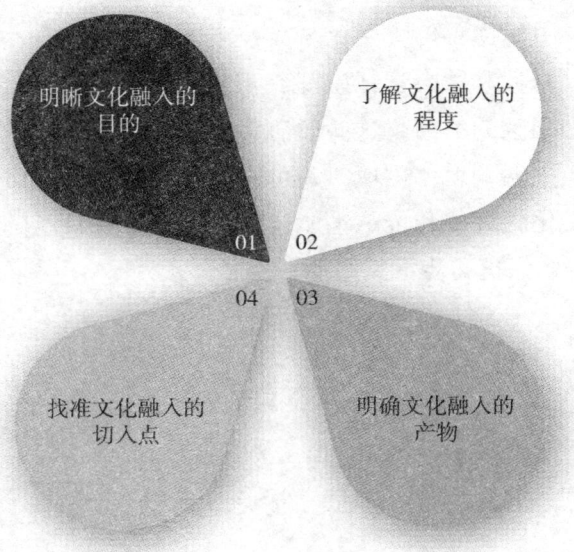

图 6-3　革新文化融入理念的方法

（一）明晰文化融入的目的

在构建社会主义文化强国的背景之下，"文化融入"逐渐成为高校审美教育改革需要坚持的重要理念，这一理念并不仅是教育内容与文化的融合，更是一种强调"以人为中心"的教育理念。它基于人的"求知欲望"与"自由追求"，追求的是一种更为人性化的教育模式。文化融入的目的和归宿在于通过激发学生的主观能动性，鼓励他们自我探索、自我挑战，从而达到自我超越。这种方式能够让学生在审美教育中不仅是被动的接受者，更是积极的参与者和创造者，从而真正实现人的全面发展。

在审美教育实践中，调动学生的积极性、主动性、自觉性和创造性尤为关键，这决定着审美教育的效果。为此，高校审美教育通过深度融入文化元素，使学生在知识学习、日常生活及其内在世界中都能与国家的政治理念、价值取向、地方特色和传统风俗产生共鸣。这种融入旨在构建一个环境，其中，人、社会、政治、文化和生态之间达到一种和谐共生的状态，从而为发挥审美教育向真、向善、向美的教化作用奠定基础。

（二）了解文化融入的程度

文化融入度指的是在中华优秀传统文化在高校审美教育的运行环境中，被相关教育者和受教育者所接受的程度。这一指标不仅展现了文化对于审美教育的影响力，还揭示了教育工作者和学生对这种影响的认同和接受程度。从这两个层面来看，文化融入度既显示了中华优秀传统文化试图与高校审美教育产生的互动力度，又反映了教育者和学生对这种互动的态度和反应。因此，对这一指标的深入探究可以提供关于文化在审美教育领域中实际效力的宝贵信息，进而为审美教育的发展和改进提供有力指引。

为了对高校审美教育的文化融入程度进行精确评估，必须从多个角度对其与文化的关联程度进行量化分析，这就需要综合考虑审美教育中各种文化元素的融入情况，从宏观到微观，把每一项与文化相关的教学内容和实践活动都纳入评估范围。这种多维度、深入测量的方法将有助于教育工作者更准确地了解文化与高校审美教育之间的交融情况，进而为进一步的策略优化提供有力参考。

文化在高校审美教育中的融入是应涉及方方面面，还是只针对一部分元素？是将所有文化内容都融入审美教育，还是只选择其中的某些核心部分？在整个融合过程中，如何评估文化融入的深度和速度？这些关键问题需要在研究文化融入程度的过程中加以解决。然而，决定这些问题的标准并不仅依赖对文化融入程度的理论本身，更多的是受到经济和社会发展状况的影响以及各个时代发展和当下的实际需求。

（三）明确文化融入的产物

从融入的基本过程来看，融入从某种程度上象征着事物性质的改变，意味着原有事物的新属性或新事物的诞生。当事物 A 与事物 B 交融，它们可能形成全新的事物 C。在这个过程中，事物 A 有可能被完全吸收，也有可能只是部分地融入，或者仍保持原始特性。新形成的事物 C 与原先的事物 B 相比，往往带有某种新的特性或性质。它或是事物 B 的某些方面的升华与革新，或是一种与事物 B 截然不同的全新存在。那么，当文化渗透至审美教育中，这一过程又将孕育出何种新的事物？这一新的产物是一种全新的审美教育模式，还是仅仅对传统审美教育的延续与升华？事实上，将文化深入融入审美教育通常意味着产生一种结合文化特色和审美教育原则的新模式。这并不是完全颠覆了传统审美教育，而是在其基础上加入了文化的精华，使其更具时代感、地域性和创新性。

融合文化与审美教育的目标在于释放两者的潜力，使其在社会中更加有力地体现自身价值，为社会的进步注入动力。但这并不意味着可以轻视它们各自的特质与独立性。尽管审美教育与文化在某些维度上有所交叉，但它们各自都有着自己的核心属性和功能。它们不是可以互换的概念，更不能被视为可以完全合二为一的事物。在尝试融合时，必须充分尊重它们各自的特质。将文化纳入审美教育中，并不会使文化消失或被稀释；相反，这样的结合在很大程度上有助于文化的传播与繁荣，让文化在新的领域中焕发出更为耀眼的光芒。

将文化与高校审美教育融合旨在利用文化的深厚底蕴和建设经验来丰富和创新审美教育。这不仅增强了审美教育的广度和深度，而且为社会主义文化建设注入了新的活力。这种整合鼓励了审美教育的变革，同时利用其独特功能推动了文化的更广泛传播和深入发展。

推动高校审美教育的文化融入会使审美教育增加一些新的性质和特点，使其演变为一个更为丰富的审美教育系统，虽然这个系统与传统的社会主义文化建设和单一的审美教育有所不同，但其核心仍是对审美教育的坚持和延续。这种结合并未削弱审美教育的基本精神，反而进一步拓展了其深度和广度，使之更具时代感和实用性。

（四）找准文化融入的切入点

为了确保文化与高校审美教育有效结合，必须深入挖掘两者之间的交点，从而确保两者相互促进、相互激发。例如，通过优化校园环境、精心规划园区绿意、提升社区的美感和明亮度，创造出一个宜人的学习与生活氛围。建设充满文化氛围的长廊、积极宣传和推介各种先锋模范都可以为高校的审美教育注入新的活力。

1. 找准文化融入定位，将工作的着力点放在基层

深化高校审美教育与文化的结合，特别是在基层党组织中，能有效确保教育和文化工作真正落到实处、生根发芽。当审美教育与文化深度融入每一个基层成员中，便能更好地激发广大群众的参与热情、创新精神和行动力。对于基层的审美教育和文化工作，必须给予高度重视，确保其与共产党的核心目标紧密相连。以经济和社会的全面发展为目标，围绕推动改革创新，努力提升经济和社会的综合效益，这些都应成为审美教育和文化工作的核心出发点。通过这样的努力，可以确保审美教育与文化的结合不仅更具有前瞻性和针对性，而且更具有实际效果。

2. 做好对文化融入的结构和层次的区分

文化主要包括四方面内容，分别是物质文化、行为文化、制度文化和精神文化。高校可以从这四个层次的文化出发，探寻文化与美育之间的结合点，促进两者的结合。

（1）做好物质文化层面的融入

物质文化是依附可见、可触的客观实体来展现的，这些富有文化特质的物体可以作为审美教育的有力工具。例如，中国传统插花艺术以其独特的审美观念和哲学思想，如"天人合一"和"以少胜多"的原则，展现了与自然和谐共存的美学理念。通过环境美化，如在学校、公共空间或展览中展示传统插花艺术作品，可以让学生直观地感受到中国文化的美和深意。这些作品不仅美化了环境，还激发了学生对自然之美的深层次欣赏和对传统文化的兴趣。

（2）做好行为文化层面的融入

行为文化是指人们在社会中所展现的特定行为习惯和模式。这种文化不仅影响社会组织和个人的价值观，也对他们的行为倾向起到引导作用。当这种行为与社会的发展目标和要求相一致时，它能够助力实现社会的整体进步。对于审美教育而言，行为文化同样具有不可忽视的引导作用。结合时代的发展和政治导向，可以明确行为文化的价值取向，使其更加具有针对性。如此，行为文化就能有效地为审美教育提供约束和规范，保证教育活动的正确方向和效果。

（3）实现制度文化层面的融入

制度文化是通过特定的政治制度、社会政策和社会规范为人们的社会行为提供"硬性"指导的文化形态，它不仅反映了社会的价值观，还为行为提供了明确的框架。在高校审美教育中，制度文化与教育的组织和实施机制紧密相关。实际上，审美教育的结构和流程本身可以视为社会制度的延伸。为了促进审美教育与文化的融合，需要不断完善和更新社会价值观、道德标准与相关的制度机制，以确保审美观念的正确传导和社会行为的适当引导。这样，审美教育在文化中的地位将得到进一步巩固，也为其提供了一个更为稳定的制度环境。

（4）做好精神文化层面的融入

精神文化以社会的思想观念和核心理念为主要表现形式，是一个民族或社会的主流意识形态的反映。它深刻地揭示了社会的政治理念和集体思维方式。在高校审美教育中，精神文化的元素被视为教育的核心内容。例如，以中国特色社会主义为基础的美学理论、社会主义核心价值观和中国特色的文化传统不仅构成了社会主义的精神指导，也成为审美教育中不可或缺的核心部分。因此，为了培育青年的审美情趣和价值观，应在审美教育中重视并融入精神文化的深厚内涵，使其真正成为青年心灵的指南。

二、创新促进文化融入的方式方法

高校审美教育对文化更多是方式方法方面的借鉴和吸收。中华优秀传统文化与高校审美教育的融合集中体现在将文化的方式方法运用到审美教育中，促进高校审美教育方式方法的优化与创新。将文化中的有效方式方法整合到审美教育中，不仅可以加深学生对审美的理解，还可以推动高校审美教育的策略和方法朝着更为现代化和多元化的方向发展。通过这样的整合，可以为审美教育赋予新的活力和方向，使之更为贴近时代需求，同时更具教育的吸引力和效果。

（一）促进方法创新

1. 创新文化融入的方式方法

随着文化的繁荣和进步，高校审美教育得到了丰富和深化。吸纳了文化中的多种形式和方法，高校审美教育更加注重情感交流和实际体验，而不仅是纸上谈兵。这种与文化的深度融合赋予审美教育更强烈的凝聚力，增强了它的吸引力和竞争优势。高校审美教育融合文化的方法主要有三种：直接融入法、间接融入法和复合融入法，如图 6-4 所示。

间接融入法

直接融入法

复合融入法

高校审美教育
融合文化的方法

图 6-4　高校审美教育融合文化的方法

（1）直接融入法

所谓直接融入法，主要是将文化的核心思想和内容直接嵌入审美教育中。这种方法主张直接提取文化中的关键观念，并将其作为审美教育的主要教学内容，确保学生在接受审美教育时能够明确感受到这些文化的价值和理念。例如，在中国传统插花艺术中，"崇尚自然，高于自然"的思想是其核心理念之一，这种思想强调通过艺术创作超越自然的本身，以达到一种更高层次的美的境界。这一点可以直接融入教学内容中。在教学过程中，教师可以首先介绍这一思想的历史背景和文化含义，解释"崇尚自然"是如何体现对自然界美的尊重和欣赏，而"高于自然"则是通过人的创造力和想象力，对自然美进行再创造和提升，表现出超越自然本身的艺术价值。接着，通过具体的插花实践活动，教师引导学生思考如何在插花作品中体现这一理念。

（2）间接融入法

所谓间接融入法，就是将高校审美教育的内容融入各种具体的文化载体和活动载体之中，使学生在参与和体验的过程中自然地吸收和接纳审美教育的核心价值。这种策略着重创造一个轻松和愉快的学习环境，以实现教育目的，而学生往往在这种环境中毫无压力地学习和成长。例如，通过精心设计的工作或学习环境，弘扬中华的审美传统和文化，不仅能展现中华美学风范，还能激励人们更加投入和热爱自己的工作和学习。

在开放的社会背景下，审美教育的效果在很大程度上取决于文化环境的影响。为了使审美教育更自然地融入日常的学习、生活和工作中，需要塑造一个有益的文化背景，让受教育者在体验的过程中更自然地吸收和接纳审美教育理念，从而减少可能的抵触情绪。当受教育者体验到人性化的管理和服务时，他们会潜移默化地接受并吸纳其中所体现的文化价值观念。

（3）复合融入法

所谓复合融入法，就是将直接融入法和间接融入法综合起来使用，充分利用两者的优点，以期实现更为有效的教育效果。这种方法巧妙地融合了直接融入法的直接灌输与间接融入法无形渗透的优势，旨在既确保核心信息的传达，又能在日常环境中塑造审美价值观。在审美教育与文化推广活动中，复合融入法已被广泛采纳，因其综合性和高效性而受到重视。

复合融入法不仅综合利用了直接和间接教育的优点，还通过广泛的群众参与和模范示范来强化其效果。其中，明确的审美要求可以直接传达给参与者和榜样人物，让他们得到具体的教育引导。与此同时，通过他们的行为和所展现的审美素养，可以间接地影响并启发那些未直接参与的群众，使他们受到深刻的审美教育熏陶。为确保此方法的高效性，现阶段应聚焦加强复合融入法的深入研究，力求使直接与间接的教育方式更为和谐地融合起来，实现审美教育的最大效果。

2. 改善文化环境

文化环境在潜移默化中塑造着人们的思维和行为。一个积极、正向的文化背景能激发人们自然而然地摈除心中的消极观念，同时加强对于发掘、欣赏、体验以及创造美的能力和意识。高校审美教育和文化建设的成功在很大程度上依赖特定的文化环境和情境。这种文化情境不仅为教育和文化建设提供了具体的物质背景，更为其构建了一个由各种文化要素组成的无形的"文化场"。在这样的情境中，审美教育和文化建设得以深入地交流与互动，从而更好地达到其目标和愿景。

文化环境对高校审美教育的影响是全面的、全方位的。一方面，文化环境为审美教育提供了丰富的信息和内容来源，为教育注入了丰富的思想和审美价值；另一方面，通过高校审美教育的实践，这些文化价值和信息被传播出去，再次被纳入文化环境中，为未来的审美教育创造了更有利的条件。这样，文化环境和审美教育形成了一个互动循环，两者相互促进、相辅相成。

（二）推动文化载体创新

载体在信息传递中扮演着关键角色，它是某一内容或信息的具体表现形式。对于高校审美教育来说，文化不仅是内容的来源，还是它的传播工具。文化内涵丰富，涵盖了多种不同载体，如物质文化、精神文化、制度文化、行为文化以及环境文化，同时伴随着现代化的趋势，诸如网络和手机等新型载体也开始发挥作用。这些文化载体为审美教育的传播和普及提供了桥梁。而要真正推进高校审美教育进步，关键是对这些载体进行创新和优化。教育工作者需要思考如何更好地利用这些载体，让审美教育的内容更加吸引人，从而确保其被更广泛地接受并融入人们的日常生活和工作中。

1. 充分利用现代信息技术手段

在现代信息技术迅猛发展的背景下，高校审美教育需要紧跟时代步伐，全面创新文化载体。传统的文化传播方式，如电影、电视，虽然依然具有一定的吸引力，但现代技术，特别是网络和移动通信技术，为审美教育提供了更为丰富、直观和互动的传播途径。这些先进的技术不仅丰富了信息的表现形式，更带来了声、光、色、电等多维度的体验，使高校审美教育的内容更具形象性、生动性和灵活性。因此，充分利用这些技术手段将审美教育融入文化中是确保其与现代社会紧密相连，更好地服务学生的关键。

利用各种文化载体，如影视、诗歌、小说和戏剧，可以将美育的理论知识从抽象转化为具体、形象的表达，使之更为生动且容易被广大群众接受。将新的美学理论成果通过各种富有创意和吸引力的方式传递给公众，不仅能增强大众对于美学的认识，也能点燃他们对学习的热情。为了有效推进审美教育的文化整合，需要充分挖掘现代传播工具的潜力，并结合目标群体的特征，如年龄、性别、文化背景和兴趣，设计多样化的文化活动。这样做不仅可以扩大审美教育的影响范围，还能增强其对受众的吸引力和感染力。

2. 充分利用文化活动和文化设施

为了促进文化载体的创新，不仅要充分开展各种丰富多彩的文化和文明创造活动，还应当加强对各类文化设施的建设和应用，同时努力开辟更多的文化传播途径。

（1）组织形式多样的文化活动

组织审美教育活动不仅要有切合实际的主题，而且要有广受欢迎的载体。组织各种引人入胜的文化活动，让人们在娱乐中受教育，从而培养高尚的情趣、净化内心并提升人文修养，这无疑是实现审美教育与文化整合的高效策略。各种丰富多彩的文化活动，如群众文娱体育、展览参观、社区文化互动、演讲、艺术表演、知识竞赛等，都以其生动、有趣且容易引起公众兴趣的形式深受大众喜爱。这些活动不仅传承了中华民族的传统美德，展示了社会主义新时代的创新精神，还为人们提供了一个培育健康生活习惯和积极人生观念的平台。通过这些活动可以刺激和提升人们的审美兴趣，增强审美交往，加强人与人之间的联系，从而构建一个协调、宽容、健康、和谐的社会文化环境。

（2）建设和利用各类文化设施

各类文化活动的广泛开展应重视并加强文化设施的建设，为文化活动的开展提供良好的物质条件。随着社会物质生活水平的提高，人们对审美教育及其相关的硬件设备有了更高期望。投资高质量的硬件设施不仅能为大学的审美教育和文化活动提供更好的物质支撑，还能推动审美教育和文化建设更深入、更有质量地发展。

为了确保文化深度融入高校的审美教育，必须充分发挥大众传媒和各种公共文化设施的教育作用。首先，高校应利用美术馆、博物馆、历史馆、展览馆和科技馆等设施培养学生对日常生活中的美与丑、善与恶的准确判断能力；其次，通过革命遗址和红色旅游区等场所对学生进行审美教育，目的是塑造他们具有崇高的审美理想、情操、品格和修养；最后，高校还应利用文化宫、青少年宫、游泳馆、图书馆、健身房和体育馆等文化和体育设施组织各种活动。这样不仅可以增强人们的审美体验，还能在文娱活动中培养他们的审美情趣。

（3）积极拓宽文化渠道

推动高校审美教育的文化融入，除了充分利用现有的文化设施和活动，还需要不断探索和创新文化融入的途径，并确保审美教育的内容渗透学校的方方面面，包括教育、社会活动、环境建设等。第一，以学校教育为主渠道。课程设置应充实，例如，引入"中国特色社会主义文化""中国特色社会主义理论体系"和"中国传统文化概论"等。通过这些课程，结合创新的社会实践活动，可以深入发掘并运用中国传统文化的教育资源，使之成为审美教育的有机组成部分。第二，以社会活动为辅渠道。在社区中组织丰富多彩且具有教育意义的文化和体育活动，可以随处感受到审美教育与文化的结合，形成教育与娱乐相结合的模式。第三，以人文环境建设为软渠道。高校应该关注并加强人文环境建设，不断提高其文化内涵，使之成为日常生活的一部分。第四，以自然环境建设为硬渠道。通过美化和保护自然环境，不仅可以确保人与自然的和谐共生，还可以利用自然环境来培养人们的审美情趣，塑造他们的精神世界。

三、健全促进文化融入的制度机制

将文化整合到审美教育中不仅是一个简单的任务，还是一项细致且有序的系统性工程。在这个系统中，各个要素应相互关联，共同工作。为了确保这些要素高效运行并协同合作，需要依赖一套既科学又完善的制度和机制。这些规章制度不仅是对审美教育与文化融合的指引，还具有一定强制性，确保整个过程得以按照预定的方向和目标推进。这种严格性和结构化不仅有助于保持流程的连续性和稳定性，而且能为审美教育与文化之间的和谐融合提供持续的推动力。

（一）构建促进文化融入的领导体制和工作机制

构建科学的领导体制和工作机制能够为高校审美教育文化融入提供重要保证。高校审美教育文化融入的领导体制集中体现在组织、人才、思想等方面，是管事、管人、管思想的有机统一。高校审美教育文化融入的工作机制是领导体制的进一步细化和具体化。

1. 统一领导，齐抓共管

为确保高校审美教育与文化的深度融合，必须构建一个完善的管理和组织机制。首先，必须始终保持党的核心领导地位，确立以党委为首的领导体制。其次，各种机构如党政工团等应共同努力，各尽所能，发挥其独特作用。这样，可以在党委的领导下，实现各部门、各单位的共同参与和协同工作，形成一个多元但有序的工作格局。最后，全社会的参与也至关重要，这意味着需要行政人员、业务专家、技术人才等各类人员的积极参与，从而形成一个综合性、多层次的管理机构。

2. 引导群众积极参与

审美教育和文化建设工作的开展旨在教育、激励、指导和提升广大群众。在这一过程中，不能将群众当作被动的接受者；相反，群众是这一活动的积极参与者，他们运用自己的智慧和能力，为文化建设做出了重要贡献。

（1）树立全员共建意识

高校审美教育的文化融入是一项具有复杂性、长期性、系统性的工程，需要党的坚强领导、各部门和单位之间的紧密合作以及广大学生的参与。单靠某些部门的努力难以实现这一目标。为此，全校需要深化对共建意识的认同，激发全体师生的参与热情和创造动力。当每位师生都认识到自己的重要职责，并愿意主动为之付出努力时，高校的审美教育和文化建设才能步调一致、和谐发展并相互融合。

（2）引导广大师生积极参与

推动高校审美教育的文化融入不仅是政府部门的职责，更多的是依赖广大师生的主动参与。为了确保这种参与，全校师生必须受到鼓励和培训，以增强他们的能力和积极性。必须明确师生在整个过程中的中心地位，确保他们有机会真正地民主参与，创建一个积极、开放的参与环境。一方面，领导层需要转变工作方式和观念。应该紧密地联系师生，确保其在整个过程中的主导地位。为了做到这一点，所有与审美教育相关的工作都应该受到师生的审查和监督。这不仅可以确保政策和程序的透明度，还能增强师生的责任感和使命感。定期的沟通和信息共享也将帮助师生更好地了解当前的挑战和机会，从而更好地参与其中。另一方面，高校应该鼓励师生积极参与社会的各个方面，如生产、经营、管理和服务等。这种参与可以帮助师生更好地与社会经济发展融为一体，形成一个相互支持、共同发展的社群。

（二）建立高校审美教育与文化的互动发展机制

为了确保高校审美教育与文化成功地融合，关键在于保持两者之间的良性互动和同步发展。如果高校审美教育与文化之间出现隔离或者其中一个严重滞后于另一个，就会深刻影响高校审美教育的文化融入效果。

1. 建立高校审美教育与文化的互动机制

实现高校审美教育与文化的协同发展需要确保两者在内容、功能、载体及方法等各方面的完美结合。高校审美教育与文化的互动涉及多方面内容，主要包括主客体的互动，内容、方式、目标的互动以及主客体与内容、方式目标的互动等。

首先，构建高校审美教育与文化的平衡协调机制。在凸显审美教育主导作用的同时，要强化社会主义文化建设的导向作用。通过组织、制度和方法的创新，吸纳和整合各种积极的文化元素，从而使审美教育和文化更具时代性、活力和生命力。其次，构建高校审美教育与文化互动的规范、约束、引导机制。一是借助社会主义文化，规范和引导人们的思维和行为，确保其与审美教育的目标保持一致。二是鼓励学生和教职工培养自主学习和自我完善的能力，从而使他们在审美教育与文化的交互过程中，能够自我调整和自我导向。三是利用社会的公共舆论、杰出人物的示范效应、丰富的人际交往环境以及已有的各种规章制度，建立一个既约束又激励的环境，使审美教育在与社会主义文化的相互作用中健康、积极地发展。

2. 建立高校审美教育与文化的同步发展机制

从整体上看，虽然高校的审美教育与文化建设存在众多交叉点和相似之处，但它们各自有不可替代的独特性。它们承担着各自的社会使命，在社会经济发展中有各自的角色与功能。因此，不能简单地将文化建设看作审美教育，或者用审美教育来完全替代文化建设。这种做法会使两者的边界变得模糊，既可能导致审美教育失去其独特的价值，也会让文化建设缺乏明确的方向。因此，正确认识和处理审美教育与文化建设的关系至关重要。

建立高校审美教育与文化的同步发展机制应坚持高校审美教育和文化建设同时加强、同步推进。一是在策划和实施任何高校审美教育或文化活动时，应确保两者都能得到相应的关注和资源分配。例如，在编制预算或分配人力资源时，审美教育和文化建设应该平衡考虑。二是创建一个综合性的平台，用于收集、整理和分析与审美教育和文化相关的信息。这不仅可以帮助决策者获得即时反馈，还可以为教育者提供教学资源和方法。三是鼓励文化和审美教育部门之间的紧密合作，共同开展活动、研究和培训，共同促进文化和审美教育的发展。

（三）构建高校审美教育文化融入的推动和保障机制

高校审美教育文化融入的有效实现离不开一定的推动力量和保障力量，这就要结合实际，构建高校审美教育文化融入的动力机制、反馈评估机制和保障机制。

1. 动力机制

（1）建立健全高校审美教育文化融入的政策驱动机制

政策驱动是动力机制中的重要力量。高校审美教育文化融入的政策驱动机制主要源于各级政府和单位发布的政策、条例和指导性文件，旨在回应和满足公众的审美和文化需求，同时为社会整体的发展目标设定方向。当公众的审美文化需求与社会的长远目标相吻合，并具有广泛的合理性和正当性时，相关政策应鼓励和支持这些需求。这种鼓励不仅能促进文化和审美的繁荣，还能调动群众的积极性，使其更好地参与和贡献于社会的发展。当某些审美文化需求过于理想化或与社会大方向不符时，政策的作用则转变为引导和调节。此时，应通过明确的政策和制度措施，对这些需求进行合理的调整和引导，确保公众的文化和审美追求与社会整体的发展目标保持一致。

（2）建立健全高校审美教育文化融入的精神驱动机制

精神需要属于人的高层次需要，主要包括进行社会交往、赢得社会尊重、获得社会成就、实现个人发展、彰显自我价值等。高校的审美教育与文化的融合致力于满足这些深层次的精神需求，为学生创造一个充满活力的精神支柱，从而推动他们在学术、艺术和个人成长中取得更大进步。

精神驱动机制是动力机制中的隐性推动力量。这种驱动机制不仅是表面上的奖励或惩罚，更是源于内在的动力：对目标的追求、对美好事物的情感投入以及对文化价值的深刻理解。这种深层次的驱动力涵盖了个人的信仰、价值观、道德观和意志力，它们共同构成了人们参与审美教育和文化活动的心灵支柱。在新的历史时期，为了更好地推动审美教育与文化的融合，应充分挖掘和利用这种精神驱动，这就需要创建一个充满活力和包容性的环境，鼓励每个人都发挥自己的精神潜力，为社会主义建设和中华民族伟大复兴贡献自己的力量。高校要集结文明观念、服务精神、竞争意识和危机意识等，形成一种共同的集体意识，帮助每个人提升精神境界。此外，要真正触动人心，高校需要紧密结合学生的实际需求，解决他们最关切的问题。通过有意义的工作，温暖人心，稳定人们的情感，从而以情感驱动每个人积极参与，让审美教育与文化的融合成为一种自然而然的趋势。

2. 反馈评估机制

对高校审美教育文化融入的效果进行评估，必须有一个完善的信息反馈机制。这不仅是评估的前提，更是确保评估结果准确性和可靠性的关键。建立这样的信息反馈系统意味着要对审美教育在文化融入中的各个层面进行细致的观察与分析，包括融入的实际情况、进展速度、效果和其在高校中的实际作用。只有通过这样综合、系统的信息收集和分析，才能对高校审美教育的文化整合提供真实、有价值的评估。

（1）建立健全高校审美教育文化融入的信息反馈机制

构建畅通的信息反馈机制，可以有针对性、高效地调控高校审美教育和文化建设，为中华优秀传统文化融入高校审美教育奠定良好的基础。通过及时地获取反馈，可以及时了解计划执行情况，迅速发现并解决出现的问题，从而确保整个融合过程更为流畅和有效。缺乏这样的反馈机制，则可能导致教育与文化的融合过程受阻，无法真正实现预期的效果。因此，为了更好地指导决策，需要不断地完善和强化信息的收集、分析和反馈环节。

高校审美教育文化融入的信息反馈机制的构建可以从以下几方面入手：一是各部门和各单位建立健全信息上报制度、信息流通制度、信息公示制度，以保障信息畅通无阻，从而及时捕获和处理各类数据和建议。二是将各级党委宣传部门定位为审美教育文化融入的信息反馈和集散中心，使其成为信息的中枢，负责及时分析、反馈并提出改进建议。三是各级党委要充分利用社会团体，如工会、共青团、妇联等，将其作为与学生、教职员工近距离沟通的桥梁。这些团体在高校中具有广泛的联系和影响力，它们可以起到自我教育和管理的角色，帮助学校更深入地了解群众的需求和意见。四是创建合理、及时、畅通的信息机制，使得社会各群体能规范、持续且长期地反映其对于审美教育与文化融入的看法和建议，从而为高校提供宝贵的参考。

（2）建立健全高校审美教育文化融入的效果评估机制

有计划、有组织地对高校审美教育文化融入的效果进行有效评估，不仅能让审美教育文化融入更具有针对性，还能提升对审美教育绩效、贡献评价的精准性，从而更加正确地认识高校审美教育的劳动价值。为了构建完善的高校审美教育文化融入的效果评估机制，首先，应明确高校审美教育文化融入的评估标准。该标准旨在反映审美教育对于社会各领域如经济、政治、文化、生态的积极贡献，以及其在推动人的全面成长中的角色。评估标准应考量审美教育在促进经济、政治、文化和生态之间协调和可持续发展的能力。标准应重视审美教育如何帮助人们在多个维度上实现自我，从而促进个人的全面发展。标准应考察审美教育在实现其核心功能、发挥其关键作用以及推动文化进步和繁荣方面的成效。其次，应制定高校审美教育文化融入的组织目标和实施计划。每年或每季度应对这些目标进行细化，并依此设定具体的活动计划。完成一个时段后，应将实际执行的工作成果与既定计划进行比对，这不仅能够检验实施过程中的效果，还可以确认是否已经达成初设的工作目标。这种定期的评估和对比不仅可以提供实时的工作反馈，还有助于调整和完善接下来的工作策略。最后，应探索促进高校审美教育文化融入的责任制。每年都应对审美教育文化融入的实践进行综合总结和评估，确保其与预先设定的设计、规划和政策保持一致。把审美教育文化融入的任务融入每位相关工作者的述职内容中，使其成为受到广大党员和群众监督的重要任务。考核评价的结果应被用作决定员工晋升和奖励的关键标准。通过完善的奖惩机制，不仅可以明确每位工作者的职责，还能够进一步激励他们投入更多的热情和创意。这不仅能增强审美教育和文化工作者的职业荣誉感，也能调动他们的工作积极性和创新力。

3. 保障机制

高校审美教育的文化融入需要有一定的制度作为支撑和保障，尤其国家层面的法律和法规为这一过程提供了重要指导，确保审美教育文化融入活动的方向与国家发展目标保持一致。高校审美教育文化融入的保障机制主要包括四部分内容，分别为组织保障机制、队伍保障机制、物质经费保障机制、制度保障机制。

（1）建立健全高校审美教育文化融入的组织保障机制

为确保高校审美教育与文化深度融合，党委的领导职责尤为关键。党委"一把手"作为第一责任人，需要承担起关键的领导角色，同时，其他领导成员也应清晰自己的职责，并与之相协同。每个单位或部门的主要负责人同样担任其领域内推动审美教育和文化建设的核心角色，以确保审美教育与文化完美融合。为实现这一目标，各级党委应依据工作实际，设立联席会议制度，确保高校审美教育和文化事务得到充分的关注和领导。此外，成立由党委书记主导的工作协调机构也是一个有效策略，其主要职责是确保审美教育与文化活动的顺利部署和执行。党委宣传部作为主导实施部门，与办公室、组织部、工会和人事处等多个部门紧密合作，共同打造支持高校审美教育与文化融合的强大合力。

（2）建立健全高校审美教育文化融入的队伍保障机制

推动高校审美教育的文化融入依赖一支政治觉悟高、业务能力强、敬业奉献、素质卓越的专职干部队伍。这样的队伍能够确保审美教育与文化融合的长期性和持续性，因为这是一个漫长的过程，不会在短时间内迅速实现。因此，培育并构建一支既懂文化又精通审美教育的高素质队伍，不仅是高校审美教育和文化建设工作的基本要求，更是确保文化深度融入审美教育的客观需求。

提高高校审美教育文化融入的有效性要求这支高素质的干部队伍不仅熟悉审美教育的特点，还懂得如何整合文化资源。坚持"双轮驱动"的工作理念，既注重技能提升，又强调道德修养。首先，要注重选拔既有德才又具备审美文化素养的中青年才俊，让他们成为审美教育与文化建设的核心力量。接下来，各级组织应致力于对这些专业干部的持续教育和成长，通过定期的培训和学习，不断提高他们的审美文化认知和工作能力。同时，鼓励他们深入一线进行实地考察和研究，使其在实践中不断积累经验、增强能力。最后，必须培养其对审美教育和文化工作的热爱与责任感，确保他们认同自己的职责，并得到社会的广泛认可和尊重。

（3）建立健全高校审美教育文化融入的物质经费保障机制

为了确保高校审美教育与文化建设的有效融合，必须确保在人力、物力和财力等关键领域的充足投入，为提高审美教育的外部环境条件打下坚实基础。事实上，经费的保障在这其中起到了举足轻重的作用。首先，需要增加日常教育开支、大型的宣传和文化活动经费以及理论与实践研究的资金，以确保教育工作者获得充分的培训和适当的奖励。其次，为高校审美教育与文化建设设立专项预算，在财务规划中进行独立管理，以保证资金能够有效地用于相关设施的建设和各类活动的组织。最后，地方党委应将审美教育与文化建设的基础设施纳入总体建设规划，确保从基建资金中分配足够的预算。面对现代化的挑战，审美教育与文化建设的设施和设备需要紧跟时代，充分利用现代技术，以实现生动、有趣和高效的教育和文化活动。

（4）建立健全高校审美教育文化融入的制度保障机制

随着社会主义市场经济的不断深化，单纯依赖行政干预推进高校的审美教育与文化建设显得不再适应时代发展。如今推动高校审美教育的文化融入更应注重采用多元化的手段，包括法律、经济、行政和文化等。其中法律的引导和规范作用尤为关键。构建支持文化与审美教育融合的制度框架不仅能确保审美教育的健康发展，还是培养社会良好风尚的重要支柱。

首先，对当前的审美教育和文化建设体系进行系统的修订与补充，打造一个支持文化与审美教育深度融合的全方位制度体系，并将社会所倡导的文化和道德价值体现在内。其次，出台并细化推动审美教育文化融入的具体政策，以引领这一领域向着更健康、更有序的方向前进。再次，为确保审美教育和文化建设能同步并协同发展，应建立完善的政策法规，确保这两方面的努力都能获得法律的明确支持和指导。最后，进一步完善工作机制，确保所有相关规定都能被有效执行，从而确保各方面的参与者能够真正履行其职责，实现各项任务的有效协同与统一。

第七章　高校审美教育的创新性发展

第一节　互联网时代背景下高校审美教育的创新性发展

一、互联网时代下高校审美教育的内涵与特征

（一）互联网时代下高校审美教育的内涵

审美教育是一项通过传授美学知识、技能，培养学生审美意识、艺术修养、思维能力、情感内涵的教学活动。作为培养人才的重要基地，高等教育对于学生的全面发展起着至关重要的作用。音乐教育作为艺术教育的重要组成部分，在培养学生审美素质上具有不可替代的价值。无论是普通高校，还是艺术专业学院，审美课程都应被纳入教育体系中，主要目的在于给广大非艺术专业的学生带来美好的音乐体验。这种体验不仅是对美的欣赏，更是一种深层次的情感和思维的挖掘，能够刺激学生的创新和创造力。

随着"互联网+"技术的迅猛发展，高校审美教育正经历着前所未有的变革。这种变革不仅在于教学方法的更新，更重要的是它正在改变学生对审美教育的态度和认知，使其对这一领域产生更加浓厚的兴趣和重视。因此，高校审美教育呈现出一种突破性的进步。"互联网+审美教育"这一新模式实际上是将先进的互联网技术与审美教育完美融合。这种融合不仅为学生带来了前沿的教育理念和方式，而且打破了传统审美教育在时间和空间上的局限。利用互联网资源，学生可以随时随地接触到丰富的审美教育材料，从而更加

深入地学习和体验。更值得关注的是，互联网技术还使得审美教育更加个性化。每位学生可以根据自己的兴趣和需要，选择最适合自己的学习路径和资料，这无疑增强了审美教育的艺术魅力和教育效果。

（二）互联网时代下高校审美教育的特征

在互联网时代，高校审美教育主要具有以下三点特征，如图 7-1 所示。

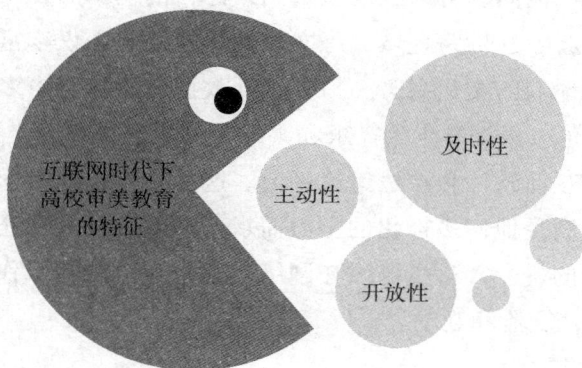

图 7-1　互联网时代下高校审美教育的特征

1. 及时性

互联网时代下高校审美教育的一个鲜明特征是及时性。在信息技术与网络无处不在的今天，高校审美教育不再受限于传统的教材和固定的课程内容。任何新的艺术作品、文化现象或者审美理论一经出现，都可以迅速被引入课堂，供学生学习和探讨。这种即时的反应和更新使得审美教育始终能够与时代同步，确保学生能够了解到最新的艺术动态和审美观念。这种及时性不仅是关于知识内容的更新，随着各种在线学习平台和数字化资源的普及，学生可以随时随地接触到高质量的审美教育材料。无论是观看一场在线艺术展览，还是参与一个国际性的艺术论坛，学生都可以实时地参与其中，无须等待特定的课堂时段或场地。这种及时性极大地扩展了学生的学习时空，也提高了学习的效率和效果。

2. 开放性

互联网时代下高校审美教育的另一显著特征是开放性。在过去，审美教育可能受限于特定的教材、固定的课程大纲或地域性的文化观念，但在当前的网络环境下，这些边界和局限性逐渐被打破。开放性意味着教育的内容、方式和交流的平台都得到了前所未有的自由和广度。

开放性带给学生更广泛的知识来源。现在，学生不再仅仅依赖教科书或特定的教学资料，可以直接访问世界各地的艺术馆、博物馆、音乐厅和艺术家工作室。例如，他们既可以在线欣赏到卢浮宫的艺术品，也可以即时观看柏林爱乐的音乐会。这种跨地域、跨文化的学习经验不仅丰富了学生的审美体验，也拓宽了他们的文化视野。另外，开放性也意味着更多样化的教学方法和工具。教师可以根据学生的需求和兴趣，灵活选择和组合各种网络资源，如视频、音频、互动软件和在线讨论平台。这种个性化的教学方法不仅更加吸引学生，也能满足他们多样化的学习需求。同时，开放性还为学生提供了更多实践和创作的机会，学生可以在网络上发布自己的艺术作品、评论和分析，与全球的观众交流和互动。

3. 主动性

在这个信息爆炸的时代，传统的"填鸭式"教育方式已经无法满足当代大学生的学习需求；相反，网络技术的发展为学生提供了更多主动获取、筛选和整合知识的机会。网络技术的普及赋予学生更大的学习自主权。他们不再完全依赖教师和教材，而是可以根据自己的兴趣和需求，主动搜索、选择和研究相关的审美资料。无论是国内的艺术作品、国外的艺术评论，还是最新的审美理论，学生都可以轻松获取。这种自主学习的过程不仅帮助学生建立了批判性思维和独立分析的能力，也增强了他们的学习动机和兴趣。另外，主动性还体现在教学互动上。在传统的教室环境中，学生往往是被动的接受者，而在联网的环境下，他们可以更加主动地参与到教学活动中。例如，学生可以在线提问、评论、讨论，甚至可以与其他学校或国家的学生进行跨文化交流。这种互动不仅促进了学生的学习深度，也提高了他们的沟通和合作能力。

二、互联网时代高校审美教育改革创新的机遇

（一）丰富教学资源，激发学生兴趣

在互联网时代，高校审美教育面临前所未有的改革创新机遇。其中通过丰富教学资源来激发学生兴趣成为其中的有效策略。互联网为审美教育带来了海量的、多样化的教学资源。过去学生的艺术和审美经验往往受限于学校图书馆的藏书、教师的讲授和地理位置的局限性。但在现今的互联网环境下，学生可以轻松访问世界各地的美术馆、音乐厅、剧院、电影院等艺术机构的资源。例如，通过虚拟旅行的方式，学生可以"走进"大英博物馆，欣赏世界级的艺术藏品，感受不同文化的艺术魅力。这些丰富的资源不仅满足了学生的知识需求，更重要的是激发了他们的学习兴趣。当学生可以直接与艺术品互动，体验艺术创作的过程，他们的审美意识和兴趣会得到更大激发。例如，通过互动式的艺术教育软件，学生可以尝试创作音乐、绘画或舞蹈，感受艺术创作的乐趣和挑战。这种互动和实践的学习方式无疑会增强学生对艺术的认识和热爱。

（二）突破时空局限，降低教学成本

通过利用网络平台，审美教育的教学模式成功突破了时间和空间的限制。无论是网络视频还是直播课程，教师都能够为大学生提供同步或异步的教学体验。这种模式赋予学生极大的自由度，他们可以使用电脑或智能手机，随时随地进行审美学习。而且，线上学习平台的各种功能，如暂停、回放和倍速播放等，都极大地提高了学习的灵活性。如果学生在初次观看后仍有疑惑或不明白的地方，可以选择反复观看或调整播放进度，以更深入地理解和学习。这为学生创造了一个更加个性化的学习环境。除此之外，利用在线审美教育还能为高校带来经济效益。传统的高校审美教育经常需要邀请行业内的专家和专业人才来进行座谈或讲座，这无疑涉及差旅费和指导费等额外开销。而在线审美教育平台则为高校提供了一个经济高效的替代方案。教育机构可以通过网络邀请这些专家进行在线授课或座谈，这不仅减少了旅行和住宿的成本，还为学生和教师提供了与更多行业专家互动的机会。

（三）提供优质资源，实现教学交互

在互联网时代，多种在线平台为学生提供了优质的学习资源，其中许多都是免费的。例如，慕课、超星学习通等在线教学平台集结了数万门在线课程，使得学生可以依据自己的兴趣和需求进行选择。即使某些特定的课程需要付费，许多也提供了免费试看选项，这无疑满足了学生对个性化学习体验的渴求。在线教育平台的存在打破了地理限制。与传统的教学模式相比，一名教师只能服务固定数量的学生，这种开放式的在线学习模式确保了优质的教育资源能够惠及全国各地的学生。这不仅拓宽了学生的学习视野，还为他们提供了与全国各地乃至全球的其他学生交流和学习的机会。此外，互联网上的审美学习论坛也为学生提供了难得的学习资源。在这些论坛中，来自不同地区、文化背景和生活经历的美学爱好者们聚集在一起，分享自己的想法和见解，互相启发。这种交流不仅加深了学生的审美理解，还鼓励他们思考、对比和吸收不同的观点，进一步激发了他们的审美潜能。

三、互联网时代高校审美教育的审美对象

审美活动的进行依赖审美对象的存在。互联网时代美育的审美对象是高校网络审美活动的具体内容。为了深入理解和研究网络下的审美教育，首先必须明确网络空间中各种审美对象的类型。按照网络空间信息的审美要素，可分为网络内容美、网络形式美、网络语言美、网络艺术美等，如图 7-2所示。

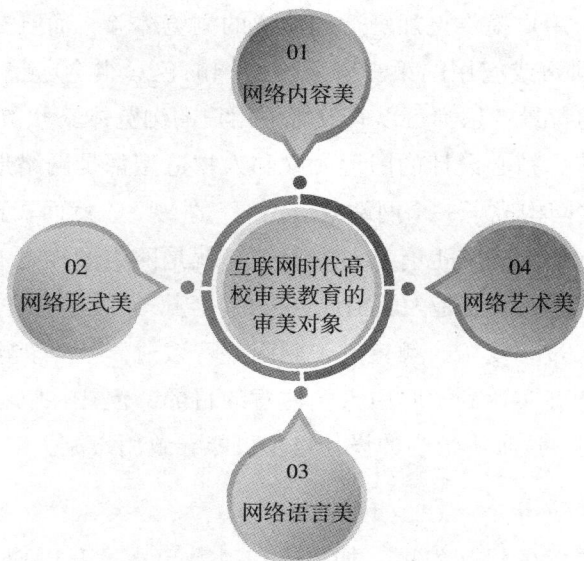

图 7-2　互联网时代高校审美教育的审美对象

（一）网络内容美

网络内容美是网络美的基础。所谓网络内容美，主要指网络上发布的信息是否公正、客观、真实、自由和平等。当网络内容反映了合乎逻辑的科学知识、及时并真实的新闻报道或揭示人性中真实情感的故事时，它们都展现了网络内容之美，成为网络空间中的精神文明标志。但网络空间并不总是这样的美好景象。为了追求利益，某些发布者可能散播带有反动、色情、粗俗、虚假、煽动性或夸张内容的信息，这无疑是网络内容之丑。这种丑陋的内容不仅违背了网络内容美的原则，而且可能对网络的整体生态造成破坏，影响其健康发展。

（二）网络形式美

简而言之，网络形式美是网络内容在视觉和听觉上所展现的美感。它强调的不仅是内容本身，更是内容如何被呈现和展示的方式。这种美的最直接表现通常体现在网站或应用的界面设计、色彩搭配、排版布局以及声音设计等方面。在网络空间中，形式美的重要性不言而喻。一个具有审美吸引力的设计不仅可以为用户提供更加舒适和愉悦的浏览体验，而且在很大程度上决定了用户对该网站或应用的第一印象。协调的色彩组合、整洁的页面布局，以及符合情境的背景音乐都可以有效增强用户的浏览体验和留存时间。同时，选择恰当的字体、精心设计的图形元素和人物造型都是网络形式美的具体展现，这些元素共同构成了一个网站或应用的"外观"。然而，正如存在网络内容之丑一样，网络形式美也有其对立面，那就是网络形式之丑。有些设计者为了追求与众不同或仅仅是为了引起人们的注意，可能采用不合常规的设计，导致页面看起来过于复杂、颜色过于刺眼或音效过于喧哗。虽然这些设计在某种程度上可能确实达到了吸引人们注意的目的，但往往牺牲了用户的整体体验，长此以往，这种不恰当的设计选择可能导致用户流失。

（三）网络语言美

随着网络技术的迅速发展，加上人口基数庞大，我国成为互联网大国。这种领先地位不仅体现在用户数量上，而且孕育出了一套富有特色的网络语言，为在线沟通和教学提供了极大便利。但网络语言在发展中也出现了一些问题。特别是为了追求创新和与传统对立，部分网络用户滥用和篡改经典文学作品，以实现更高的网络关注度。这些行为，包括篡改经典、恶搞传统等，使网络语境中充斥着许多庸俗、歪曲和消极的内容。这不仅污染了网络文化环境，更重要的是，这些负面内容可能对青年一代，尤其是大学生的审美教育造成不良影响。为了营造一个健康、有益的网络语言环境，有必要对网络内容进行更为严格的监管，确保网络语言的生态健康，这就需要对网络上的内容进行筛选和调整，同时鼓励用户生产和传播积极向上、有益的内容。维护网络语言的纯净是保护中华优秀传统文化和审美教育的重要一环。

（四）网络艺术美

在数字时代的网络空间中充满丰富多样的艺术类作品，艺术也是网络美的一种表现形式。网络不仅为传统的艺术品提供了新的传播渠道，让经典得以在全球范围内焕发新生，更是为新兴的艺术形式如博客、短视频、网络电影、网络剧、网络音乐等创造了展示的平台。这种融合给传统艺术带来了更新的活力和更广的观众基础。然而，这片充满创意的网络空间也带有双重性质。与优美的艺术创作并存的还有那些品质低劣的作品。这包括那些仅仅为了追求流量、缺乏真实情感的诗歌，那些传播低俗、恐怖、邪恶信息的视频以及为了吸引眼球、歪曲历史的所谓"热门"剧集。对于大学生这样的年轻观众，长时间浸泡在这样的网络艺术环境中，可能对他们的审美观和道德观念产生负面影响。因此，面对网络空间的艺术多样性，我们应该培养年青一代具备辨识能力，让他们能够分辨真正的艺术与低俗的模仿，从而确保他们能够在充实的网络艺术世界中塑造出健康的审美观念和高尚的品格。

四、互联网时代高校审美教育改革创新的路径

（一）强化网络空间主体责任，营造风清气正的美育环境

网络媒介主体是网络空间文化建设的主体，强化网络媒介主体责任，加强网络信息传播源头治理是加快网络美育建设进程的必要举措。无论是互联网媒介主体，还是网络文化主体，抑或新媒体用户，都必须遵守行业法律法规，减少利益驱动下的网络丑态输出，积极营造风清气正的网络审美环境。

1. 强化媒介主体责任，优化网络内容美

在这个信息爆炸的现代社会，我国作为一个网民数量庞大的国家，互联网已成为中国众多网民，特别是当代大学生的主要知识来源。与过去依赖书籍获取信息的方式相比，现如今的大学生更偏向通过网络平台探索和吸取知识。在这样的背景下，互联网媒体作为主要的信息发布者，其职业操守的重要性不言而喻。随着移动互联网技术的进步，传统的媒体渠道如电视、报纸和广播正在逐渐失去其传播的主导地位，而新兴的互联网媒体平台正迅速崛起并占据这一空白。尤其在青年大学生中，他们更倾向通过移动设备获取资讯和信息。新媒体不仅提高了信息的可接触性，其集文字、图像和声音于一体的多媒体形式也更加吸引大学生的注意，满足了他们的网络审美需求。

新兴媒介技术的出现本质上是中性的，其价值在于人类如何使用它。因此，作为网络信息的主要传播者，媒介机构应当恪守职业道德，承担起社会责任，避免因追求经济利益而产生的行业混乱。这包括避免为了吸引公众关注而对信息进行过度包装以及制造和传播低俗的内容。为了确保信息传播的健康，媒介机构需要强化对于社会的责任感，不仅是基于短期经济利益，更

应把为人民和社会服务视为其核心使命。同时，考虑到媒体对大众的思维和价值观有着深远影响，媒介机构有责任推广和宣扬社会主义核心价值观，承担起对社会的美育职责，倡导中华优秀传统文化，并广泛传播人类共有的文化遗产。媒体从业者应始终铭记自己的核心职责，即公正、真实和客观地传递信息，严格遵循法律和道德标准。而网络媒体更不应成为制造或放大网络争端的工具；相反，应当积极地扮演网络意见的引领者角色，从一个客观和公正的视角、结合科学的思维方式去阐释和解读社会现象。这样的媒体不仅是信息的传递者，更是社会价值观的塑造者，传播社会的生产劳动之美、模范英雄之美、人间真情之美、物质文化之美、法治正义之美。

2. 强化网络文化主体责任，提升网络艺术美

网络文化主体是网络文化发展的有力推手，强化网络文化主体的责任是建设网络空间良好文化的必然之举。由各种文化、艺术和娱乐实体构成的网络文化主体涵盖了网络电视剧、电影、综艺节目、直播、网络文学、音乐和广告等多种文化形式，这些都是网络文化的重要组成部分。为了促进更加健康、正向的网络文化发展，必须重视网络文化主体的美育职责。所有网络文化产品的创作与组织都应该始终坚守"以人民为中心"的核心价值，确保内容的正面导向，不仅满足大众的审美需求，而且传播正能量，提高文化品质，这样才能真正地推动网络文化向前发展。

在当代，随着网络技术的迅猛发展，大学生的成长与网络技术的进步并行，他们的审美追求和文化需求与这个时代紧密相连，对网络文化艺术的期望也随之提高。对于网络文化的主体来说，他们有责任确保所提供的内容质量与这一代人的高期望相匹配。网络文化的主体应当深入领会并坚守马克思主义文艺观、习近平新时代中国特色社会主义思想文艺观，以人民为中心，关注年青一代，特别是大学生的审美诉求，确保作品反映时代的进步、国家的兴旺和人民的福祉。另外，网络文化还承载着叙述中国的历史和文化、展现中国梦成真的责任。网络文化的主体需要对其作品的社会价值负责，平衡经济收益与社会效益，坚决摒弃那些以获取流量为首要目标，追求低俗、媚俗和浅显的文化内容。他们应当避免制造内容低劣、内涵肤浅且仅以追求娱乐为目的的作品，确保提供给大众的文化产品有深度、有内涵，能够真正满

足现代大学生和广大网民的文化需求。

随着互联网的兴起，网络电视剧、电影、文学和音乐已成为主流的文化消费形式。这些数字文化产品在传播价值观、宣扬传统文化和反映社会现实方面扮演着至关重要的角色。因此，它们应当积极弘扬中国的世界观、人生观和价值观，切实反映和传承中国深厚的历史、丰富的风俗习惯以及独特的民族文化。更为重要的是，这些作品应当真实描绘社会中特定群体的情感与经历，展现他们的喜怒哀乐，以确保作品具有深度和真实性。而网络综艺节目作为一种独特的文化形式，同样肩负着宣传和弘扬国家主流价值观的重要职责。它们应当围绕国家的核心价值，包容和反映社会进步中的多样性和变革，推广人文和创新精神。人们应当警惕网络综艺节目过度娱乐化，努力提高其审美水准和内容深度，确保这些节目不仅是观众的娱乐来源，更是对他们进行艺术和文化熏陶的平台，从而共同打造一个美学上高品质的网络文化空间。

3. 强化自媒体用户责任，弘扬社会主旋律

随着移动互联网技术的飞速进步，自媒体平台如微博、微信、抖音和快手等迅速兴起，深受大学生及其他年轻人的喜爱。与传统媒体相比，自媒体以其实时互动、碎片化内容和娱乐化特点占据了一席之地，为众多网民提供了一个方便的自我表达和交流的空间。这样的平台不仅提供了内容分享的渠道，更推动了信息的快速传播与创新创作。但在享受自媒体带来的便利和乐趣时，网民特别是大学生也应增强主体责任意识，确保其发布的内容真实、健康和积极，共同维护和谐健康的网络环境。

首先，自媒体用户必须强化自身的网络素养，培育健康的上网习惯。这不仅是为了防止自身沉溺虚拟世界，更是为了抵制碎片化信息的消费模式，这种模式可能削弱他们的整体思维能力。同时，用户需要自觉地拓展自己的审美范围，而不是被平台算法定义的内容推荐所束缚。其次，维护网络的正面风气也是每位自媒体用户的责任。这意味着自媒体用户要积极反对并避免网络中的恶意行为，如网络霸凌、对传统文化的恶搞、造谣和歪曲事实等。更为重要的是，自媒体用户需要遵循网络法律和道德规范，这不仅是社会和职业的要求，更是对家庭和传统文化的尊重。最后，强调自媒体用户在弘扬

社会主义核心价值观、推广中华卓越的传统文化以及传播具有中国特色的现代文化时的作用是至关重要的。这样不仅能提升自媒体内容的质量，还能进一步提高网络环境中的审美体验。

（二）建立网络信息管理制度，健全网络美育安全屏障

在数字时代，网络空间已经成为人们获取信息、表达意见和娱乐的重要平台。但是，若没有有效的信息管理制度和法律法规作为支撑，网络环境可能会陷入混乱，导致信息混淆、美丽和丑陋的界限模糊，甚至倒置审美标准。这种情境对于正处在形成观念和价值观关键时期的青年大学生来说尤为危险，可能导致他们的网络审美受到误导。因此，完善网络信息管理制度和建立齐全的法律法规体系显得尤为重要，不仅有助于维持网络空间的秩序，确保信息的真实性和可靠性，还能为大学生提供一个健康、积极的网络环境，引导他们形成正确的网络行为习惯。

1. 完善网络信息传播规范，强化网络信息违规违法惩戒

在互联网时代，我国网络空间的法治水平总体上滞后网络技术的发展，网络法制建设的加强势在必行。这就需要将网络审美教育工作纳入教育法律法规之中，明确互联网媒体在审美教育中的重要责任与义务。首先，为了确保网络空间的健康和秩序，网络美育应被纳入教育法律法规的范畴。这不仅意味着明确互联网媒体在这一领域的核心职责，还意味着为网络主体提供明确的行为指南。建议我国制定一套信息传播的标准规范，详细列出网络活动中哪些行为是可接受的、哪些行为是禁止的，并通过广泛的宣传活动，确保广大网民都了解并遵循这些网络行为准则。为了更好地实施这些规则，国家需要培养专业、技术精湛的执法队伍。当网络中出现有害信息时，相关部门应具备迅速、准确地识别、处理和阻止该信息的能力，从而尽量减少对大学生等关键群体的不良影响。其次，针对网络中的"灰色地带"——那些尚未被法规明确约束的领域，需要更有力的法律措施。由于缺乏明确的法律依据，执法部门在这些领域面临着诸多挑战。政府应加快步伐制定和完善相关的网络法规，确保网络空间的健康、秩序和安全。再次，必须加强网络实名制度，确保每一个网络行为者背后都有真实的身份信息。这不仅有助于加强对网络活动的监督，还能为不法行为的追责提供依据。针对那些反复发布不良信息

的网络 ID，应通过信息溯源机制追踪其真实身份。一旦证实其有害行为，应将其纳入网络黑名单，限制其上网活动，并视情节严重性给予相应法律处罚。这样可以对网络上的不法之徒形成有力的法律威慑。最后，加强网络执法是保护网络空间秩序的重要手段。面对网络犯罪行为，特别是那些发布有害信息的网站和机构，执法部门必须严厉打击，确保每一次违法行为都受到应有的法律制裁。此外，对于那些散播不实信息、侵犯他人权利或参与网络暴力的行为也应该给予重大处罚，明确表明这样的行为在网络空间是不能容忍的。

2. 加强网络平台监管力度，及时过滤不当信息

网络平台的监管是第一时间制止网络负面信息发布和传播的有力手段，此举不仅是为了遏制负面信息的扩散，更是为了确保网络文化在积极方向上对人们的审美产生有益影响。因此，加强网络平台监管力度，更好地发挥网络文化对人的审美影响尤为重要。政府部门需要充分发挥监管职能，通过先进的网络技术手段监控从信息产生、传播到反馈的全过程。除了政府的官方监管外，网络媒体和平台也应该承担起社会责任，实施内部的自律和自我监管。

具体来说，对于政府监管平台来说，首先，政府应引进和开发先进的自动筛选技术，确保及时拦截和过滤不健康和有害的内容，从源头上保证网络环境的纯净，使得大学生及其他用户不轻易接触到有害信息。其次，加强信息溯源技术的研发和应用是追踪和制裁网络不法行为的关键。这不仅可以确定散播有害信息的来源，还能确保迅速采取行动，对违法行为者进行法律制裁。最后，除了预防机制外，政府还需要加强对已经发布的负面信息的审查和删除。针对网络中的暴力内容、隐私泄露事件及其他不良文化表现，政府应运用技术手段进行有效管理，以降低这些内容对大学生和广大网民审美和心理的不良影响。对于媒体自身监管平台来说，首先，媒体监管平台的领导和管理者必须具备深厚的法律知识和法规意识。他们不仅要清晰了解当前的网络法律法规，还需要确保在日常操作中严格遵循，确保不遗漏任何有害内容。其次，技术支持在媒体自身的监管中同样重要。媒体机构需要不断投资和升级技术平台，确保可以迅速、准确地检测和处理不健康的网络信息。包括及时删除有害内容、封锁或警告违规用户，从而维护一个正面、健康且有

深度的网络文化氛围。

（三）增强高校育人合力，改善高校美育实效

1. 科学设置美育课程，增强大学生审美认知能力

健全完善的美育课程不仅可以增强大学生的审美鉴赏能力，而且可以使他们深入理解美的本质和意义。在当前高等教育中，"立德树人"是根本任务，为了完成这一任务，不能忽视培养学生的人文素养和审美意识。而审美教育课程作为提高学生人文修养的重要课程，应当得到高度重视。因此，高校要设置科学合理的审美教育课程，确保每位学生都能从中受益，从而更好地实现培养全面发展的人才这一目标。

首先，通过设置固定的美育理论课程，大学生可以系统地学习美学基础、艺术史、艺术理论等，为他们的艺术探索和生活审美奠定坚实的理论基础。为了使学生更有趣味地参与并理解这些理论，教学方法可以融合多种实践活动，从而使美育不仅是纸上谈兵，而是真正与学生的生活、情感和体验相结合。其次，高校应提供丰富的艺术选修课，如摄影、绘画、音乐、戏剧等，让学生根据自己的兴趣做出选择，深入研究和体验各种艺术形式。这样的实践机会不仅可以培养学生的艺术技能，还能进一步塑造和升华他们的审美观念。通过对艺术作品的深入学习和品鉴，学生能够更好地感知艺术的魅力，实现情感的共鸣，并不断提高自己的审美水平。总之，通过学校的美育理论和艺术课程的教育，大学生可以系统地掌握审美和艺术的基本知识。这不仅能加强他们对日常生活中美的鉴赏能力，还能为他们在网络环境中进行审美鉴别提供坚实的基石。

2. 广泛开展美育实践，丰富大学生审美情感体验

人的审美活动包含在审美认知基础上进一步审美联想产生审美情感。审美情感涉及情感和情绪两个层面的内容，是审美活动过程的必然状态，具有虚幻性、超越性、形象性和愉悦性的特点。为了确保大学生能够充分体验并培养这些审美情感，学校应该遵循大学生美育规律，并提供丰富多样的美育实践机会。通过各种审美活动，唤起大学生的审美情感，满足他们多方面的审美需求，并为他们在网络环境中的审美活动奠定坚实的感性基础。

　　高校应开展多元化的美育实践活动，首先，通过举办各种文艺活动，学生有机会亲身参与和体验，从而进一步提升其审美能力和艺术涵盖度。以西南某理工大学为例，该校为学生提供了一个充满机会的舞台，如元旦晚会、迎新晚会、师生音乐会和高雅艺术入驻校园等，这些活动使学生沉浸在艺术文化中，全面体验并释放自己的审美情感。其次，学校还应鼓励学生社团主动承担起组织大型活动的责任，为学生提供展示自我的平台，并在实际操作中磨炼自己的审美能力。例如，可以组织大学生手机摄影展，根据不同主题展示学生的摄影才华；或是举办创意短视频大赛，激发学生的创意潜能，展现他们对审美价值的独到见解和创新能力。再次，高校应努力构建一个网络美育资源库，让学生充分利用网络的便利性。整合各种审美资源，从古至今、中外结合，为学生提供一些浩如烟海的审美资源。这不仅能够扩展学生的文化视野，而且为他们在网络世界中的审美活动提供了丰富的素材。最后，借助先进的技术如人工智能、虚拟现实和3D影像等，高校可以创造出新颖的审美体验。这些技术能够带给学生更真实、更沉浸的艺术和文化体验，进一步加深他们的审美理解和感受。

3. 强化思想政治教育审美引领，提升大学生网络审美价值高度

　　高校网络美育的顺利推进离不开思想政治教育的引领作用，高校审美教育也肩负着"立德树人"的使命。在高等教育中，思想政治教育不仅是指导大学生人生观的基石，也是美育实施中的关键导向。在这个互联网技术迅猛发展的时代，大学生深受其影响，很多人面临信仰的真空。高校应该引导他们挖掘内心的爱国之情、对民族的责任以及对自己的信心，并坚守实现人生与社会价值的道路就是通过不懈的努力和持续的奋斗。强调思想政治课中的理想信念是确保大学生在审美教育中能够获得正确导向的重要方法。面对网络文化中的"娱乐至上""金钱为王"和"追求网红"等现象，高校需要引导学生建立健康的审美观，这一观念应与社会主义核心价值观相协调。此外，应鼓励大学生理性对待网络流行文化，而不是盲目追求，这样可以帮助他们在数字时代保持独立思考和明确方向。

　　在高等教育中，思政教育的角色不容忽视。为了确保大学生在面对社会实践和奋斗时能够持有马克思主义的审美观，思政工作者应当加强对理想信

念的教育。作为数字时代的活跃成员，大学生道德层面的教育显得尤为关键。培育他们具有正确的价值取向和审美敏感度，并培养他们的自制能力，对于整个互联网生态的健康成长具有决定性影响。为了进一步提升社会、教育工作者以及学生对美育的关注和重视，文化部门应当在相关政策中明确审美教育的核心地位。这不仅是为了提高个体的审美水平，也是为社会和网络环境注入更为积极、健康的元素。

第二节 素质教育背景下高校审美教育的创新性发展

一、对素质教育的认识

（一）素质教育的内容

从我国素质教育的实施情况及对受教育者的要求来看，素质教育应包含如下内容：

1. 全面素质的培养

个体的全面发展不仅体现在某个特定领域的能力提升上，更是应在整体素质的全面提升中得到反映。从社会对个体的期待来看，全面的公民素质是必不可少的，它强调了一个人在德、智、体、美、劳等多个方面的均衡成长。可以说，全面发展教育和素质教育在此目标上是相吻合的。当个体在多个领域中获得均衡发展时，不仅有助于其更好地融入和适应社会，也确保了其在某一特定领域达到卓越的潜力。仅仅关注某一个维度的教育策略是不全面的，甚至可能是有害的。因此，教育者在执行素质教育时，必须采纳一个综合的观点，强调各个方面能力的互动和融合，这是每位教育工作者都应该具备的核心思维。

2. 发展个性

现代心理学一般将个性理解为一个人的整个精神面貌，它体现为一个人持久且固有的心理特质，如需求、动机、兴趣、性格和能力等。这种观点在素质教育中表达了一个以学生为中心的教育理念，强调学生的主动性和活跃性。全面素质的培养强调重视个性，因为每个人都拥有独特的先天特质和后天经历，这使得每个人的素质结构都与众不同。因此，教育应当根据每个个体的独特性进行定制，确保因材施教，以最大限度地发挥其潜能。每个人都拥有独特的特质和才能，这为他们的智力开发和创造性培育提供了坚实基础，并为个性化培训提供了理论支持。素质教育的核心思想是当教育者着眼个体全面素质的培养时，必须充分考虑每个学生的独特性，这意味着教育的目标、内容、方法和组织方式应既统一，又具有多样性和灵活性。为了真正提高学生的综合素质，教育者不仅需要从学生的实际情况出发，全面思考，而且要挖掘学生的潜在才能和亮点。通过加强学生在某一领域的素质，可以进一步推动他们在其他领域的全面发展。

3. 素质教育的动态性观念

人的素质是为了满足特定社会发展需求而形成的，反映了某一历史阶段的核心要求。随着社会的不断进步，素质教育也必然持续演变，以适应时代的变化；与此同时，随着年龄的增长，个体的需求、性格和兴趣也会发生变化，促使素质教育的方法和策略需要不断调整。因此，在实施素质教育的过程中，既要考虑社会的整体需求，还要兼顾个体的特定发展需求。这意味着虽然素质教育有其稳定的核心目标，但在实践中需要具有灵活性，以适应不同情境和个体差异。此外，由于个体素质是在不断发展中形成的，新的素质往往会取代或改进过去的素质。因此，随着个体的进步，素质教育的具体要求和目标也会随之更新和调整。

4. 素质教育的特色

素质教育的特色在于以学生的某一特长或潜能为出发点，通过加强这方面的培训，进而刺激学生全方位地发展和提高。但这并不意味着一旦学生在某一领域如钢琴或绘画上有所成就，就代表了素质教育的成功。真正的素质教育应该关注学生全面发展的情境，不仅局限于某项技能或才艺的培养。因此，当谈及素质教育时，教育者应当更关心学生整体素质的提升，而非某一特定技能的熟练程度。

（二）素质教育的特征

素质教育主要具备以下四个特征，如图 7-3 所示。

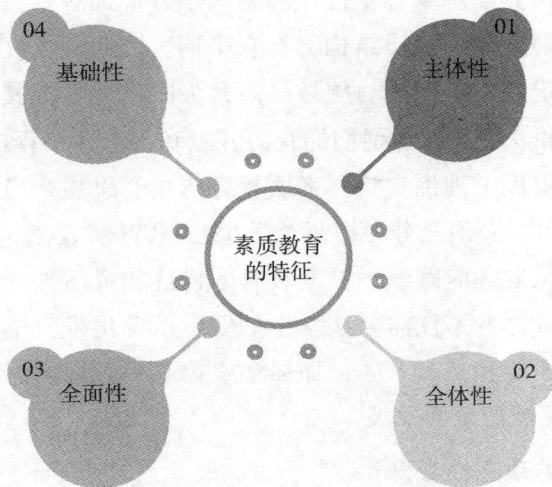

图 7-3　素质教育的特征

1. 主体性

素质教育的主体性即在整个教育过程中，不仅要尊重学生的独特地位，还要让他们发挥主动性，充分调动他们的内在动力。尽管教育的成功受到众多因素的影响，但这些因素可以大致归纳为内部和外部两大类。其中，学生是教育过程中唯一的内部动力，他们的意愿、态度和努力对教育的效果有着至关重要的作用。而与学生相对应的其他如教材、教师、环境等都可以视为外部因素，其作为客体，与学生主体相互作用，共同影响素质教育的效果。

按照"外因通过内因而起作用"这马列主义原理，在素质教育的过程中，只有自始至终将学生置于主体地位，才能真正敞开他们的内部因素大门，让他们主动参与学习。这种方式使外部的教育因素能够被学生内化，成为他们内部的素质，同时能最大限度地发挥教师的引导作用。素质教育不仅强调人的主体性，还着重激发人的潜在智慧和塑造精神力量。它的目标是激发学生的自主意识，培养他们的主动性，加强他们的心灵力量，并促使他们积极地、有活力地成长。这种教育方式旨在帮助学生建立自信，培养他们的尊重与爱心，并赋予他们充满活力的生活态度。这种对学生主体性的重视不仅是素质教育的核心，也是它的灵魂所在，反映了对教育理念的深入理解。

2. 全体性

应试教育在某种程度上忽略了学生的个性，强调考试成绩，违背了"教育机会人人均等"的原则；相反，素质教育注重学生的全面发展，旨在培养每一个学生，而不仅是那些成绩优异的学生。素质教育鼓励每个学生根据自己的特点和能力发展，而不是试图将所有学生塑造成同一种模式。它强调每个学生都有自己的价值和潜力，都应该得到尊重和关注。尽管素质教育追求公平，尊重每个学生，但它并不提倡教育的均质化或一视同仁的做法。它鼓励因材施教，让每个学生都能在自己的领域和范围内取得进步。

3. 全面性

应试教育在"一切为了分数，一切围绕分数"的指导思想下，必然具有片面性。与之形成鲜明对比的是，素质教育追求的是学生的全方位、均衡发展，不仅局限于学术知识，更涵盖了德、智、体、美等多方面的培养，旨在全面提高学生的生理、心理和文化素养。

一般来说，素质教育中的全面发展有两个方面的具体规定性：第一，从学生个体的角度来看，它强调每个学生都应该得到均衡的、普遍性的发展，也允许学生在某一特定领域内获得特殊的、深入的培养；第二，从更广泛的班级、学校甚至整个社会的视角来看，全面发展追求的是整个集体的共同进步，同时承认并尊重每个成员的独特性，鼓励差异化的成长。简而言之，全面发展即是追求每个学生的最佳、最适合他们的成长路径。

4. 基础性

素质教育的基础性这一基本特点有以下三方面含义：

（1）学生的素质是做人的基础

学生学习的根本目的就是学习做人，这不仅关乎他们成为何种人，更涉及他们如何走这条成长之路。这是学生学习的基本功，也是对他们最基本且最必要的要求。

（2）每个人的素质是整个民族素质的基础

民族素质的提升需要从每个个体着手。个体的素质成为构建民族整体素质的基石。为了达到这一目标，需要全面推进素质教育，通过各种途径如家庭、幼儿园、学校、社区、职场以及成人教育来不断完善和提升每个人的素质。只有每个个体都致力于自身的成长，民族的整体素质才能得到真正提高。反之，当民族的整体素质得到提升，每个成员也将因此受益，实现更高的个人成就。

（3）素质教育要为学生打下素质基础，以不变应万变

在当前这个知识迅速更迭和发展的时代，学校所教授的内容在持续增加。然而，无论知识如何变化，其核心仍然稳定。很多国家深刻意识到培养学生基础素质的重要性。正如素质教育强调学生的主体性，同样地，基础性在素质教育的众多特质中也占有举足轻重的地位。如果说主体性是对素质教育理念的核心，那么基础性则是对素质教育的关键要求。

二、高校美育素质教育特点

（一）美育育人与思政育人相结合

当前，随着科技和经济的快速进步，尽管社会繁荣带给人们无限美好，但高校学生在思想上也遭遇了诸多问题。其中，创新作品如新设计、新海报等频繁地遭遇剽窃和抄袭的问题尤为严重。针对这些挑战，国内的高校逐渐探索出了一个有效的应对策略，那就是在注重美育的同时，强调思想政治教育的重要性。思想政治教育不仅是培养学生思维深度的手段，更是全面素质教育的核心部分，有助于构建学生的思想和道德观念，从而为他们的全面发展提供支持。而美育作为素质教育的另一个关键组成部分，不仅能够提高学生的审美观念，还能够在德育领域为学生的进步带来助力。

在高校教育中，将美育与思政教育相结合，对于塑造学生的世界观、人生观和价值观具有关键性的作用。二者的目的是相辅相成的，共同推进，使得高校的素质教育更为深入和系统。许多高校教师已经认识到，通过美育不仅可以培养学生的审美能力，还能够引导他们形成健全的政治观念。这种方

法不仅在于传授纯粹的审美价值，更在于融合思政教育，帮助学生在审美的基础上达到更高的思考维度。这种综合的教育模式已经成了高校培养具备社会主义核心价值观的合格人才的重要趋势。通过这种方式，高校能够更为全面地推进素质教育，为国家培养出能够肩负起社会主义建设重任的优秀人才。

（二）美育理论与艺术实践相结合

在我国高校中，美育与素质教育的研究主要采用两种形式：理论与实践。从理论层面来看，研究主要关注美育的核心理念及其特征。根据学生的不同背景和专业特点，设计了相应的必修与选修课程体系。这种体系的核心是学习美育理论，再辅之以相关的欣赏课程。为了加深学生的理论理解和审美修养，学校还会定期邀请美学专家前来进行专题讲座。从实践层面来看，这种研究是基于艺术和美育之间的紧密联系，努力推广与实际生活相结合的美育实践。例如，鼓励学生参与校园内的美育相关社团，比如微电影大赛等，使他们能在实践中体验和创作。此外，高校还会与外部实体如美术馆、艺术中心或其他大型展览合作，为学生提供实地学习的机会。通过与专业人员的互动，学生可以更加直观地理解和感受美的真谛。

只有将美育理论与真正意义上的实践相结合，才能更好地体现美育在素质教育中的意义。具体来说，学校在为学生提供理论知识的同时，应鼓励他们参与各种实际活动来锻炼其审美能力。例如，各种大型的学生艺术竞赛，如广告艺术大赛、数字艺术大赛以及学院级的奖赏活动等，都为学生提供了一个很好的平台，将所学的美育理论知识应用到实际创作中，形成了"竞赛中学习，学习中竞赛"的模式。为了真正实现这一目标，教育模式应该重视以学生为中心，让教师在引导中发挥支持作用。这种模式要求教育者灵活运用课堂教学与课外活动，确保学生在各个层面都能获得全面培训。这样的综合教育方法不仅可以提高学生的审美能力，而且为美育领域的研究提供了有力支撑。

（三）美育思想与美育行为相结合

美育是一种潜移默化的教育，美育思想的形成源自持续的审美教育，美育思想不仅体现了美育的核心目标和理念，而且指导着学生的审美行为。同时这种行为也是内在思想与外部行动的体现。将美育思想与行为相结合，实际上是在将学生的主观审美观与他们的实际行为紧密联系起来，这种结合能够使美育不断更新，使其始终充满活力。主观审美观是学生在美育培训中所培养出来的。为了更好地培育学生的审美观，教育者应该努力将抽象的知识与学生的实际生活结合起来，激发他们的学习兴趣，并为他们创造一个积极、轻松的学习环境。此外，通过美育行为，教育者还可以传达审美的规律和原则。美育思想和行为的融合不仅可以丰富美育的内涵，还能使学生更好地理解和欣赏美的真谛。

（四）美育育人与综合育人相结合

在 21 世纪的背景下，全球化和经济的迅速发展极大地改变了人们的生活需求。这样的改变不仅为人们提供了更加丰富多彩的生活，也引发了对教育方式和目标的深入思考。素质教育作为一种注重全人发展的教育理念，旨在培养学生的德、智、体、美、劳五个方面，帮助他们形成健全的心理、坚忍的意志、乐观的人生态度、出色的审美鉴赏能力以及全面的知识体系。特别是在高等教育阶段，教育者开始更加重视综合性育人的策略，其中美育育人被视为一个核心部分。因为通过美育，不仅能够提高学生的审美能力，更能培养他们的情操和品性，使他们更具创造性和创新性。因此，高校更加注重将美育与其他教育元素相结合，致力于培养既有专业技能又具备综合素质的人才，这符合现代社会对人才的多元化需求。

三、素质教育背景下高校审美教育的改革思路

（一）审美教育的顶层框架设计

在 21 世纪这个变革的时代，高等教育的美育培养面临前所未有的挑战和机遇。为了真正完成这项重要任务，高校首先要进行顶层框架设计，确立清晰的教育目标和方向。这意味着要从全局的高度出发，明确"培养什么样的人、如何培养、为谁培养"的核心问题，从而形成一套科学、前瞻的人才培养标准和体系。这样的顶层设计不仅要充分考虑当前的社会背景和需求，还要预测未来的发展趋势。只有这样，美育培养才能够紧密地与国家的教育策

略、社会的需求和学生的期望相结合。同时，高校还应当积极探索与实践，构建出新型的美育培养模式和机制，使其更具实效性和针对性。实践中，除了理论学习，学生还应该得到丰富的实践机会，从而在实践中提高审美水平，形成健康的审美观念，并掌握必要的艺术和文化知识。另外，为了确保教育的连续性和可持续性，高校应不断优化教育框架设计，使之更加完善。

（二）审美教育的培养方案设计

培养方案是指培养人才的方向，方案设计是高校根据自身的特色和现状，制订有效可实施的美育培养方案。高校的美育培养方案不仅局限于一门课程的设计，它更多地涉及如何系统地、全方位地培养学生的审美观念和能力。一个高效的培养方案是根据高校的独特性和特点来制订的，它不仅要满足学生的个性化需求，还要与学校的总体教育目标和理念保持一致。尤其对于以理工科为主的综合性高校，审美教育的重要性不容忽视。一方面，学校应确保设置基础的美育必修和选修课程，使所有学生都有机会受益于审美教育，进而提升他们的审美素养；另一方面，针对不同专业和年级的学生，学校需要设计有针对性的培养方案，确保不同背景的学生都能得到充分的关注和培养。培养方案的核心内容涉及培养目标、课程结构、实践机会以及毕业标准等。在高校美育改革的大背景下，学校应该参考行业的有效实践，结合自身特色，制订出创新且务实的培养方案。更重要的是，理论与实践应相辅相成，使得学生在理论学习的同时，有足够的机会进行实践操作，真正将知识转化为技能。

（三）审美教育的全过程培育

美育作为一种涵盖广泛的教育形式，不仅局限于纯粹的审美教育，更关乎如何将审美教育与实际生活、学习与专业知识相结合，从而培养学生全面的素质和综合能力。在完整的美育过程中，可以从四个核心维度来进行探讨：课程体系、课堂教学、教材设计和考核评价体系。

首先，对于美育课程体系的构建最为关键的是确保与学生的专业学习紧密结合。这不仅包括必修课和选修课的结合，更要注重跨学科的整合，以培养学生的跨学科思维和能力。其次，课堂教学的方法和手段也需要不断更新和改革。利用互联网和多媒体技术可以大大提高教学的效果和效率，但更为重要的是教育者本身的水平和教育理念。只有当教育者能够将现代教育手段与传统教育理念有效结合，才能确保审美教育的质量和效果。再次，教材是教学过程中不可或缺的部分。它应该与教育部门的要求相一致，与高校的课程体系和方向相匹配，并与社会的发展和变化保持同步。这要求我们不断审视和更新教材，确保其内容的时效性和适用性。最后，考核评价体系也是美育全过程培育的重要组成部分。这不仅是对学生学习效果的衡量，更是对教育过程的反馈和指导。一个合理、科学的评价体系能够确保美育的目标得到有效实现，为学生提供清晰的学习方向。

美育的全过程培育是一项系统的、长期的工程，需要教育者持续地努力和创新，不能急功近利，而是要注重长远发展，确保每一步都走得扎实，这样才能最终达到美育的真正目的。

第三节　核心素养视域下高校审美教育的创新性发展

一、我国核心素养的总体框架与基本内涵

（一）我国核心素养的总体框架

中国学生发展核心素养以培养"全面发展的人"为核心，共包括三个方面，分别为文化基础、自主发展、社会参与，综合表现为六大素养，即人文底蕴、科学精神、学会学习、健康生活、责任担当、实践创新，这六大素养又可以进一步细化为国家认同等18个基本要点，如图7-4所示。各素养之间相互联系、相互补充、相互促进，在不同情境中整体发挥作用。

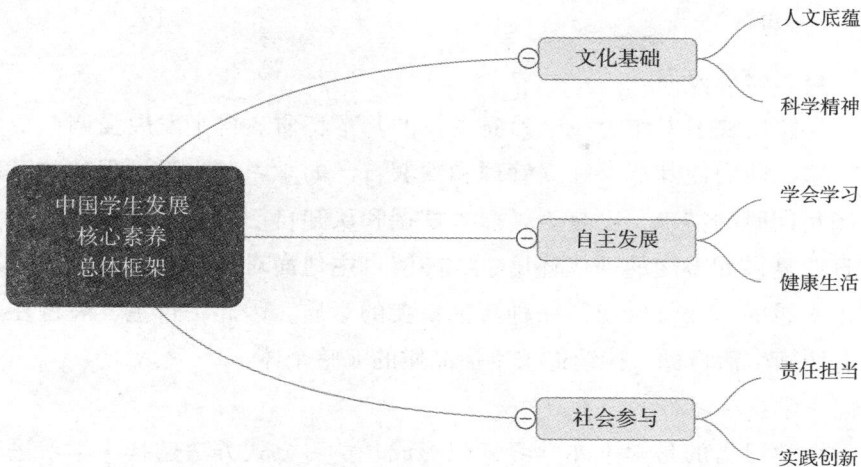

图 7-4　中国学生发展核心素养总体框架

（二）我国核心素养的基本内涵

核心素养课题组历时三年集中攻关，并经教育部基础教育课程教材专家工作委员会审议，最终形成研究成果，确立了以下三个方面的六大核心素养：

1. 文化基础方面

文化深植人的灵魂，是支撑人类存在的基石。强调文化基础的意义在于使个体能够掌握和吸纳人类在人文和科学领域中的杰出智慧和成果。这不仅是为了获取知识，更重要的是通过这些知识，个体可以培育自己的内心世界，追求那些真实、善良与美好的价值。这种对文化的尊重和追求将塑造出一个有深度、有思想并对更高层次的精神价值有所追求的人。

（1）人文底蕴

人文底蕴是学生在人文领域的知识和技能学习中所积累的深厚根基，它反映在学生的基础能力、情感倾向以及价值观念中。具体来说，人文底蕴主要体现为三个基本要点，分别为人文积淀、人文情怀和审美情趣。

（2）科学精神

科学精神指的是学生在科学领域中学习和实践时所塑造的核心价值观、思考模式和实际行动。它的基本要点主要包括以下三个：理性思维、批判质疑和勇于探究。

2. 自主发展方面

自主性反映了人作为一个独立主体的基本特质。自主发展强调一个人的能力，这种能力使其能够独立管理和驾驭自己的学习和生活进程。这不仅是为了满足即时的需求，更是为了深入挖掘和认知自己内在的价值和潜能。在一个日益复杂和多变的现代环境中，能够自主地面对和应对各种挑战，从而创造出卓越的生命价值成了一种至关重要的素质。因此，自主发展旨在塑造一个有明确生活目标、持续追求生活品质的完整个体。

（1）学会学习

学会学习指的是学生在学习意识形成、学习方式方法选择、学习进程评估调控等方面的综合表现，具体包括乐学善学、勤于反思、信息意识等基本要点。

（2）健康生活

健康生活是指学生在认识自我、发展身心、规划人生等方面的综合表现，主要包括三个基本要点，分别为珍爱生命、健全人格、自我管理。

3. 社会参与方面

社会性不仅是人类的基本特征，也是决定人类如何与社会互动的内在力量。在社会参与的过程中，学生应该学会平衡个人需求与社会期望，确立并践行作为现代公民应持有的道德标准和行为规范。此外，培养学生的社会责任意识以及强化他们的创新思维和实际操作能力都是为了确保他们能为自己和社会创造价值。这样的教育方针旨在培养既有坚定的理想和信仰，又敢于承担社会责任的人才。

（1）责任担当

责任担当是学生在与社会、国家和全球环境互动时所展现的情感、价值观和行为准则，具体包括三个基本要点，分别为社会责任、国家认同、国际理解。

（2）实践创新

实践创新是指学生在日常活动、问题解决、适应挑战等方面所形成的实践能力、创新意识和行为表现，具体包括三个基本要点，即劳动意识、问题解决、技术应用。

二、核心素养为高校审美教育提供发展方向

（一）核心素养促进高校审美教育观念的更新

核心素养的提出为教育走向以人的全面发展，回归教育本源的教育活动提供了有力支撑，这不仅为教育实践提供了坚实的理论基础，更为高校审美教育注入了新的理念与活力。在新时代的背景下，面对"教育要育什么样的人"这一问题，核心素养给出了明确答案：追求学生的全方位、均衡发展。对于高校审美教育而言，这意味着不再仅仅局限于传统的审美知识和技能的传授，而是更加注重培养学生的审美情趣、创新思维和人文关怀，从而促进他们的综合素质得以提升。简而言之，核心素养为高校审美教育指明了方向，强化了其在人的全面发展中的重要地位，同时确保了审美教育与时代的步伐同步，具有鲜明的现实意义和指导价值。

审美教育在高校中的实践远不仅是手工活动或纯艺术体验，它是知识、技能和智慧的综合体现。真正的审美教育不是孤立的理论探讨，而是让学生在实践中去感知、去反思，从而掌握新的认知和解决实际问题的能力。这种教育方式更具挑战性，能够真正点燃学生的好奇心，使他们对未知的事物产生浓厚的兴趣。强调实践的审美教育更具教育意义，因为只有在实际体验中，学生才能真正获得新知，感受到问题解决的喜悦。这不仅能够促进学生的全面和自主发展，而且成为评估他们发展水平的有效标准。高校应该深化对审美教育的认识，将其视为培养学生核心素养的重要工具。通过审美教育，学校可以引导学生更好地参与实践，从中体验、学习，进而达到全面发展的目标。

（二）核心素养推进高校审美教育内容的整合

核心素养注重学生在实际生活中解决复杂问题的能力，这为高校审美教育的内容设计提供了新的思考方向。面对审美教育中丰富多样且不断更新的内容，学校往往面临如何进行选择和整合的挑战。其中的核心困境在于缺乏一个明确的整合原则。为此，审美教育应以培养学生的核心素养为核心，围绕个人的全面发展进行内容的整合。不是简单地罗列知识，更应该是在特定

的实际情境中进行知识与技能的整合。这样的情境化教学使学生在实际环境中应用知识，与现实问题交互，从而形成持续的知识创新和问题解决能力。具体到高校审美教育，内容的整合可以基于具体的情境或主题进行。例如，通过与学生生活经验紧密相关的主题，将不同学科的知识融合到一个统一的框架中，同时结合学校、家庭和社会的资源，开展跨学科的项目式学习。这不仅有助于学生更好地理解和应用知识，还能激发他们的创新精神和实践能力。

（三）核心素养推动高校审美教育方式的改变

核心素养的提出在学术界引发了对高校审美教育的新的探讨。审美教育不再仅仅停留在理论的传授上，而是更加重视学生在实践中的知识探索、思考习惯和行为转变。这意味着教育过程不仅要使学生认识到实践在他们全面成长中的价值，更要让他们真实地投身其中，亲历其境，从中获得深刻的感知和洞察。高校的审美教育逐渐重视采用基于实践和活动的方法，这并不是对传统美学知识的忽视，而是在活动中促进学生的知识吸纳与应用。相较于传统教学，基于活动的教育方法内容更为多元，其过程兼具探索性和综合性。这样的教学模式强调对学生实践经验的尊重，让他们在参与中不断发掘和实践，这有助于他们理解实践的深远意义，培养出敢于探索和持续创新的精神，并形成对自我和外部世界的深入认知。以问题为驱动的教育活动把学生的全面发展放在首位，为学生展现真实世界中的挑战，鼓励他们主动寻找和解决这些问题。这种教育方式鼓励跨学科的学习与探索，从而增强学生的实际操作和实践能力，成为高校审美教育的核心策略。另外，以主题为核心的教育活动有效地应对了审美教育中经常出现的知识碎片化和脱离实际生活的问题。它能够将学术理论与学生的日常生活紧密结合，使审美教育更具生活化和实用性。因此，高校审美教育工作者应当重视并采纳这两种以学生为中心的教育方法。

三、核心素养视域下高校审美教育的特征

核心素养旨在促进学生的全面发展。核心素养视域下的高校审美教育具有综合育人性质，强调以学校教育活动推动学生的综合发展。需要指出的是，

这些教育活动都以学生为中心，旨在满足他们的兴趣和需求，帮助他们为未来做好准备。学生被鼓励主动参与，积极探索，反思自己的学习，并在此过程中创新。因此，审美教育具有如下特征，如图 7-5 所示。

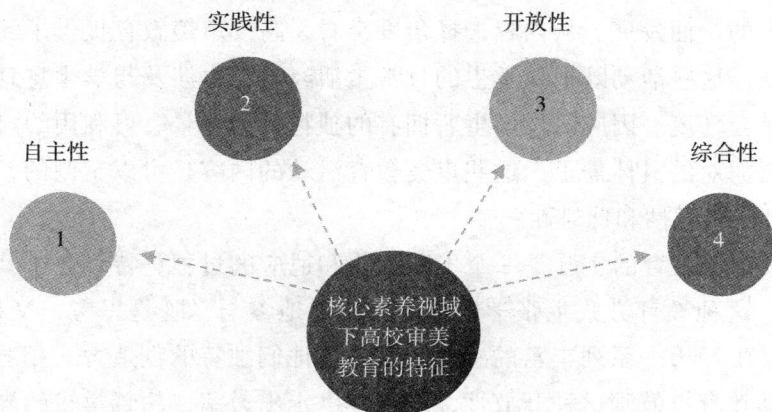

图 7-5　核心素养视域下高校审美教育的特征

（一）自主性

在高校审美教育中，当学生有机会自主地参与和体验，他们会更容易构建和整合自己的知识体系，这也为他们培养创新能力和解决问题的独立思维提供了平台。只有当学生在集体环境中真正体验到探索的喜悦和劳动的满足，他们才能真正培养起自主学习的动力和团队合作的沟通技巧。这不仅对他们个人的全面成长至关重要，也能为他们未来的健康发展创造有益的环境。

（二）实践性

对学生来说，实践性主要通过实际操作来获得。在这个过程中，教师的角色是确保学生真正参与并在实践中发挥主导作用，使他们能够通过动手的活动来表达自己的想法，同时与他人进行深入的交流和探讨。实践性的培养不仅是高校审美教育的一个重要组成部分，也是培养学生劳动观念、创新思维和实践技能的关键。学生应被鼓励参与各种形式的、主动的、开放的实践活动，这样他们可以学习如何操作、研究、实践和创新。这种活动不仅促使他们在实践中整合并提升劳动知识，而且可以帮助他们更深入地理解实践的真正意义，并增强自己的创新和实践能力。

（三）开放性

在开放的教育环境下，高校审美教育的重点应放在学生的个性化成长上，强调对每位学生个体差异的尊重，旨在推进学生在劳动知识、创新精神和实践技能上的全面发展。从内容选择角度来看，高校审美教育提供了涵盖多方面的活动，这些活动既根植学生的日常生活经验，也涉及与学生息息相关的自然和社会环境。因应每位学生所拥有的独特社会背景、可利用的自然资源和他们所面对的具体需求，这些审美教育活动的内容是可以定制的，以确保教育活动的多样性和针对性。

高校审美教育的实施是一个不断变化和适应的过程，特点在于其活动的开放性。这种教育方式主张学生全面、积极地参与，既是思考，又是动手，旨在让学生经历一系列丰富的感受，并展现他们独特的创造力。相对地，小学的劳动教育也鼓励这种开放性，鼓励学生走出教室、超越学校的界限，深入社区和社会的实际环境。在与家庭、学校以及社会的各种交互中，学生得到实际锻炼，促进其品格的塑造和个人成长。

（四）综合性

审美教育在高校中并不仅局限于学科的界定和知识体系的框架内。相反，它鼓励打破传统的学科壁垒，探索各学科之间的深层联系，并与学生的日常生活相结合。这样的教育方式强调面对真实的挑战，使学生能够综合应用不同领域的知识和经验来分析和解决具体问题。这种跨学科的思维训练不仅包括人文学科，如艺术和地理，还涵盖了数学、科技等理科领域，为学生提供了一种全面、立体的学习体验。这种综合性的学习方法不仅有助于培养学生的核心能力，还是塑造其全面健康人格的关键路径。

四、核心素养视域下高校审美教育的改进路径

（一）建构核心素养视域下高校审美教育课程

1. 以核心素养引领课程目标

高校审美教育的课程目标是反映社会对学生通过该课程所期望的能力和素质的变革。从核心素养的角度看待审美教育意味着这种教育不仅是培养学

生欣赏美的能力，更是帮助他们培养跨学科、创新思维、批判性思考等综合素养。因此，核心素养应成为高校审美教育课程目标的核心引导，确保学生不仅从中获得审美能力的提升，还能够得到全面发展。

高校审美教育的课程目标不仅是制定课程的基础，更是确保课程有效实施的关键。从核心素养的视角出发，可以看到这些课程目标具有明确的层次性。这种层次性保证了每个年级的学生都能在审美教育中获得逐步进阶和深化的体验，而每个年级的目标都与前后年级相互关联和衔接。例如，大一年级可能更注重基础审美的培养，让学生了解美学的基础理念，培养学生的审美观察和感受能力。在这一年级，学生主要接触各种艺术形式，学会欣赏和理解。大二年级可能更强调跨学科的审美实践，鼓励学生在其他学科领域中寻找美的体验，如文学、历史或自然科学中的审美元素，从而加深他们对审美的理解和应用。大三年级可能注重深化和提炼，鼓励学生进行更深入的审美研究和实践，例如参与艺术创作、策展或批判性的艺术评论，以此锻炼他们的创新思维和批判性思考能力。

课程目标是教育活动的导向，是对教育成果的预期描述。在构建高校审美教育的课程目标时，需要考虑其层次性和具体性。每个阶段的目标不仅要彼此连贯，还要具有明确性和可操作性，以确保目标能够引导教学活动，并为评价提供明确的标准。抽象的课程目标，如"促进自主发展核心素养的培养"虽然描绘了一个宏观的方向，但在实际操作中可能导致困惑，这种目标不足以指导具体的教学活动和评价，因为它没有为教师和学生提供足够明确的指引。为了使目标更有指导意义，需要进一步细化和明确这些目标。课程目标应当以学生为中心，明确表述学生应达到的表现或行为，而不是教师的行为。例如，"带领学生树立正确的审美观"这样的表述确实过于关注教师的行为，一个更恰当的表述可能是"学生可以形成并表达他们的审美观"，这样的目标更强调学生的行为和成果。因此，构建高校审美教育的课程目标时，应确保每个目标都具有明确性、具体性和可操作性，以便更好地指导教学活动、组织知识内容和进行教育评价。

2. 以学生生活融通课程内容

人是社会性动物，其本质特质是与社会群体互动并在其中寻找身份与意义。对于学生而言，所处的社会环境不仅是他们的生活背景，而且是他们认知、情感和行为的重要来源。为此，高校的审美教育课程应与学生的社会生活紧密结合，从而确保教育内容与学生的日常经验相一致，减少学生对审美教育的陌生感和距离感。只有当审美教育与学生的社会现实相连接，它才能真正触动学生的心灵，对其产生深远影响。

从核心素养的视角来看，高校审美教育课程应紧密结合学生的社会生活，深化他们对自我与社会的理解和关系处理。这一教育内容需要覆盖学生与自身、学生与他人以及学生与整个社会的相互关系。为了确保课程内容与时俱进，学校应当关注新兴产业趋势和当前的审美潮流，整合新型审美内容进入课程体系。在内容设计上，以美学理论为主导，旨在让学生在了解基础理论的同时，通过实践活动培养他们发掘美、欣赏美和创造美的综合能力。考虑到地域和学校背景的多样性，课程内容应具有一定灵活性。学校可以与行业企业、职业学院等机构合作，根据实际情况和资源选择最合适的审美教育模式。例如，在工业强区可以与相关企业合作进行实践活动，在农业地区则可以结合农业实践为学生提供丰富的审美体验。

3. 以学生探索导向课程实施

从核心素养的视角来看，高校审美教育的根基在于实践。正如教育家陶行知所强调的，"生活即教育""社会即学校"以及"教学做合一"。这些教育原则凸显了学生成长和发展的重要途径，那就是通过真实的实践和自主的探索来实现。在这样的教育观念指导下，高校审美教育不应仅仅是理论教授，而是要将教与学、学与做相结合，让学生在实践中获得真实体验，从而动态地建构知识和技能。这种教育方式旨在帮助学生塑造积极健康的情感态度、形成明确的价值观，培育他们的逻辑思维、批判性思考和创新能力，从而全面提升他们的核心素养。

在核心素养视角下，高校审美教育的特征归结为自主性与实践性。这两个特点不仅是高校审美教育的核心，而且是培育学生全面能力的关键。自主性意味着学生在教育过程中要有能力和决心自己解决问题。这并不是指向学生提供一个固定答案，而是要培养他们在不断变化的环境中，根据具体的情境和条件，创造性地找到最合适的解决方法。在这一过程中，学生不仅要面对一个接一个的新问题，而且要培养出一种持续不断的解决问题的动力和策略。每解决一个问题都会带来新的挑战和更大的问题，促使学生继续前进。实践性则注重将学生从理论的学习中引导到实际操作和体验中。问题解决不仅是一个理论过程，更多的是一个实践和创新的过程。学生在实际操作中遭遇的问题往往更加复杂和多变，需要他们将所学知识和技能综合起来运用，从而创造性地找到答案。

高校审美教育强调学生的自主探索能力，认为这是培养全面能力的基石。通过自主探索，学生能够积累实践经验，这种实践经验不仅有助于他们有效解决日常生活中的实际问题，还能激发他们的创造力。自主探索为学生提供了一个更为广阔的视野，使他们能够更为全面地把握和应用所学知识，从而在未来的生活和工作中更加游刃有余。

（二）丰富核心素养视域下高校审美教育方式

随着教育的发展和时代的进步，高校审美教育需要不断进行改革和创新。目前，审美教育已被视为一种重要手段来培养学生的核心素养，因此，更为开放、综合和探究的教育方法变得尤为重要。情境式教育方式在审美教育中的应用能够让学生在真实或模拟的情境中，亲身体验、实践并学习，进而培养审美观念和能力。而评价式教育方式强调过程和结果的结合，关注学生的全面发展，使他们在评价中得到成长。此外，结合 STEM（科学、技术、工程和数学）教育方式，可以使审美教育与其他学科相互融合，提高学生跨学科思考和解决问题的能力，为他们的核心素养提供坚实基础。综上所述，高校审美教育需要采纳更为现代、开放和综合的教育方式，以满足学生核心素养培养的需求。

1. 结合情境式教育方式的运用

情境式教育着重为学生提供直接的学习体验，它主张构建接近学生真实生活的学习场景，使学生在真实或仿真的情境中发现问题并采用多种资源进行探索与解决。在高校审美教育中，尽管目标是培养学生的审美素养，但直接的体验并不总是可行。这是因为有些审美体验需要特定的环境、文化背景或历史时期，而这些条件难以完全复原。因此，将情境式教育纳入审美教育的实践至关重要。这种方法强调与学生的真实生活经验相结合，从而增加他们的情感投入，并激发他们主动探索和学习的兴趣。它的核心思想是从学生的日常生活经验出发，使教育更生活化，更能引起学生的共鸣。这不仅可以加深学生的审美体验，还可以让学生在情境中更好地理解、体验和应用审美知识，从而更好地将审美融入他们的日常生活中。

2. 促进评价式教育方式的生成

在教育领域，成功的成果并不仅取决于教师的教授方式，更关键的是学生的学习态度和参与程度。特别是在高校审美教育中，学生的自主性、主动性和反思能力尤为关键。审美教育不只是传递知识，更多的是培养学生的审美感受和价值判断。学生的主体活动是他们发展的核心。只有通过自主的探索、体验和反思，学生才能真正吸收、理解所学内容，并将其融入自己的生活和思维中。此外，自我评价和反省是学生个体发展的关键工具。通过自我评估，学生可以认识到自己的长处和不足，从而制定更有针对性的学习策略。而自我反省则可以帮助他们不断调整自己的态度和行为，使学习过程更为高效。简而言之，要使审美教育真正生效，必须鼓励并培养学生的自我评估和反思能力。这不仅有助于他们的个人成长，还能确保审美教育的目标得以实现。

学生的自我评价不仅是他们对学习成果的自我检视，更深层次地，它折射出学生对自身认知和期待的反思。在高校审美教育中，鼓励学生对"我目前的状态"和"我未来的发展方向"进行自我探索和思考具有深远意义。通过持续的自我评估和反思，学生能够更深入地了解自己，对个人的学习和生活进行调整和优化。这样的自我认知过程不仅有助于学生的成长，也是核心素养培养中不可或缺的一环。

3. 加强 STEM 教育方式的渗透

STEM 教育强调学科之间的综合整合，重视学科知识之间的内部关联性，并在解决问题和完成任务的过程中关心学生的认知和思维方式。这种教育方法不仅着眼知识的传授，更在乎利用实际问题带动学生的学习，倡导在教育活动中进行发展性和诊断性评估。在核心素养的框架下，高校审美教育更强调学生的实践探索、学科间的综合融合和开放性思考。审美教育不仅局限于单一的艺术形式或美学理念，它要求教师具备跨学科的整合能力，引导学生在多元的实践中发现和解决问题。因此，借鉴 STEM 的教育模式，把它融入高校审美教育中，无疑可以为审美教育注入新的活力，使其更加贴近现代教育的需求和方向。这样的结合不仅有助于提高审美教育的效果，更能培养学生具备跨学科思维和实践能力，为他们的未来生涯打下坚实基础。

参考文献

[1] 肖立军. 新美育实践研究 [M]. 长春：吉林人民出版社，2021.

[2] 周翠. 高校美育德育的当代发展研究 [M]. 北京：中国纺织出版社，2021.

[3] 周玫. 大学生美育问题研究 [M]. 贵阳：贵州科技出版社，2019.

[4] 刘美辰. 大学生美育教学研究 [M]. 合肥：黄山书社，2021.

[5] 张娉. 新时期高校美育与学生教育管理研究 [M]. 长春：吉林出版集团股份有限公司，2022.

[6] 徐承. 比较视域中的美育哲学 [M]. 上海：上海三联书店，2019.

[7] 罗祖文. 生态审美教育研究 [M]. 上海：上海交通大学出版社，2021.

[8] 仲晓莲，董诣卿，刘淼. 美术教育与审美教育 [M]. 长春：吉林人民出版社，2020.

[9] 陈琦，李佳. 以美化心以美育德 高校审美教育研究 [M]. 长春：吉林人民出版社，2021.

[10] 王亚娟. 曾繁仁生态美学思想渊源考论 [D]. 伊宁：伊犁师范大学，2023.

[11] 刘佳美. 蔡元培美育思想在当代高校审美教育中的研究应用 [D]. 沈阳：沈阳师范大学，2023.

[12] 刘伟名. 寻径与创构 [D]. 沈阳：沈阳师范大学，2023.

[13] 赵菁钰. 高校美育教育问题研究 [D]. 南昌：南昌大学，2022.

[14] 余金燕. 新时代大学生中华美育精神培育研究 [D]. 南昌：南昌大学，2022.

[15] 孟恒艳. 新时代大学生审美人格培育研究 [D]. 武汉：华中师范大学，2022.

[16] 王露. 新时代大学生审美素养培育研究 [D]. 成都：西南财经大学，2022.

[17] 闫伟奇. 新时代大学生审美观现存的问题及对策研究 [D]. 长春：东北师范

大学，2021.

[18] 马晓雅.高校非遗美育中的审美传播策略研究[D].上海：东华大学，2023.

[19] 曹宇.美育融入高校思想政治教育研究[D].沈阳：沈阳师范大学，2023.

[20] 高层.新时期高校审美教育模式创新探究[J].大众文艺，2023（15）：156-158.

[21] 杨清莹.新时代高校审美教育劳动实践的价值追求与实践理路[J].安顺学院学报，2023，25（2）：71-75.

[22] 张庆丽，代安琼.互联网背景下加强青少年审美教育的思考[J].现代商贸工业，2023，44（9）：238-240.

[23] 尹群.形神兼备：推进高校审美教育高质量发展[J].中国高等教育，2023（7）：53-56.

[24] 朱玉.地方高校艺术类大学生审美教育浅析——以师范类美术学专业学生为例[J].邢台学院学报，2023，38（1）：169-174.

[25] 李文，郝佳婧.大学生审美教育的中华优秀传统文化底蕴研究[J].教育教学论坛，2022（52）：181-184.

[26] 袁菁嶷.高校跨学科审美教育培养模式研究[J].美术教育研究，2022（12）：152-153.

[27] 本刊特约评论员.审美教育与日常生活审美化[J].前线，2021（12）：53.

[28] 庞晓蒙.故事的回归——新时代审美教育的方法探索[J].中国成人教育，2021（17）：44-49.

[29] 马文娟，彭泽洋，黄晓昭."五育"并举背景下高校审美教育的路径探析[J].东华大学学报（社会科学版），2021，21（2）：63-66.

[30] 周曦.职业院校审美教育及其实施途径研究[J].大视野，2021（3）：56-61.

[31] 唐晓玲.师范生审美教育满意度及其影响因素研究[J].教师教育学报，2021，8（4）：56-64.

[32] 陈倩倩.OBE理念下高校审美教育课程教学模式研究[J].西部学刊，2021（8）：103-106.

[33] 李菲.自媒体视域下高职院校艺术审美教育创新研究[J].大学,2021(13):131-133.

[34] 罗溪."立德树人"目标下高职院校审美教育模式探索[J].重庆广播电视大学学报,2020,32(6):41-47.

[35] 姜春.大学生审美教育的重要性与路径探析[J].淮阴师范学院学报(自然科学版),2020,19(4):364-367.

[36] 王淑慧,徐刚.民办高校大学生审美教育的有效途径探讨[J].文学教育(下),2020(12):70-71.

[37] 耿云霄.刍议高职审美教育与当代大学生创造力的培养[J].广东职业技术教育与研究,2020(6):76-80.

[38] 张弓,张玉能.审美教育与审美的人[J].湖北社会科学,2020(10):124-131.

[39] 郭倩颖.审美教育"以美育德"作用机制与路径探微[J].泉州师范学院学报,2020,38(4):26-31.

[40] 曲辉.大众文化视域下高校审美教育研究[J].中国大学教学,2020(7):13-18.

[41] 白宇.从马克思审美人类学视域看高校的艺术审美教育[J].大众文艺,2020(12):215-216.

[42] 姚站军,陈璐.心象力与审美教育——培育审美心象思维美德[J].阴山学刊,2020,33(2):29-35.

[43] 祝成毅.新时代青年大学生生态审美教育研究[J].大学,2020(16):47-48.

[44] 祝成毅.新时代高校艺术生审美教育[J].大学,2020(9):3-4.

[45] 杨岩薇.高职院校学生的艺术审美教育[J].造纸装备及材料,2020,49(1):168.

[46] 侯绪刚.浅析审美教育在高校中的应用和意义[J].河北农机,2020(1):48.

[47] 吕秋月，李程，库小伟，等．"互联网+"背景下地方高校美育的实践探索 [J]. 中国新通信，2023，25（11）：141-143.

[48] 胡玲玲．大美育课程与互联网的深度融合——评《互联网+大美育课程论》[J]. 中国科技论文，2023，18（3）：360.

[49] 邓小娟，王福平．"互联网+"赋能农村学校美育教学变革的内在机制与实践路向 [J]. 电化教育研究，2023，44（3）：71-77.

[50] 谭家萌．"互联网+"时代的美育发展分析 [J]. 玩具世界，2023（1）：194-196.

[51] 吴伟，何子威．"互联网+"时代下美育教育的新道路——评《新时期高校美育与学生教育管理研究》[J]. 中国科技论文，2022，17（12）：1431.

[52] 董瑞云．互联网背景下高校美育工作建设途径的调查分析 [J]. 科技风，2022（33）：46-48.

[53] 杨进珉，杨晓倩，顾小平．移动互联网背景下专业艺术教育美育课程的教学方法创新 [J]. 美术教育研究，2022（21）：158-160.

[54] 丁静．"互联网+"带给师范类高校美育教学的改革契机 [J]. 发展，2022（9）：72-74.

[55] 周畅．互联网时代美育教育面临的机遇与挑战——评《审美教育"以美育德"的机制研究》[J]. 科技管理研究，2022，42（17）：271.

[56] 胡晓素，黄小燕．"互联网+"背景下高职美育现实问题及其对策研究 [J]. 现代交际，2021（21）：1-3.

[57] 林玮．"算法一代"的诞生：美育复兴的媒介前提 [J]. 教育研究，2021，42（7）：81-93.

[58] 叶朗，顾春芳．"互联网+教育"时代的美育观念及媒介形式探索 [J]. 中国文化研究，2021（2）：2-11.

[59] 杜娟．互联网时代下高校开展美育工作的问题及对策研究 [J]. 科技视界，2021（18）：157-159.

[60] 李艺，曹亮．"互联网+"时代高职院校美育教育的改革创新 [J]. 文化创新比较研究，2020，4（32）：145-147.

[61] 熊丹，林立.互联网时代高校美育教学工作的现实问题及对策分析 [J]. 中国多媒体与网络教学学报（上旬刊），2020（6）：230-231.

[62] 樊磊，谈小平."互联网 +"时代高职院校美育工作的困境及对策 [J]. 产业与科技论坛，2020，19（10）：209-210.